복음주의 진영의 영적 거장 존 스토트와 그 후계자 크리스토퍼 라이트는 로잔 운동의 신학을 세대를 이어 이끄는 핵심적 인물들이다. 존 스토트가 1974년 로잔 대회에서 발표된 로잔 언약의 초안을 작성하였고, 크리스토퍼 라이트는 3차 로잔 대회의 선언문인 케이프타운 서약의 초안을 작성하였다. 크리스토퍼 라이트가 오늘날의 상황에 맞게 해설을 담아 새롭게 보완한 이 책을 통해, 독자들은 복음주의적 관점의 선교와 관련된 주제들이 오늘날 세계 상황의 변화에 따라 어떠한 신학적 변화를 거쳐 왔는지 파악할 수 있을 것이다. 세계 선교에 관심 있는 모든 이에게 일독을 권한다.

박보경 장로회신학대학교 기독교와사회대학원장, 선교신학 교수

『선교란 무엇인가』는 현대 사회 한가운데서 살아가는 그리스도인들에게 아주 중요한 삶의 지침을 제공하는 책이다. 신약학자이자 목회자인 존 스토트의 원작을 구약학자 크리스토퍼 라이트가 해설과 비평을 보완하여 참으로 귀중한 역작으로 완성되었다. 선교에 대한 성경적이고 균형 잡힌 이해 정립이 그 어느 때보다 필요한 오늘날 이 책은 한국 그리스도인들의 삶과 교회의 미래를 위한 나침반 역할을 할 책으로 자리매김하리라 확신한다.

이문식 광교산울교회 담임목사

복음주의 선교학의 바로 그 교과서라 할 수 있는 존 스토트의 『선교란 무엇인가』를 40년이 지난 지금 크리스토퍼 라이트의 고찰이 담긴 확대개정판으로 다시 읽는 것은 경이롭다. 무엇보다 복음 전도와 사회 참여의 관계, 무슬림 등 다른 종교인들과의 대화, 복음을 듣지 못했던 사람들의 구원 등 복음을 전하고 복음의 요구대로 살아가려는 그리스도인이라면 궁금해 할 주제들에 대한 스토트의 진술하면서도 성경에 토대한 논의는 여전히 적실하다. 게다가 로잔 언약에서 케이프타운 선언까지 복음주의 선교 운동과 그 신학의 발전을 숙지할 수 있다는 점은 이 책의 독보적 가치다. 세대 계승에 연달아 실패하고 있는 한국 기독교의 상황 속에서 세대를 이어 계승 발전되는 겸손하면서도 확신에 찬 논의를 읽는 것은 경이로움을 넘어 부러운 일이다. 세상에서 하나님과 이웃을 사랑하며 살아가는 삶의 의미와 목적을 명확히 이해하려는 그리스도인이라면 반드시 읽어야 할 책이다.

전성민 밴쿠버기독교세계관대학원 학장

1974년 제1차 로잔 세계복음화대회에서 총체적 선교를 주창한 로잔 언약의 기초를 놓은 존 스토트의 삶과 사역, 선교 사상은 이후 복음주의 선교 신학 발전에 매우 중요한 역할을 했다. 그리고 2010년 제3차 케이프타운 대회에서 케이프타운 서약은 삼위일체 하나님에 의해 하나님의 선교의 무대인 세상으로 보냄 받은 모든 교회와 그리스도인들이 추구해야 할 선교를 명시적으로 드러냈다. 이러한 배경에서 이 책이 담고 있는 존 스토트의 선교 사상과 크리스토퍼 라이트의 선교적 해석학이 조화된 균형 잡힌 접근은 복음주의 선교학의 본질을 보여 준다. 이 책을 읽는 독자들은 온전한 복음에 대한 깊은 이해를 얻을 뿐 아니라 세상 속의 하나님의 선교와 그 백성의 선교를 숙고하며 한국 교회의 변화를 위한 도전과 결단에 직면할 것이다.

최형근 서울신학대학교 선교학 교수, 한국로잔위원회 총무

선교 패러다임을 단번에 정립한 책이다. 서구 복음주의권이 선교를 정의하는 데 많은 시간을 소모해 오던 상황에서, 요한복음 20:21로 선교를 풀어낸 존 스토트의 혜안은 복음과 선교가 가지는 총체적 의미를 순식간에 깨닫게 해 주었다. 이제 비서구 교회가 본격적으로 선교에 참여하는 오늘날의 상황에서, 우리는 선교를 다시 새롭게 이해해야 할 시점에 서 있다. 이런 때에 복음주의 선교 운동에서 지난 40년간 일어난 영향과 발전을 추적한 크리스토퍼 라이트의 통찰이 추가되어 이 책이 다시 소개된다는 것은 매우 감사한 일이다. 우리 모두가 꼭 일독해야 할 책이다.

한철호 미션파트너스 상임대표, 선교사

존 스토트의 『선교란 무엇인가』는 작은 고전이면서도 오늘날 여전히 놀랍도록 유용한 책이다. 또한 크리스토퍼 라이트는 그 논의를 현대화하는 일에 그 누구보다 적합한 사람이다. 크리스토퍼 라이트는, 두 사람이 공유한 복음주의와 성경에 대한 신념 안에서 스토트의 저작을 확장하고 재구성했을 뿐 아니라, 간혹 어떤 사안들에 대해서는 스토트와 뜻을 달리하기도 했다. 이 책은 선교와 전도에 관한 탁월한 입문서인 동시에, 기독교 선교를 위한 구원과 대화와 회심에 대한 성경적 이해를 제공한다. 또한 최고의 복음주의 주창자 두 사람의 기여로 지난 40여 년 동안 선교에 관한 복음주의적 사고가 어떻게 발전했는지를 보여 주는 유용한 안내서이기도 하다.

마이클 고힌 『오늘날의 기독교 선교』, 『열방에 빛을』의 저자

선교란 무엇인가

IVP(InterVarsity Press)는
캠퍼스와 세상 속의 하나님 나라 운동을 지향하는
IVF(InterVarsity Christian Fellowship)의 출판부로
생각하는 그리스도인을 위한 문서 운동을 실천합니다.

Originally published by InterVarsity Press
as *Christian Mission in the Modern World* (Updated and Expanded)
by John Stott and Christopher J. H. Wright.
© 2015 by Christopher J. H. Wright.
Translated and printed by permission of InterVarsity Press,
P.O. Box 1400, Downers Grove, IL 60515, USA.
www.ivpress.com
All rights reserved.

Korean edition © 2018 by Korea InterVarsity Press
156-10 Donggyo-Ro, Mapo-gu, Seoul 04031, Republic of Korea.

선교란 무엇인가

선교, 전도, 대화, 구원, 회심 —
총체적 선교를 위한 5가지 핵심

존 스토트·크리스토퍼 라이트 지음

김명희 옮김

IVP

이 책의 판매로 생기는 존 스토트와 크리스토퍼 라이트의 인세는 모두 랭햄 문서 사역(Langham Literature, 구 복음주의 문서 사역 재단)에 기부하기로 되어 있다. 랭햄 문서 사역은 존 스토트가 창설한 국제 랭햄 파트너십(Langham Partnership International: LPI)에 속한 프로그램으로, 크리스토퍼 라이트가 국제 사역 대표를 맡고 있다.

랭햄 문서 사역은 복음주의 책들을 다수 세계(Majority World)의 목회자, 신학생, 신학교 도서관에 보급하고, 그 지역어로 된 기독교 문서의 저술과 출판을 육성한다. 랭햄 문서 사역과 LPI에 대해 더 알고 싶다면, langham.org를 방문하기 바란다.

이 책의 근원이 되어 준
로잔 운동에 바칩니다.

일러두기

이 책은 『현대 기독교 선교』(성광문화사)라는 제목으로 출간되었던 존 스토트의 초판을 크리스토퍼 라이트가 전면적으로 수정하고 총 다섯 장의 해설을 더한 전면 확대개정판이다.

차례

	011	초판 서문
	013	확대개정판 서문
1. 선교	017	
	041	2. 선교에 관한 고찰
3. 전도	069	
	095	4. 전도에 관한 고찰
5. 대화	115	
	143	6. 대화에 관한 고찰
7. 구원	165	
	195	8. 구원에 관한 고찰
9. 회심	217	
	241	10. 회심에 관한 고찰
	259	주

초판 서문

나는 지역 교회를 통해서도 복음을 전했고, 1952년 케임브리지 대학교에서 사역한 이후로는 대학교에서도 복음을 전했다. 이렇게 개인적으로 전도에 헌신한 것이 이 책에 도움이 되었지만, 그 외에도 이 책을 집필하게 한 네 가지 특별한 경험이 있다.

먼저 1968년 웁살라에서 열린 세계교회협의회 제4차 총회의 '고문'으로 참석했다. 그때 내게 맡겨진 것이 두 번째 항목('선교의 갱신')이었고, 나는 곧바로 선교의 의미에 관한 당시의 격렬한 논의에 뛰어들었다.

그다음, 비록 1973년 1월 방콕에서 열린 "오늘의 구원"(Salvation Today) 대회에는 참석할 수 없었지만, 당연히 깊은 관심을 가지고 지켜보았다. 다음 해 멜버른에서 열린 연례 베이커 강연(신약학자이자 멜버른 리들리 대학의 전 학장 도널드 베이커 주교를 기념하는)에 초청받았을 때에는, 주제를 "어제와 오늘의 구원"으로 잡았다. 이 강의 내용은 허락을 받아 이 책 4장(이 판에서는 7장이다―역주)에서 확대하여 실었다.

셋째, 1974년 로잔에서 열린 세계복음화국제대회의 기획위원회는 내게, 성경적 전도의 본질을 주제로 개회 설교를 하고, **선교**, **전도**, **대화**, 구

원, 회심이라는 다섯 단어에 대해 성경적 정의를 모색해 달라고 요청했다.

그래서 네 번째로, 옥스퍼드 위클리프 홀의 학장인 캐논 짐 힉킨보탐(Jim Hickinbotham)으로부터 1975년 차바스 강연(위클리프 홀의 학장이었던 리버풀의 F. J. 차바스와, 세인트피터스 칼리지의 학장이자 위클리프 홀 이사회 의장이었던 그의 아들 크리스토퍼 차바스 주교를 기념하는)을 해 달라고 초청받았을 때, 내가 로잔 대회에서 해설을 시도한 그 다섯 단어에 대해 자세히 설명하는 것이 적절해 보였다. 나를 따뜻하게 환대해 주고 내 강연을 경청했을 뿐 아니라, 매번 강연에 뒤이은 질의 시간을 통해 좋은 자극을 준 위클리프 홀의 학장, 교수, 학생들에게 진심으로 감사한다.

나는 '복음주의' 신념을 가진 그리스도인임을 숨기거나 위장할 마음이 없지만, 이 책은 어떤 당파를 선전하고자 하는 것이 아니다. 성령이 교회들에게 말씀하고 계신 것을 찾으려는 것 외에, 다른 속셈은 없다. 나와 뜻이 같지 않은 이들에 대해 내가 '아주 공정했다'고 생각한다는 학장의 마무리 논평은, 위클리프에서 가장 큰 격려가 되었다. 당연히 그것이 나의 목표였다. 또 내가 다른 사람들에게 비판적이라면, 나 자신과 내 동료 복음주의자들에게도 비판적이기를 바란다. 인생은, 우리의 잘못된 견해가 교정되고, 왜곡된 개념이 조정되며, 얄팍한 의견이 깊어지고, 어마어마한 무지가 조금이라도 사라지는, 배워 가는 순례이며 발견해 가는 항해다.

현재 에큐메니컬 운동의 논의에서 가장 필요한 것은, 합의된 성경 해석을 찾는 일인 듯하다. 그것이 없다면 '선교'의 의미와 의무에 대한 더 폭넓은 합의에는 이르지 못할 것 같다.

1975년 4월

존 스토트

확대개정판 서문

1975년 구약학 박사 과정 중이자 케임브리지 리들리 홀에서 사제 교육을 받는 신학생으로서 이 책을 구입했던 때가 생생하게 기억난다. 1974년 제1차 로잔 세계복음화대회 보고서들과, 획기적인 로잔 언약으로 인한 흥분에 뒤이은 일이었다. 영국의 젊은 복음주의자들이었던 우리 대부분은, 여전히 자유주의가 대학의 신학과를 주도하던 현실에서, 복음주의 신학이 재기하는 것을 보며 용기를 얻고 있었다. 또한 우리는 역사에 남을 만한 복음주의 사회적 양심의 회복에 고무되었다. 이들은 선교를, 우리 시대의 사회·경제·정치·문화적 현실에 관여하는 것을 포함하는 개념으로 이해했다. 그리고 이 두 영역에서 존 스토트는 우리의 영웅이자 멘토였다. 그는 세계교회협의회 회합에서 선교와 전도에 대한 성경적·복음주의적 이해를 굳건히 변호하며 일어서지 않았던가! 그는 이미 우리에게 사회에서 빛과 소금이 되라고, 문화에서 물러서지 말고 문화 속으로 침투하라고 촉구하지 않았던가! 간결하지만 함축적인 다섯 장으로 된 이 책은, 그러한 관심사들을 포착하고 우리 열정에 불을 지폈다.

나는 1960년대에 존 스토트가 쓴 책들을 여러 권 읽었고, 케임브리지 기독학생회에서 객원 강사로 그가 나눈 성경 해석과, 신학생 협회의 모임들을 풍성하게 해 주었던 그의 강의들을 아주 좋아했다. 랭햄 플레이스의 올소울즈 교회에서 그의 설교도 들었다. 하지만 개인적으로는 1978년 전국 복음주의 사회윤리 대회에서 처음으로 존 스토트를 만났다. 그는 그 대회 의장이었고, 나는 오전 성경 강해자 가운데 하나로 초대받았었다(구약윤리 박사학위를 받은 젊은 성공회 부교역자로서). 그곳에서의 첫 만남은 지속적인 우정으로 이어졌고, 2001년 그가 내게 랭햄 파트너십 내에서 시작한 사역의 대표를 맡아 달라고 초청하여, 결국 우리는 함께 일하게 되었다. 그러는 동안 때로는 그가 저술을 하던 웨일스의 작은 집 훅세스에서 그와 함께하는 기쁨을 누리기도 했다. 지금 나는 그곳에서 이 서문을 쓰고 있다.

그러므로 『선교란 무엇인가』 초판 출간 40주년을 맞아 출간하는 개정판 작업에 참여해 달라는, 존 스토트의 저작물 관리 협회와 IVP의 요청을 내가 받아들인 것은, 이것이 대단한 특권이자 엄청나게 소중한 일이라는 생각과 함께 개인적으로 빚을 졌다는 마음 때문이었다. 그들은 그 책에서 시대에 뒤떨어진 내용을 덜어 내고 각 장에 대한 나의 고찰을 덧붙여 달라고 요청했다. 이제 그 작업의 여러 지점들과 관련하여 간단히 밝히려 한다.

존 스토트가 쓴 장들을 개정하면서, 어느 지점에서든 그의 뜻을 수정하는 일은 피하려고 세심하게 신경 썼다. 1960년대와 1970년대 초반의 논쟁들의 경우, 때를 놓치고 의미를 잃은 지 오래된 내용은 덜어 냈다. 존 스토트의 논쟁 상대들 이름 몇몇(전부 다는 아니지만)과 특정 논쟁의 세세한 역사도 편집했다. 그러한 손질을 하긴 했지만, 그래도 독자들은 스토트가 '최근' '현재' '오늘날'이라는 단어를 사용할 때마다 그가 1960

년대와 1970년대에 이 글을 쓰고 있었음을 인식하는 것이 중요하다. 또 스토트가, 1990년대와 그 이후로 좀더 일상화된 성 포괄적인(gender-inclusive) 언어 사용을 찬성했음을 알기에, 1970년대까지 일반적으로 이해되고 수용되던 남성 중심 용어들이 두드러지게 쓰이는 점을 개정했다.

해설을 준비하며, 무엇보다도 이 책이 다양한 장소에서 했던 다섯 차례의 강연에서 나온 것이라는 사실을 감안했다. 그리고 어떤 강의에서든 주어진 주제에 관해 해야 할 말을 다 하는 것은 불가능함을 고려했다. 그러므로 독자들도, 이를테면 '구원'에 관한 존 스토트의 생각을 온전히 이해하고자 한다면 이 책의 7장을 재빨리 섭렵하고, 폭넓고 깊이 있는 『그리스도의 십자가』(*The Cross of Christ*, IVP 역간)를 탐구해야 함을 기억하기 바란다.

그 외에도 지면의 한계와, 훨씬 더 심각한 내 경험의 한계 내에서 세 가지를 시도했다. 먼저, 각 장의 주제에 관해 존 스토트의 생각과 글을 그대로 설명하는 경우, 가능한 곳 어디에서든 인용구로 표시했다. 둘째, 각 주제는 계속해서 신학과 선교학 분야에서 논쟁을 일으키는 것이므로, 1975년 이후 수십 년간 그 논쟁들이 어디로 움직이고 있는지 전하려고 노력했다. 거듭 나를 감동시키는 이 책의 한 가지 특징은, 스토트가 아주 선견지명이 있었다는 것이다. 그가 논지를 전개하면서 (때로는 그저 지나가는 말로) 언급한 이슈들은, 나중에 중요하거나 논쟁적인 문제들이 되었다. 나는 이 개정판이 선교학의 여러 분야를 공부하는 학생들에게 유용한 지침서가 되기를 바라며, 많은 부분에서 내가 모을 수 있는 모든 참고 문헌 정보를 후주에 덧붙였다. 마지막 셋째로, 나는 자유롭게 내 고찰을 나누었다. 때로는 스토트의 사고의 흐름을 발전시키기도 했고, 때로는 거기서 벗어나기도 했으며, 때로는 내가 다른 데서 쓴 내용을 길게 인용하기도 했다. 내가 다른 의견을 표하는 지점(혹은 감히 동의하지 않는 지점!)도 있는데, 저자와 그 문제에 관해 논의할 기회가 주어진다면 우리가 행복한 사고의 접점에 이르리라 생각하고 싶다. 실제로 우리는 그런 경험을 할 기회가 있었다.

존 스토트의 이 작고 멋진 고전이 더 신선하게 오래 생명을 유지할 수 있게 한 이 작업은, 내게 기쁨이요 특권이다. 그가 기도했으리라 확신하는 대로, 이 책이 믿음을 굳건히 하고, 사고를 풍성하게 하고, 성경적 선교에 활기를 가져다주기를 기도한다.

2015년 3월
크리스토퍼 라이트

1장
선교

존 스토트

어디에 있든 모든 그리스도인은, 문화적 배경이나 신학적 교파가 어떠하든지, 언젠가는 교회와 세상의 관계에 대해 생각해 보아야 한다. 그리스도인이 아닌 친지, 친구, 이웃을 향한, 그리고 실제로 비기독교 세상 전체를 향한 그리스도인의 책임은 무엇인가?

대부분의 그리스도인은 이 질문에 답하여, **선교**(mission)라는 용어를 사용할 것이다. 교회와 세상의 관계를 논하며 '선교'라는 개념을 빼는 것은 거의 불가능하다. 그러나 '선교'란 무엇인지, 선교에서 '전도'는 어떤 역할을 하는지, 전도에서 '대화'는 어떤 역할을 하는지에 관해 우리는 아주 다양하게 생각한다. 더 나아가 선교와 전도와 대화의 **본질**뿐 아니라, 이 세 가지의 **목표**에 대해서도 우리 의견이 서로 다른 것이 아닌가 두렵다. 아마 목표를 정의할 때에는 어느 지점에선가 **회심과 구원**이라는 용어가 중요하겠지만, 이 단어들의 의미에 대해서도 거의 의견 일치가 이루어지지 않을 것이다. 그렇다면 내 과제는 이 다섯 단어, 곧 **선교, 전도, 대화, 구원, 회심**에 대해 성경적인 정의를 내리는 것이리라. 이 장에서 **선교**로 시작하여, 나머지 네 단어를 한 장씩 할애하여 다루고자 한다.

최근 들어 에큐메니컬 그리스도인들과 복음주의 그리스도인들의 관계가(이 단어들을 편리한 약칭으로 사용할 수 있다면 말이다. 사실 나는 이 두 단어가 전혀 서로 배타적이지 않다고 본다) 대립하는 듯한 양상으로 경색되었다. 나는 이 상황을 악화시킬 마음은 없다. 하지만 현재의 에큐메니컬 사상은 일부 잘못되었다고 생각한다. 그러나 또 솔직히 말해서 우리의 전통적인 복음주의 체계에도 오류가 있다고 생각한다. 에큐메니컬 진영의 많은 그리스도인들은 성경의 권위 아래서 사는 법을 배우려 하지 않는 듯 보인다. 반면 우리 복음주의자들은 그렇게 하며, 진심으로 그렇게 하고자 한다는 데 의심의 여지가 없다고 생각하지만, 때로는 아주 선택적으로 복종하고, 또 어떤 경우 복음주의 원로들의 전통은 성경보다는 문화에서 얻은 것인 듯하다. 그러므로 내 주요한 관심은, 에큐메니컬 사상은 물론 복음주의 사상에 대해 똑같이 독립적이고 객관적인 검증을 하는 것이다. 다시 말해, 그 기준은 성경의 계시다.

우리가 고찰할 첫 단어는 **선교**다. 성경적인 정의를 시도하기 전에, 오늘날 이 단어에 대한 두 극단적인 입장을 살펴보는 것이 도움이 될 것 같다.

두 극단적인 입장

더 오래된 혹은 전통적인 입장에서는, 선교와 전도, 선교사와 복음 전도자, 선교 프로그램과 전도 프로그램을 동일시한다. 이러한 오래된 입장 가운데 극단적인 형태에서는 선교는 오직 전도로만 이루어져 있다고 보며, 또한 말로 하는 선포에 집중했다. 선교사는 보통 탐험가용 모자를 쓰고 야자나무 아래 서서, 땅바닥에 공손하게 둘러앉은 꾀죄죄한 옷을 입은 일단의 '원주민들'에게 복음을 선포하는 모습으로 그려졌다. 이렇듯 선교사의 전통적인 이미지는 설교자였고, 그것도 다소 가부장적인 설교자였다. 이렇게 전도 설교를 우선적으로 강조하다 보니, 학교나 병원을 포함하여 '실제 선교'로 여겨지는 다른 종류의 사역을 위한 여지가 거의 없었다. 그러나 전통적인 시각의 선교를 지지하는 이들 대부분은 교육과 의료 사역을 아주 적절한 것으로, 실제로 전도 사역에 매우 유용한 부속 사역이라 여겼다. 대개 이는 무지하고 병든 이들을 향한 기독교적 긍휼에서 나온 것이었지만, 때로는 뻔뻔하게도 복음 전도를 위한 '도약대' 혹은 '발판'으로 여겨지기도 했다. 병원의 환자들과 학교의 학생들은 어쩔 수 없이 복음을 들어야 하는 청중이 된 것이다. 어느 쪽이든 선교는 그 자체로 전도의 견지에서 이해되었다.

이러한 전통적인 입장은 전혀 사장되지 않았다. 때로 이 입장은 문화와 사회를 매우 부정적으로 보는 시각과 뜻을 같이한다. 세상은 불타고 있는 건물 같아서, 그리스도인의 유일한 임무는 너무 늦기 전에 구조 활동을 완수하는 것이라는 말이다. 예수 그리스도는 어느 때든 오실 수 있다. 그러므로 사회 구조에 관여하는 것은 의미가 없다. 사회는 멸망할 운명이며 곧 파괴될 것이기 때문이다. 더욱이 사회를 개선하려는 어떤 시도도 무익하다. 갱신되지 않은 사람들이 새로운 세상을 세울 수는 없기 때문이다. 인간의 유일한 희망은 거듭나는 데 있다. 그럴 때에만 사회가 거듭나는 것이 가능할 것이다. 하지만 지금은 그렇게 하기에도 너무 늦었다.

이렇게 세상을 부정하는 염세주의가, 하나님을 믿는다고 말하는 이들에게 나타나는 것은 이상한 현상이다. 아니, 그들이 지닌 하나님의 이미지는 성경 계시의 일부로만 형성되었다. 그들에게 하나님은, 태초에 인류에게 땅을 정복하고 다스리라고 '문화 명령'을 주신 창조주가 아닙니다. 사회의 질서를 잡고 정의를 지키도록 그분의 '사역자'들로 정부를 구성하신 분이 아닙니다. 또 로잔 언약이 말하듯이, "모든 사람의 창조주이자 심판자"로서 "인간 사회 모든 곳에서 정의와 화해"를[1] 염려하시는 분이 아닙니다.

선교가 전도로만 구성된다는 이러한 비성경적인 선교 개념의 반대 극단에는, 1960년대 이후 에큐메니컬 운동에서 주창하고 있는 시각이 있다. 이는 하나님이 역사의 과정 가운데서 일하고 계시며, 하나님의 선교, 곧 '미시오 데이'(missio Dei)의 목적은 사회적 조화라는 의미에서의 '샬롬'('평화'를 나타내는 히브리어)을 성취하는 것이라는 입장이다. 또 이 '샬롬'(하나님 나라와 동일시되는)은 인종차별과의 싸움, 인도적인 노사 관계, 계급 분화의 극복, 지역 사회 개발, 사업과 다른 직업 영역에서 정직과 성실의 윤리를 추구하는 등의 영역에서 본보기를 찾을 수 있다는 입장이다.

더욱이 이러한 목표를 위해 일할 때 하나님은 교회 안과 밖의 사람들을 사용하신다. 하나님의 선교에서 교회의 특별한 역할은, 하나님이 세상 역사 어느 부분에서 일하시는지를 가리켜 보이는 것이고, 하나님이 무슨 일을 하고 계신지 발견하는 것이며, 그것을 파악하고 그 일에 참여하는 것이다. 이들의 주장에 따르면, 하나님은 주로 세상과 관계를 맺으시므로 참된 순서는 더 이상 '하나님-교회-세상' 공식이 아니라, '하나님-세상-교회' 공식이어야 한다. 그러므로 교회에 의제를 제시하는 것은 세상이어야 한다. 교회는 세상을 진지하게 생각하고, 동시대의 사회적 필요에 따라 섬기고자 해야 한다.

이렇게 하나님의 선교를 사회적 갱신과 동일시하는 것에 대해 우리는 무엇이라 말해야 할까? 네 가지로 비평할 수 있다.

첫째로, 역사의 주님이신 하나님은 역사의 심판자이시기도 하다. 모든 혁명 운동을 신적 갱신의 표지라 일컫는 것은 순진한 처사다. 혁명 이후 새로운 상황은, 이전 상황보다 더 불의와 압제를 품고 있는 경우도 있다.

둘째로, 성경이 말하는 '샬롬'의 범주, 곧 새로운 인류와 하나님의 나라는, 사회 갱신과 동일시되는 것이 아니다. 구약성경에서 '샬롬'(평화)이 종종 정치적·물질적 안녕을 가리키는 것은 사실이다. 그러나 진지하게 성경을 해석한다면, 신약성경 저자들이 예수 그리스도를 이러한 평화를 쟁취해 내시고, 그것을 사회 전체에 베풀어 주신 분으로 제시한다고 주장할 수 있을까? 구약성경의 모든 예언이 문자 그대로 물리적으로 성취된다고 전제하는 것은, 예수님의 동시대인들이 예수님을 강제로 붙잡아 왕으로 삼으려 했을 때와(요 6:15) 동일한 실수를 범하는 것이다. 신약성경은, 구약성경의 예언이 성취될 때 그 약속이 주어졌던 범위를 **넘어선다**고 이해한다. 그래서 사도들에 따르면, 예수님이 선포하시고 주신 평화는 더 깊고 더 풍성한 것, 즉 하나님과의 또 서로와의 화해와 사귐이다(예를 들어, 엡 2:13-22). 뿐만 아니라 예수님은 그 평화를 모든 사람에게 주신 것이 아니라, 그분께 속한 이들, 예수님이 구속하신 공동체에 주신다. 그러므로 '샬롬'은 메시아가 자기 백성에게 가져다주시는 복이다. 새로운 창조와 새로운 인류는 그리스도 안에 있는 이들 가운데서 발견되며(고후 5:17), 그 나라는 어린 아이처럼 받아야 한다(막 10:15). 분명 우리 그리스도인의 임무는, 그 나라를 받지 못했거나 그 나라에 들어가지 못한 이들에게 그 나라의 의로운 기준을 논증과 본보기로써 권하는 것이다. 그 나라의 의는 이런 식으로 세상 곳곳에 '흘러넘치고', 또 그럼으로써 두 나라 사이의 경계가 얼마간 흐릿해진다. 그럼에도 불구하고 그 나라는 여전히 신을 믿지 않는 사회와 구별되며, 실제로 그 나라에 들어가는 것은 영적인 거듭남에 달려 있다.

셋째로, **선교**라는 단어는 하나님이 세상에서 하시는 모든 일을 아우르는 데 사용하기에는 적절하지 않다. 하나님은 실제로 사람들이 하나님을 인정하든 않든, 섭리와 일반 은혜로 모든 사람과 모든 사회 안에서 활동하신다. 하지만 이것은 그분의 '선교'가 아니다. '선교'는, 구속받은 그분의 백성, 그리고 하나님이 그들을 세상에 보내어 하게 하시는 일과 관련이 있다.

넷째로, 사회 변화에만 몰두한다면 복음 전도에 관심을 기울일 여지가 거의 혹은 아예 없어질 수 있다. 물론 우리는 세상의 기아와 가난과 불의에 진지한 관심을 가져야 한다. 그러나 그렇다고 해서 사람들의 영적 기아에 대해 비슷한 관심과 긍휼의 마음을 가지지 않을 수는 없다. 그리스도 없이 멸망해 가고 있는 수백만 사람들에게 마음을 써야 한다. 주 예수 그리스도는 복음을 선포하고 제자를 삼도록 그분의 교회를 보내셨다. 사회적 목표와 활동은 정당한 일이지만 거기에 몰두하느라 주님의 명령에 순종하지 못해서는 안 된다.

성경적인 종합?

선교를 전도로만 여기는 전통적인 입장과, 선교를 '샬롬'의 성취로 보는 현재 에큐메니컬 진영의 입장을 보며, 우리는 교회의 선교를 정의하고, 하나님의 백성이 지닌 전도와 사회적 책임의 관계를 표현하는 더 나은 길, 더 균형 있고 더 성경적인 길이 있을까 묻게 된다.

그러한 균형 잡힌 관계의 필요는 에큐메니컬 운동 내에서 인지했다.

1968년에 열린 세계교회협의회 웁살라 총회에서, 최근에 은퇴한 총무 비세르 트 호프트(W. A. Visser't Hooft) 박사는 개회 설교에서 다음과 같은 훌륭한 말을 했다.

> 복음을 본질적으로 개인의 삶에서 하나님의 구원하시는 행위와 관련 있는 것으로 보는 수직적인 해석과, 주로 세상의 인간 관계와 관련 있는 것으로 보는 수평적인 해석 사이의 엄청난 긴장과 관련하여, 확실히 우리는 한 극단과 다른 극단을 오가는 원색적인 진동 운동에서 빠져나와야 한다. 이는 복음 진리를 온전히 끌어안은 운동이라 할 수 없는 특성이다. 수직적 측면을 잃어버린 기독교는 기독교의 소금을 잃은 것으로, 그 자체로 맛이 없을 뿐 아니라 세상에 쓸모도 없다. 반면 수직적 열심을 수단으로 삼아 일상에 대한 기독교의 책임을 회피하는 기독교는 성육신을 부인하는 것이요, 그리스도 안에 드러난 바 세상을 향한 하나님의 사랑을 부인하는 것이다.[2]

슬프게도 이 이슈는 그 총회에서 분명하게 설명되지 않았고, 여전히 에큐메니컬 운동과 복음주의자들 가운데 분열을 초래하는 문제로 남아 있었다. 오래된 이 양극화는 지금도 계속되고 있다.

우리는 모두 선교가 일차적으로 교회의 본성이 아닌 하나님의 본성에서 나오는 것임에 동의할 수 있어야 한다. 성경의 살아 계신 하나님은 보내시는 하나님이다. 심지어 어떤 이들은 보통 교회가 선교를 통해 밖으로 향해 가는 모습을 설명할 때 사용되는 **원심적**(centrifugal)이라는 단어를 하나님에게 적용하기도 한다. 이는 극적인 비유다. 그러나 하나님은 사랑이시라는 말, 하나님은 항상 자신을 내어 주는 섬김으로 타인에게 손을 뻗으신다는 말을 다른 방식으로 말한 것일 뿐이다.

그래서 하나님은 아브라함에게 고향과 친척을 떠나 전혀 알지 못하는 곳으로 가라고 명령하시고, 또 그가 순종하면 복을 주시고 그를 통해 세상에 복을 주시겠다고 약속하시며 그를 보내셨다(창 12:1-3). 그런 다음 기근이 일어나는 동안 지상에 경건한 남은 자를 남겨 주시기 위해, 요셉 형제들의 잔혹한 처사에 개입하시고 요셉을 이집트로 보내셨다(창 45:4-8). 그 후에는 이집트에서 압제받는 그분의 백성들에게 해방의 복음과 함께 모세를 보내셨다. 하나님은 모세에게 "이제 내가 너를 바로에게 보내어 너에게 내 백성 이스라엘 자손을 애굽에서 인도하여 내게 하리라"(출 3:10)라고 말씀하셨다. 출애굽하여 정착한 이후에는 계속 연이어 그분의 백성을 향한 경고와 약속의 말씀을 받은 예언자들을 보내셨다. 예레미야를 통해 "너희 조상들이 애굽 땅에서 나온 날부터 오늘까지 내가 내 종 선지자들을 너희에게 보내되 끊임없이 보내었으나 너희가 나에게 순종하지 아니하며"(렘 7:25, 26; 비교. 대하 36:15-16)라고 말씀하신 것처럼 말이다. 바빌론 포로 생활 이후에는 자비로우시게도 그들을 그 땅으로 되돌려 보내셨고, 그들이 성전과 도성과 그 민족의 삶을 재건하도록 도울 더 많은 사자를 그들에게 보내셨다. 그리고 나서 마침내 "때가 차매 하나님이 그 아들을 보내"셨다. 그런 다음 아버지와 아들이 오순절에 성령을 보내셨다(갈 4:4-6; 비교. 요 14:26; 15:26; 16:7; 행 2:33).

이 모든 내용은 어떤 상황에서든 선교를 이해하는 데 필수적인 성경의 배경이다. 최초의 선교는 하나님의 선교다. 그분의 예언자, 그분의 아들, 그분의 성령을 보내신 분이 바로 하나님이기 때문이다. 이러한 선교들 가운데서도 아들의 선교는 가장 중요하다. 그것이 예언자들의 사역에서 정점이었고, 아들의 선교의 절정에는 성령을 보내심이 있기 때문이다. 그리고 지금 그 아들은 자신이 보냄 받은 것처럼 보내신다. 예수님은 이미 공적 사역을 하시는 동안 먼저 사도들을 보내셨고, 그다음 자신의 선포와 가르침, 병 고침 사역의 연장으로 70인을 보내셨다. 예수님이 죽으시고 부활하신 후에는 이들의 범위를 넓히셔서, 예수님을 주라 부르고 스스로를 그분의 제자로 칭하는 사람을 모두 보내셨다. 대위임령이 주어졌을 때에는 열두 제자와 함께 다른 이들도 있었다(예를 들어, 눅 24:33을 보라). 우리는 그것을 사도들에게만 제한하여 적용할 수 없다.

대위임령

그러므로 대위임령의 내용을 숙고해 보자. 주 예수께서 자기 백성에게 위임하신 일은 무엇이었는가? 그 대부분이(예수님은 여러 상황에서 여러 형태로 그 말씀을 반복하신 것으로 보인다) 전도에 강조점을 둔다는 것은 의심의 여지가 없을 것이다. "너희는 온 천하에 다니며 만민에게 복음을 전파하라"라는 말씀은 마가복음의 '더 긴 결말', 마가의 원래 결말이 분실된 이후 나중에 누군가가 덧붙인 것으로 보이는 그 결말에 나오는 익숙한 명령이다(막 16:15). 마태복음에는 "너희는 가서 모든 민족을 제자로 삼아…세례를 베풀고…가르쳐"라고 되어 있으며(마 28:19, 20), 누가는 그의 복음서 말미에 "그의 이름으로 죄 사함을 받게 하는 회개가…모든 족속에서 전파될 것"이라는 그리스도의 말씀을 기록하고, 사도행전 초반부에서는 그분의 백성이 능력을 받아 땅끝까지 이르러 그분의 증인이 될 것이라고 기록한다(눅 24:47; 행 1:8). 반복되는 강조점은 분명해 보인다. 바로 선포, 증언, 제자 삼기다. 그래서 많은 사람들이 이 명령에서, 부활하신 주님이 열거하신 것에 따라 오로지 선포, 회심, 가르치는 사명만 끌어낸다. 사실 나도 1966년 베를린에서 열린 세계전도대회에서, 복음서에 나온 주요 세 가지 대위임령을 해설할 때 그렇게 주장했다.

그러나 오늘 나는 다르게 표현하려 한다. 대위임령은 세례 받은 제자들에게 예수님이 이전에 분부하신 모든 것을 가르치는 임무(마 28:20)만 포함하는 것이 아니다. 예수님이 명하신 것 가운데는 사회적 책임도 있다. 내가 이제 더 분명히 아는 바는, 예수님의 말씀을 왜곡하는 죄를 범하지 않으려면, 대위임령의 결과뿐 아니라 실제 대위임령 자체에도 전도의 책임은 물론 사회적 책임도 들어 있음을 알아야 한다는 것이다.

우리에게 전해진 대위임령 중에서 아주 중요한 형태는(그 대가가 커서 가장 무시되긴 하지만) 요한복음의 대위임령이다. 예수님은 다락방에서 아버지께 기도하실 때 "아버지께서 나를 세상에 보내신 것같이 나도 그들을 세상에 보내었고"(요 17:18)라고 말씀하시며 그렇게 기대하셨다. 그러고 나서 아마도 같은 다락방에서였지만 죽고 부활하신 후에, 그 기도를 명령으로 바꾸시며 말씀하셨다. "아버지께서 나를 보내신 것같이 나도 너희를 보내노라"(요 20:21). 이 두 문장에서 예수님이 뜻하시는 것은 자신의 사명과 우리의 사명이 희미하게나마 유사하다는 결론 그 이상이다. 예수님은 의도적으로 그리고 정확하게 "아버지께서 나를 보내신 것*같이* 나도 너희를 보내노라"라고 말씀하시면서, 자신의 선교를 우리 선교의 *본*으로 삼으셨다. 따라서 우리가 교회의 선교를 이해하고자 할 때, 아들의 선교에 대한 이해에서 추론해 내야 한다. 아버지는 왜, 어떻게 아들을 보내셨는가?

물론 아들이 세상에 오신 주요한 목적은 유일무이한 것이었다. 아마도 그리스도인들은 부분적으로는 이러한 이유로, 그들의 선교가 어떤 의미에서든 예수님의 선교에 비견할 만하다고 생각하기를 주저하는 것 같다. 아버지께서 아들을 보내신 것은 세상의 구주가 되게 하기 위해서였다. 우리 죄를 대속하고 우리에게 영생을 가져다주기 위해서였다(요일 4:9, 10, 14). 실제로 그분 자신이 "잃어버린 자를 찾아 구원하려"고(눅 19:10) 오셨다고 말씀하셨다. 우리는 이런 면에서 그분을 따라할 수 없다. 우리는 구원자가 아니다. 그럼에도 불구하고 이 모든 것은 여전히 그분이 오신 이유를 충분히 설명하지 못한다.

좀더 일반적인 것으로 시작한다면, 예수님은 섬기기 위해 오셨다고 말하는 편이 나을 것 같다. 예수님과 동시대인들은 인자가 권세를 받고 모든 백성이 그를 섬기게 되리라는 다니엘서의 묵시를 잘 알았다(단 7:14). 하지만 예수님은 자신이 섬김을 받기 전에 먼저 섬겨야 함을 아셨다. 권세를 받기 전에 먼저 고난을 견뎌야 함을 아셨다. 그래서 다니엘서의 인자와 이사야서의 고난 받는 종이라는, 공존할 수 없어 보이는 구약의 두 이미지를 결합하셔서 "인자가 온 것은 섬김을 받으려 함이 아니라 도리어 섬기려 하고 자기 목숨을 많은 사람의 대속물로 주려 함이니라"(막 10:45)라고 하셨다. 죄값을 지불하는 속죄 제물은 그분만이 바칠 수 있는 제물이었지만, 이것은 섬김의 삶에서 절정이 되었고, 우리 역시 섬겨야 한다. 예수님은 또 다른 경우에 "나는 섬기는 자로 너희 중에 있노라"(눅 22:27)라고 하셨다. 그래서 자신을 내주시며 사심 없이 다른 사람들을 섬기셨고, 그분의 섬김은 사람들의 필요에 따라 아주 다양한 모습이었다. 분명 예수님은 설교하셨다. 하나님 나라 복음을 선포하시고, 그 나라의 도래와 본질, 그 나라에 들어가는 법, 그 나라를 확장하는 법에 대해 가르치셨다. 하지만 그분은 말만이 아니라 행동으로 섬기셨고, 예수님의 사역에서 사역과 말을 분리하는 일은 불가능할 것이다. 예수님은 굶주린 자들을 먹이셨고 더러운 발을 씻기셨다. 병든 자를 고치시고 슬퍼하는 자를 위로하시고 죽은 자를 살리기도 하셨다.

이제 예수님은 아버지께서 자신을 보내신 것처럼 우리를 보낸다고 말씀하신다. 그러므로 우리의 선교는 그분처럼 섬기는 사람이 되는 것이다. 그분은 자기를 비워 종의 형체를 가지시고 자기를 낮추어 우리처럼 되셨다(빌 2:5-8). 예수님은 우리에게 완벽한 섬김의 본을 제공하시고, 섬기는 교회가 되도록 그분의 교회를 세상에 보내신다. 우리가 이 성경의 강조점을 회복하는 것이 필수적이지 않겠는가? 우리는(특히 유럽과 북미에 사는) 그리스도인으로서 태도와 사역의 많은 부분에서, 종보다는 상관이 되는 경향이 있다. 그러나 우리는 종의 역할에서 전도와 사회적 행동의 올바른 통합을 찾을 수 있다. 그 둘은 분명 그리스도에게 섬기는 사랑의 진정한 표현이었으며, 우리에게도 그래야 한다.

또 교회의 선교가 따라야 하는 아들의 선교에는 또 다른 측면이 있다. 즉 섬기기 위해 **세상 속으로** 보냄 받으셨다는 점이다. 그분은 지구 대기권 밖에서 온 방문객처럼 착륙하지 않으셨다. 또 낯선 문화를 가지고 온 외계인처럼 오지 않으셨다. 예수님은 몸소 우리의 인성, 우리의 살과 피, 우리의 문화를 취하셨다. 실제로 우리 중 하나가 되셔서, 우리의 약함, 우리의 고난, 우리의 유혹을 겪으셨다. 또 우리 죄를 담당하여 우리 대신 죽기까지 하셨다. 그리고 이제는, 예수님이 우리와 동등하게 되신 것처럼 다른 사람들과 동등하게 되도록(그리스도인으로서 우리 정체성을 잃지는 않겠지만), 그분이 그러셨던 것처럼 연약해지도록 우리를 '세상 속으로' 보내신다. 이 성육신의 원리를 좀처럼 진지하게 여기지 않는 것이, 분명 우리 그리스도인들, 특히 복음주의 그리스도인이라 불리는 우리가 가장 크게 실패한 일이다. 우리는 사람들의 삶에 깊이 연루되기보다는, 그들의 문화와 그들의 문제를 깊이 생각하기보다는, 그들의 아픔에 공감하기보다는, 멀리서 복음을 외치는 일이 더 자연스럽다. 그러나 우리 주님의 본에 담긴 뜻을 피할 수는 없다. 로잔 언약이 말하듯이, "우리는 아버지께서 그리스도를 세상에 보내신 것처럼 그리스도의 구속 받은 백성을 세상으로 보내신다고 주장한다. 이 소명은 그리스도께서 하신 것처럼 세상 속으로 깊숙이, 대가를 지불하며 침투할 것을 요구한다."[3]

전도와 사회적 행동의 관계

그렇다면 우리의 기독교적 책임 전체에서 전도와 사회적 행동은 어떤 관계여야 하는가? 우리가 사회적 관심을 배제하고 전도에만 집중하거나, 사회적 행동을 전도의 대용품으로 만들 자유가 없음을 인정한다 해도, 여전히 그 둘의 관계를 규정해야 한다. 이를 위한 세 가지 방법이 시도되었다.

첫째로, 어떤 사람들은 사회적 행동을 **전도의 수단**으로 여긴다. 이 경우 전도와 회심자를 얻는 일은 마음속에 있는 일차적인 목표지만, 사회적 행동은 이러한 목표에 도움이 되는 사전 작업 혹은 그 목표를 위한 효율적인 수단이다. 이런 시각의 가장 노골적인 형태에서는, 사회 사역이 (식량이든 의료든 교육이든) 쓴 약에 설탕을 입힌 당의정, 낚싯바늘에 달린 미끼가 된다. 반면 가장 잘된 경우, 그러한 사역은 그게 아니었다면 부족했을 신뢰성을 복음에 부여한다. 그러나 어떤 경우든 우리의 자선 활동은 위선의 냄새를 풍긴다. 솔직히 우리는 어떤 속셈을 가지고 그러한 활동에 참여한다. 이렇게 사회 프로그램을 다른 목적을 위한 수단으로 삼은 결과는, 소위 '라이스 크리스천'(rice Christian; 쌀, 즉 현세적 이익을 얻으려고 신앙을 가진 이들—역주)을 양산한 것이다. 그들은 속임수를 포착해 낸다. 1931년에 간디가 이런 말을 한 것은 놀랄 일이 아니다. "인도주의적 활동을 통해 개종시키려 하는 것은, 아무리 잘 말해도, 건강하지 못한 일이다.…자신의 종교를 기독교라고 고백하는 의사가 내 병을 고쳐 주었다고 해서, 왜 내가 개종을 해야 하는가?"

전도와 사회적 행동의 관계를 규정하는 둘째 방법은 조금 더 낫다. 여기서는 사회적 행동을 전도의 수단이 아니라, **전도의 표명**으로, 적어도 복음이 선포된다는 표명으로 여긴다. 이 경우 자선 활동은, 다소 인위적으로 외부에서 전도에 부가된 것이 아니라, 전도 자체에서 나온 자연스러운 표현이다. 사회적 행동은 전도의 '성례전'(sacrament)이 된다고 말할 수도 있다. 사회적 행동이 메시지를 훨씬 가시적으로 만들어 주는 것이다. 사랑과 긍휼의 행동 자체가 그 행동의 근원인 복음 메시지를 '선포한다.' 우리는 어느 정도는 이에 주저 없이 동의해야 한다. 예수님의 사역에 확실한 전례가 있기 때문이다. 예수님의 말씀과 행동은 서로 묶여 있었으며, 말씀이 행동을 해석하고 행동이 말씀을 구현해 주었다. 그분은 그 나라의 복음을 선포하기만 하신 것이 아니라, 눈으로 볼 수 있는 '그 나라의 표적'을 행하셨다. 예수님은 사람들이 그분의 말씀을 믿지 않으려 한다면 "행하는 그 일"로 말미암아 믿으라고 말씀하셨다(요 14:11).

그럼에도 불구하고 나는 이 둘째 견해 역시 불편하다. 이는 섬김을 전도의 세부 항목으로, 선포의 한 측면으로 삼기 때문이다. 나는 예수님이 사랑의 마음으로 선한 일을 하신 것이 증거로서 가치가 있다는 것을 부인하지 않는다. 또 우리가 선행을 할 때에도 그것은 증거로서 가치가 있다(비교. 마 5:16). 그러나 이것이 그 행동의 유일한 혹은 심지어 주된 타당한 이유라는 것은 받아들일 수 없다. 만약 그렇다면, 여전히 그 행동은 어떤 목적을 위한 수단일 뿐이다. 또 이는 자의식적인 것이기도 하다. 선행이 가시적인 선포라면, 그것은 대답을 바라게 된다. 하지만 선행이 가시적인 사랑이라면 "아무것도 바라지" 않는다(눅 6:35).

따라서 이제 나는 전도와 사회적 행동의 관계를 표현하는 셋째 방법으로 향한다. 나는 이것이 진정으로 기독교적인 표현이라 생각한다. 그것은 곧 사회적 행동이 **전도의 동반자**라는 것이다. 동반자는 서로 연결되어 있지만 서로 독립되어 있기도 하다. 각각 홀로 다른 하나와 나란히 독립적으로 서 있다. 하나가 다른 하나의 수단도 아니며, 다른 하나의 표현도 아니다. 각각 그 자체로 하나의 목적이다. 둘 다 거짓 없는 사랑의 표현이다. 전도와 긍휼 사역은 하나님의 선교에서 한 세트다.

사도 요한이 요한일서에서 한 다음과 같은 말이 내게 깨달음을 주었다. "누가 이 세상의 재물을 가지고 형제의 궁핍함을 보고도 도와줄 마음을 닫으면 하나님의 사랑이 어찌 그 속에 거하겠느냐? 자녀들아 우리가 말과 혀로만 사랑하지 말고 행함과 진실함으로 하자"(요일 3:17-18). 여기서 행동하는 사랑은 두 가지 상황에서 나온다. 첫째는 형제의 궁핍함을 '보는 것'이고 둘째는 그 궁핍을 채워 줄 수단을 '가진' 것이다. 내가 '가진' 것과 내가 '보는' 것을 연결하지 못한다면, 하나님의 사랑이 내 안에 거한다고 주장할 수 없다. 더 나아가 이 원리는 우리가 본 궁핍이 어떤 성격이든지 그대로 적용된다. 내가 영적 궁핍(죄, 죄책, 길 잃음)을 보았는데 그것을 채워 줄 복음의 지식을 가지고 있을 수 있다. 혹은 내가 본 궁핍이 질병이나 무지 혹은 열악한 주거 환경일 수도 있고, 내게는 그것을 완화시켜 줄 의학, 교육, 사회 분야의 전문 기술이 있을 수 있다. 궁핍을 보았는데 해결책을 가지고 있으면 사랑의 행동을 하지 않을 수 없다. 그 행동이 전도냐 사회적 활동이냐, 정치 활동이냐는 우리가 무엇을 '보고' 무엇을 '가지고' 있느냐에 달려 있다.

말과 사역, 전도와 사회적 행동이 떼어놓을 수 없는 동반자라서, 우리 모두가 항상 둘 다에 참여해야 한다는 뜻은 아니다. 다양한 상황들이 있고, 그리스도인의 소명도 다양하다. 상황에 대해 말하자면, 한 사람의 영원한 운명이 아주 긴급한 고려 사항일 때가 있을 것이다. 우리는 그리스도 없는 사람들이 멸망하고 있다는 사실을 잊어서는 안 된다. 하지만 분명 한 사람의 물질적 필요가 아주 긴급해서, 복음을 나누어도 그 복음을 들을 수 없는 다른 상황도 있을 것이다. 강도 만난 사람은 그 순간 주머니에 든 전도 소책자가 아니라, 그 무엇보다 상처에 바를 기름과 붕대가 필요했다! "굶주린 사람에게는 귀가 없다"는 말이 있다. 원수가 굶주려 있다면, 우리의 성경이 명령하는 바는, 그에게 복음을 전하라는 것이 아니라 그를 먹이라는 것이다(롬 12:20). 또한 그리스도인의 소명은 다양하며, 모든 그리스도인은 자신의 소명에 신실해야 한다. 의사는 전도를 한다고 의료 일을 등한시해서는 안 되며, 복음 전도자는 사도들이 곧바로 발견했던 것처럼(행 6장) 접대 일을 하느라 말씀 사역을 소홀히 해서는 안 된다.

대계명

이제 대위임령으로 돌아가 보자. 나는 교회의 선교는 아들의 선교를 본으로 삼아야 한다는 점에 비추어, 요한복음의 위임령은 우리가 섬기기 위해 세상으로 보냄 받았다는 사실, 우리가 해야 하는 겸손한 섬김은 그리스도께서 하셨듯 말과 행동을 다 포함해야 한다는 사실을 시사한다고 주장했다. 그것은 육과 영 둘 다의 굶주림과 질병에 관심을 두는 것, 다시 말해 전도와 사회적 행동 둘 다에 관심을 두는 것이다. 하지만 누군가가 여전히 대위임령은 배타적으로 전도와만 관련이 있다고 확신한다면, 어떻게 해야 하는가?

내가 때로 조심스럽게 말하는 것은, 대위임령은 예수님이 아버지께로 돌아가시기 전에 우리에게 주신 마지막 가르침이므로, 우리가 그리스도인으로서 대위임령을 지나치게 중요하게 생각하는 것 같다는 것이다. 오해하지는 말라. 나는 교회 전체가 복음을 모든 족속에게 전하라는 주님의 명령에 순종해야 한다고 굳게 믿는다. 그러나 나는 이것을 예수님이 우리에게 남기신 유일한 가르침으로 여겨서는 안 된다는 사실에도 관심이 있다. 그분은 "네 이웃 사랑하기를 네 자신과 같이 사랑하라"는 레위기 19장 18절도 인용하시며 그것을 "두 번째로 중요한 계명"(중요성 면에서, 우리 존재 전체로 하나님을 사랑하라는 첫째 되는 계명 다음)이라 칭하시고, 산상수훈에서 그것을 자세히 설명하셨다. 거기서 예수님은 하나님의 어휘에서 이웃은 원수를 포함한다고 주장하셨다. 또 사랑한다는 것은 '선을 행하는' 것, 다시 말해 우리 이웃의 안녕을 위해 적극적이고 건설적으로 우리 자신을 내어 주는 것이라고 주장하셨다.

그렇다면 여기 예수님의 두 가지 가르침이 있다. "네 이웃을 사랑하라"는 대계명과 "가서 제자를 삼으라"는 대위임령이다. 이 둘은 어떤 관계인가? 우리 중 일부는 그 둘이 동일하다는 듯이 행동한다. 그래서 누군가와 복음을 나누면 그를 사랑해야 하는 책임을 완수했다고 여긴다. 하지만 그렇지 않다. 대위임령은 대계명을 설명하는 것도 아니고, 그것을 다 망라하는 것도 아니며, 그것을 대체하는 것도 아니다. 대위임령의 역할은, 이웃 사랑과 이웃 섬김이라는 요구에, 새롭고 긴급한 기독교적 차원을 더하는 것이다. 우리가 진정으로 이웃을 사랑한다면, 이웃과 예수님에 관한 좋은 소식을 나누는 일은 당연할 것이다. 복음을 알면서도 그것을 이웃들에게 숨긴다면 어떻게 이웃을 사랑한다고 주장할 수 있겠는가? 그러나 이와 동일하게, 우리가 진정으로 이웃을 사랑한다면 복음 전도를 멈추지 않을 것이다. 우리 이웃은 그들의 영혼만 사랑해야 할 육체 없는 영혼이 아니다. 또 그들의 복지만 돌보아야 할 영혼 없는 육체도 아니다. 또 사회와 격리된 육체-영혼도 아니다. 하나님은 내 이웃인 사람을, 공동체 속의 육체-영혼으로 창조하셨다. 그러므로 우리가 이웃을 하나님이 지으신 대로 사랑한다면, 필연적으로 그들의 총체적인 안녕, 그들의 영혼과 육체와 공동체가 잘되는 데 관심을 둘 수밖에 없다. 더 나아가 인간을 이렇게 정신·신체적 존재로뿐 아니라 사회적 존재로 본다면, 우리의 사회적 관심에 **정치적** 영역을 더할 수밖에 없다. 인도주의적 행동은 병든 사회의 사상자들을 보살핀다. 우리는 예방 의학과 공중 위생에도 관심을 가져야 한다. 이는 만인을 위한 평화, 존엄, 자유, 정의가 확보되는 더 나은 사회 구조를 추구하는 것을 뜻한다. 그리고 이러한 추구에서, 선한 의지를 가진 모든 사람과 손을 잡지 않을 이유가 없다. 그들이 그리스도인이 아니라 하더라도 말이다.

요약하자면, 우리는 예수님처럼 섬기도록 세상으로 보냄 받는다. 이것이 이웃을 향한 사랑의 당연한 표현이기 때문이다. 우리는 사랑한다. 우리는 간다. 우리는 섬긴다. 그리고 이렇게 할 때 우리에겐 숨은 동기가 없다(혹은 없어야 한다). 사실, 복음을 그저 말로 선포하기만 하면 가시성이 부족하고, 복음을 선포하는 우리가 영혼에만 관심을 두고 사람들의 육체, 상황, 공동체의 안녕에는 전혀 무심하다면 신뢰성이 부족하다. 하지만 우리가 사회적 책임을 받아들이는 이유는, 그렇게 하지 않으면 부족할 가시성이나 신뢰성을 복음에 부여하기 위해서가 아니다. 오히려 단순하고 복잡하지 않은 긍휼을 보여 주기 위해서다. 사랑은 그 자체로 해명할 필요가 없다. 사랑은 필요가 보이는 곳 어디에서든 섬김으로 표현된다.

그렇다면 **선교**는 교회가 하는 모든 일을 나타내는 단어가 아니다. "교회가 곧 선교다"라는 말은 멋지게 들리지만 그것은 과장이다. 교회는 섬기는 공동체일 뿐 아니라 예배하는 공동체다. 예배와 섬김은 서로 연결되어 있지만, 그 둘을 혼동해서는 안 된다. 또 우리가 보았듯이, '선교'가 하나님이 세상에서 하시는 모든 일을 아우르지는 않는다. 창조주 하나님은, 그분의 아들과 그분의 영과 그분의 교회를 세상 속으로 보내시는 목적과 전혀 별개로, 섭리로 일반 은혜로 심판으로 그분의 세상 속에서 계속 일하시기 때문이다. '선교'는 오히려 교회가 세상 속으로 보냄 받아 하는 모든 일을 설명한다. '선교'는 '땅의 소금'과 '세상의 빛'이 되라는 교회의 이중적인 섬김의 소명을 아우른다. 그리스도께서는 그분의 백성을 소금이 되도록 땅에 **보내시고**, 빛이 되도록 세상 속으로 **보내신다**(마 5:13-16).

실제적인 적용

결론적으로, 선교에 대한 이러한 이해가 현실에서 어떤 모습으로 나타나는지 숙고해 보는 것이 도움이 될 것 같다. 이제 복음주의 그리스도인들은 우리를 세상과 격리시키는 경향이 있었던 이전의 경건주의를 회개하고, 우리에게 전도의 책임뿐 아니라 사회적 책임도 있음을 받아들인다. 그런데 이는 실제에서 어떤 의미일까? 나는 그리스도인의 소명과 지역 교회라는 두 가지 영역을 탐구하고자 한다.

먼저 소명으로 시작해 보자. 나는 여기서 이 말을 그리스도인의 직업이라는 뜻으로 쓴다. 우리는 어떤 어린 그리스도인이 진실로 그리스도를 향한 열망이 있으면 반드시 해외 선교사가 되고, 그만큼의 열망이 없다면 본국에 살면서 목사가 되고, 목사가 되려는 헌신이 부족하면 분명 의사나 교사로 섬길 것이며, 결국 사회사업이나 미디어나 (최악으로) 정치 영역에서 일하게 되는 이들은 심각한 타락에 빠지는 것과 다르지 않다는 인상을 가져 왔다.

나는 이 소명의 문제에서 더 참된 시각을 갖는 것이 긴급해 보인다. 예수 그리스도는 모든 제자를 '사역'으로, 즉 섬기라고 부르신다. 예수님 자신이 탁월한 종이므로, 우리도 종이 되라고 부르신다. 그렇다면 분명 다음과 같이 말할 수 있다. 그리스도인이라면 우리는 하나님과 다른 사람을 섬기며 일생을 보내야 한다. 우리 사이에 유일한 차이가 있다면, 섬기도록 부르심 받은 일의 성격이다. 어떤 사람들은 정말로 선교사나 전도자나 목사로 부르심 받고, 어떤 사람들은 법, 교육, 의학, 사회과학 분야의 직업으로 부르심 받는다. 다른 이들은 상업으로, 산업과 농업으로, 회계직과 은행으로, 지방 정부나 국회로, 또 대중 매체로, 집안 살림과 가정을 세우는 일로 부르심 받는다. 이 모든 영역과 그 외 다른 많은 영역에서 그리스도인들은 그들의 직업을 기독교적으로 해석하고, 그것을 필요악(즉 먹고살기 위한)으로 보지 않고, 또 심지어 전도하는 장소나 전도를 위한 기금을 마련하기 위한 곳으로 보지 않고, 대신 그들에게 주신 기독교적 소명으로, 그리스도께서 그들을 불러 섬기며 살게 하신 일로 볼 수 있다. 더 나아가 그들의 부르심의 일부는, 더 이상 그들을 받아 주지 않는 사회에서 정의, 공의, 정직, 인간의 존엄, 긍휼에 대한 그리스도의 기준을 지키고자 애쓰는 일일 것이다.

어떤 공동체의 상태가 악화되면, 그 책임은 악화되고 있는 그 공동체가 아닌, 악화를 막기 위해 소금으로서의 책임을 다하지 못한 교회가 져야 한다. 그리고 소금은 사회에 스며들어야만, 그리스도인들이 다시 하나님의 부르심은 폭넓고 다양함을 배울 때에만, 많은 이들이 그리스도를 섬기기 위해 세속 사회 속으로 깊이 들어갈 때에만 그 효력을 발휘할 것이다.

이를 위해 나는 기독교적 소명 사역자를 직책으로 두면 좋겠다고 생각한다. 학교, 대학, 교회를 방문하여 목회자만 모집하는 것이 아니라, 오늘날 그리스도를 섬기고 이웃을 섬길 수 있는 흥미로운 다양한 기회들을 청년들에게 제시하는 것이다. 또 정기적인 소명 집회도 보고 싶다. 오로지 타문화 선교사가 되는 것에 최우선순위를 부여하는 **선교** 집회가 아닌, 안수 받은 목사직에게만 집중하는 **사역** 집회가 아닌, 성경에 나타난 하나님의 선교의 폭넓음을 보여 주고, 그것을 오늘날의 세상에 적용하여, 청년들이 기독교 선교의 측면에서 섬기겠다고 조금도 거리낌 없이 헌신하도록 도전하는 **선교** 집회를 보고 싶다.

둘째 적용은 지역 교회와 관련이 있다. 다시 언급하자면 그동안 우리는 교회를 예배하고 증언하는 공동체로 보는 경향이 있었다. 그래서 교구 혹은 이웃에 대한 교회의 책임은 주로 전도로 한정된다고 생각한다. 그러나 만약 지역 교회가 아버지께서 아들을 세상에 보내신 것처럼 그곳으로 '보냄' 받았다면, 교회의 섬김은 전도보다 더 폭넓은 일이다. 지역 교회가 이렇게 그 책임의 더 풍성한 영역들을 이해하고 받아들이면, 그 이상의 진리를 위한 준비를 갖추게 된다. 모든 그리스도인이 일반적인 의미에서 두 종류의 섬김(그리스도를 증언하는 것과, 기회가 나타날 때 선한 사마리아인의 본을 따르는 것)을 행하도록 부르심을 받지만, 모든 그리스도인이 그 둘 다를 위해 일생을 바치도록 혹은 둘 다를 위해 여가 시간을 다 보내도록 부르심 받지는 않는다.

모든 사람이 해야 할 모든 일을 다 하는 것은 분명 불가능하다. 따라서 그리스도의 은사와 부르심에 따른 전문화가 있어야 한다. 지역 교회의 어떤 구성원들은 분명 전도의 은사가 있고 전도로 부르심 받는다. 그런데 우리는 지금, 동일한 확신을 가지고 다른 사람들은 사회적인 쪽을 향해 그리스도의 은사와 부르심이 있다고 말할 수 있는가? 지금 우리는, 실제로 열정적인 그리스도인이라면 모든 여가 시간을 '영혼을 얻는' 사업에 바칠 것이라 전제하는, 인간이 만든 속박(상황이 그러하므로)에서 해방될 수 있을까? 그리스도의 몸에 관한 성경의 교리는 분명 다양한 역할을 하는 은사를 가진 다양한 구성원들로 이루어진 공동체를 말한다. 이를 통해 우리는 더 큰 자유를 누릴 수 있는가?

이러한 원리를 받아들인다면, 모든 회중 가운데서 관심이 있는 그리스도인 그룹들이 다양한 '연구 및 행동 단체'로 연합할 수 있어야 한다. 예를 들어, 어떤 사람은 집집마다 방문하는 데 집중할 수 있고, 다른 사람은 미답의 영역들(예를 들어, 대학 기숙사나 청년 클럽, 대학이나 커피숍)에 침투하여 전도할 수 있다. 또 다른 사람은 이민자들 사이에서 지역 사회와의 관계를 돕는 일에, 또 다른 사람은 노숙자를 돕는 주택 조합 건립에, 또 다른 사람은 노인이나 환자들을 위문하거나 장애인들을 돕는 데 집중할 수 있다. 반면 어떤 이들은 낙태(교구에 낙태 시술 병원이 있다면), 노사 관계(교구에 공업 시설이 있다면), 혹은 성적 관용(지역의 포르노 상점이 문제가 된다면) 같은 더 폭넓은 사회 윤리적, 사회 정치적 질문들에 착수할 수도 있다. 나는 의도적으로 '연구 및 행동 단체'라는 표현을 사용했다. 왜냐하면 우리 그리스도인들은 무지한 상태에서 거들먹거리며 말하는 경향이 있어서, 전도든 사회적 행동이든 그 둘 다든, 교회 조직에 어떤 책임 있는 행동을 촉구하기 전에 우리 주제의 복잡성과 씨름해야 하기 때문이다.

전도와 사회적 행동은, 우리 구주께서 세상에서 선교로 본을 보이신 대로 더 넓게 이해해야 할 개념이다. 우리가 이렇게 전도와 사회적 행동으로 구성된 선교라는 더 폭넓은 개념을 받아들이고, 그리스도인으로서 세상을 섬긴다면, 그리스도인들은 누구보다도 사회에 훨씬 큰 영향, 우리의 수적인 힘과 그리스도의 위임령의 급진적인 요구에 걸맞은 영향을 미칠 수 있을 것이다.

2장
선교에 관한 고찰

크리스토퍼 라이트

존 스토트는 아홉 살이던 해가 거의 지나갈 무렵 회심한 이후 아주 일찍부터, 선교 신학과 그 실천을 그의 마음에 두고 있었다. 이 책은 1974년 제1차 로잔 세계복음화대회의 직접적인 영향을 받아 나온 것이다. 그때 스토트는 대회 내용을 정리한 문서인, 로잔 언약의 기획자로 중대한 역할을 했다. 그리고 생애 말엽에는 눈이 전혀 보이지 않았을 때에도 2010년 제3차 로잔 대회의 성명서인 케이프타운 서약을 며칠에 걸쳐 한 단락씩 달라고 고집했다. 그는 그 선언문을 아주 좋아했고, 지지했고, 전 세계 복음주의자들이 그 위대한 문서에서 선교의 총체성과 온전성을 이해한 대로 세계 선교에 지속적으로 헌신하는 모습에 깊은 격려를 받았다.

그러니 1975년에 나온 이 책의 주제들이, 2011년 그가 죽기까지 수십 년 동안 계속 그의 관심사였다는 것은 놀랄 일이 아니다. 미래의 어느 때, 검색이 가능하도록 디지털화된 존 스토트의 전집을 접할 수 있다면, 이 책의 핵심 단어, 곧 **선교**, **전도**, **대화**, **구원**, **회심**은 어떤 연구자에게도 언급하고 인용할 만한 금광이 되어 줄 것이다. 그 때문에 나는, 스토트가 이 장에서 끈질기게 주장한 내용들을 언급함으로 시작하려 한다. 그런 다음 각각의 주장에 대해 이후 몇 년 동안 계속 진전된 사항들을 돌아볼 것이다. 그중 일부는 스토트의 적극적인 주도 아래서 진행된 것이다.

우리의 선교는 하나님의 선교에서 나온다

스토트는 선교를 오로지 전도로만 보거나 거의 전적으로 사회·정치적 행동으로 보는 양극단을 넘어, "교회의 선교를 정의하는 더 나은 길, 더 균형 있고 더 성경적인 길"이라 부르는 것으로 나아가면서, 마땅히 선교가 무엇인가에 대한 하나님 중심적인 이해를 강조한다. 그는 이렇게 희망한다. "우리는 모두 선교가 일차적으로 교회의 본성이 아닌 하나님의 본성에서 나오는 것임에 동의할 수 있어야 한다. 성경의 살아 계신 하나님은 보내시는 하나님이다." 물론 이러한 움직임은, 스토트 특유의 생각의 전환을 보여 준다. 그는 해결하려 하는 문제나 이슈가 어떤 것이든, "성경이 어떻게 말하는가?", "이것은 우리가 성경 계시를 통해 아는 내용, 곧 특히 그리스도 안에 계시된 하나님의 성품과 뜻과 행동과 어떤 관련이 있는가?" 하고 질문하곤 한다. 존 스토트의 세계관은 성경에 흠뻑 빠진, 하나님 중심의, 그리스도에게 초점을 맞춘 것이었다. 이것은 그가 어떤 이슈를 바라볼 때 쓰는 안경이었다.

이는 해 볼 만한 신선하고 도전적인 일이다. 우리가 "교회의 가장 중요한 선교는 무엇인가? 교회의 선교는 무엇을 포함해야(그리고 무엇을 포함하지 말아야) 합당한가?"와 같은 계속되는 질문들에 지치고 좌절해 있다면, 핵심 질문은 "하나님이 교회에 의도하신 선교는 어떤 것인가?"보다는 "하나님은 그분의 선교를 위해 어떤 교회를 필요로 하시는가?"임을 기억해 볼 만하다. 교회는 이 땅에서 역사의 여정을 지나는 동안, 세상에서 하나님의 선교를 위해 존재한다. 따라서 교회가 무엇을 **해야** 하느냐(혹은 하지 않아야 하느냐)만 질문하기보다는, 교회가 무엇을 **위해** 존재하느냐를 질문해야 한다. 그리고 이를 통해 우리는 모든 민족과 모든 창조 세계를 향한 하나님의 구속하시는 선교를 숙고하게 된다.

그래서 스토트는 이 장에서 하나님의 선교를 말하면서 하나님을 **보내시는** 하나님으로만 제시한다. **선교**라는 단어의 어원에서 나온 '보냄'이라는 개념이, 여기에서 다루는 선교의 의미에서 가장 중요한 특징이다. 우리는 '선교를 할' 때 무언가를 하도록 사람들을 보낸다. 하지만 스토트의 요지는, 교회인 우리가 어디에든 누군가를 보내기 훨씬 전에 하나님이 그 일을 하고 계셨다는 것이다. 그 과정에서 하나님의 '원심적' 속성이 드러나며, 그분은 삼위일체의 세 위격 가운데 항상 자기 희생적인 사랑으로 창조 세계를 향해 '바깥쪽으로 움직이고' 계신다. 그리고 그러한 움직임은 역사적으로 성경 전체에서 계속 이어진 보내는 일에 뿌리를 두고 있으며, 아브라함에서 시작하여 성령을 보내시고 땅끝으로 제자들을 보내시는 데서 절정에 이른다.

이 모든 내용은 어떤 상황에서든 선교를 이해하는 데 필수적인 성경의 배경이다. 최초의 선교는 하나님의 선교다. 그분의 예언자, 그분의 아들, 그분의 성령을 보내신 분이 바로 하나님이기 때문이다. 이러한 선교들 가운데서도 아들의 선교는 가장 중요하다. 그것이 예언자들의 사역에서 정점이었고, 아들의 선교의 절정에는 성령을 보내심이 있기 때문이다. 그리고 지금 그 아들은 자신이 보냄 받은 것처럼 보내신다.

보내는 일은 분명 성경적인 선교 신학에서 아주 중요한 요소다. 또 사실

성경에는 스토트가 언급한 것보다 하나님이 사람들을 보내신 예가 훨씬 많다.[1] 그러나 선교에 관한 더 폭넓은 개념은 보내는 행동 자체만이 아니라, 그 전체적인 목적, 목표, 계획을 아우른다. 그 안에서 보내는 일이 일어나고 의미를 갖는 것이다. 결국 단순히 누군가를 어딘가로 보내는 일은, 그 배후에 어떤 목적이 없다면 의미가 없다. '선교'는 단지 보내는 행동이나 보냄 받는 경험이 아니다. 그것은 보내는 자에게는 장기적인 목적이 있어야 하고, 보냄 받는 사람은 보내는 이의 더 큰 목적에 참여해야 한다는 것을 내포한다. 그 목적을 전부 다 의식하든 그렇지 않든 말이다.

따라서 '하나님의 선교'는 그저 보내셨고 보내시는 하나님만 가리키는 것이 아니라, 그분의 창조 세계 전체에 대해 중요한 목적을 지니신 하나님과 그 목적을 성취하시기 위해 끊임없이 '선교하고 계신' 하나님을 가리키게 된다. 구약과 신약에서 하나님이 사람들을 보내셨을 때, 그것은 이 궁극적이고 보편적인 목적과 관련되어 있었다. 역사 속에서 하나님의 목적이 이루어지는 순간마다, 그들이 바로 그곳에 있었다. 일반적으로 하나님의 보내심에는 두 가지 범주가 있다. 하나, 하나님이 사람들을 보내셔서 어떤 **행동**을 하도록, 구원 혹은 심판에서 그분의 뜻을 행하는 대행자가 되도록 하시는 것이다. 그리고 다른 하나는 사람들을 보내셔서 **말하도록**, 그분의 말씀을 전하는 전령과 전달자가 되도록 하시는 것이다. 그런데 이 모든 보내는 일은, 성경 전체 내러티브를 관통하는 하나님의 선교의 다양한 국면에서 일어난다.

다시 말해, 우리는 단지 보낸다는 다수의 행동이나 소위 대위임령 같은 극적인 하나의 행동이 아닌, 성경 내러티브 전체를 아우르는 더 포괄적인 차원에서 하나님의 선교를 생각하게 된다. 하나님의 선교에 관해 이야기한다는 것은, 하나님의 계획과 목적, 혹은 바울이 간혹 "그[하나님의] 뜻(*thelēma*)"(엡 1:9-10) 혹은 "하나님의 모든 경륜(*boulē*)"(행 20:27, 새번역)이라 언급하는 것에 관해 이야기하는 것이다. 그것은 그리스도 안에서, 그리스도를 통해, 그리스도 아래서, 온 세상을 화해의 연합에 이르게 하시는 그분의 궁극적인 목표를 가리킨다.

그렇다면 선교는 근본적으로, 이 전체 이야기를 진전시키시고 그것을 영광스러운 결말에 이르게 하시는 하나님의 행동이다. 이 때문에 케이프타운 서약은 우리가 헌신하는 선교를 정의할 때, 온통 성경이 메아리치는 단락으로 하나님의 선교에 관한 요약을 제시하며 시작한다.

우리는 세계 선교에 헌신한다. 그것이 우리가 하나님, 성경, 교회, 인간 역사, 궁극적인 미래를 이해하는 데 중심이 되기 때문이다. 성경 전체가 드러내는 하나님의 선교는, 그리스도의 십자가 피로 화해를 이루시어 하늘과 땅의 모든 것을 그리스도 아래서 하나가 되게 하시는 일이다. 하나님은 그분의 선교를 완수하실 때, 죄와 악으로 깨진 창조 세계를 더 이상 죄와 저주가 없는 새로운 창조 세계로 변화시키실 것이다. 하나님은 메시아이시며 아브라함의 씨인 예수님에 관한 복음을 통하여, 땅의 모든 족속에게 복을 주시겠다고 아브라함에게 하신 약속을 성취하실 것이다. 하나님은 하나님의 심판 아래 흩어져 분열된 세상 민족들을 새로운 인류로 변화시키시고, 이들은 모든 족속, 민족, 방언, 언어로부터 그리스도의 피로 구속받아 우리 하나님과 구세주를 경배하기 위해 모일 것이다. 그리스도께서 영원한 생명과 공의와 평화의 통치를 수립하기 위해 다시 오실 때, 하나님은 죽음과 부패와 폭력의 통치를 무너뜨리실 것이다. 그리고 임마누엘 하나님은 우리와 함께 거하시고, 세상 나라는 우리 주님의 나라, 그분의 그리스도의 나라가 될 것이며, 그분이 영원히 통치하실 것이다. [창 1-12장; 엡 1:9-10; 골 1:20; 계 21-22장] [2]

이를 통해 **우리의** 선교를 더 폭넓게 이해할 수 있게 된다. 그것은 전적으로 하나님의 선교에서 나온 것이기 때문이다. 온 백성과 온 창조 세계를 향한 하나님의 위대한 계획과 뜻의 포괄성을 이해하게 되면, 우리가 그 선교에 참여하도록 하나님께 부름 받은 방식도 그와 닮은 포괄적인 것으로 이해해야 할 것이다. 물론 그것은 우리가 하나님이 하시는 모든 것을 한다는 의미가 **아니다**. 하나님은 하나님이시고 우리는 (감사하게도) 그렇지 않다. 우리는 세상을 다스리지 않고 세상을 구원하지도 않는다. 스토트가 말하듯이 "우리는 이런 면에서 그분을 따라할 수 없다. 우리는 구원자가 아니다." 그보다는, 하나님이 우리를 부르셔서 창조 세계와 인류를 향한 하나님의 위대한 목적을 완수하는 일에 함께하도록 보내실 때, 실제로 우리를 아주 큰 의제로 부르신다는 의미다. 혹은 스토트가 다음 장의 서두에서 말하듯이, "내가 지금까지 이야기한 선교라는 단어는, 하나님이 자기 백성을 세상 속으로 보내셔서 하라고 하시는 모든 것을 아우르는, 상당히 포괄적인 단어다." 그리고 그 '모든 것'은 사실 폭넓고 포괄적이다. 하나님의 온 백성이 주변 세상에 관여할 때 하나님이 요구하시는 바에 관해 성경 전체가 보여 주는 내용을 고려하면 말이다.

따라서 이렇게 하나님의 선교를 '성경의-전체-이야기'로 이해하는 것은, 스토트가 이 책에서 (세심하게 설명하며) 주장하는, 선교에 대한 더 총체적인 이해의 든든한 토대가 된다.

그런데 우리는 더 온전한 **선교의 성경 신학**에 도달할 뿐 아니라, **성경에 관한 더 선교적인 이해**를 얻게 된다.[3] '선교적 해석학'은 하나님의 선교와 하나님 백성의 선교라는 시각에서 성경 전체를 읽는다는 것이 무슨 뜻인지 탐구하는 데 헌신한 학자 공동체로 인해 진지한 학문이 되었다. 이러한 움직임은 새 천년이 시작된 이후로 특히 활발했지만, 바로 그

직전에 앤드류 커크(Andrew Kirk)는 『선교란 무엇인가? 신학적 탐구』 (*What Is Mission? Theological Explorations*)라는 책에서 중요한 질문을 제기했다. 그는 신학 교육 전반에서 선교가 필요하다고 말한다. "예를 들어, 성경을 처음부터 끝까지 선교사들이 선교사들을 위해 쓴, 선교에 관한 책으로 충분히 소화한다면 성경 연구가 얼마나 달라질까! 그 내용과 의도를 안다면, 어떻게 다른 식으로 연구할 수 있을까?"[4]

이는 내가 성경을 그러한 시각으로 읽고자 노력하게 된 동기가 되는 질문이었다. 그것은 결국 『하나님의 선교』(*The Mission of God*)와 『하나님 백성의 선교』(*The Mission of God's People*)라는 두 권의 책으로 이어졌다. 앞의 책은 올네이션즈 신학교(ANCC)에서 성경을 가르친 13년 동안 아주 오래 구상한 것이었다. 이 학교는, 전 세계에서 다양한 형태의 타문화 선교로 부르심 받은 이들, 대개 여러 나라의 대학을 졸업한 전문직 종사자들을 위한 훈련 기관이었다. ANCC에서 우리는 '신학과 선교'가 아닌 '선교를 위한 신학'을 가르쳤다고 말하곤 한다. 성경, 신학, 역사, 문학, 목회, 종교, 실천을 다루는 전체 교육 과정은 굉장히 의식적으로, 공부하는 내용이 세계 선교의 현실과 어떤 관련이 있으며, 어떤 영향을 받으며, 어떤 도전을 받고, 어떤 조명을 받는지에 관한 질문들로 가득 채워져 있었다. 데이비드 보쉬(David Bosch)가 근본적으로 성경의 선교적 본질을 인지하고 신학교 전체를 변화시켜야 한다고 요구하며 1990년대를 시작했을 때, ANCC에 있는 우리는 그의 권위 있는 책을 환영했을 뿐 아니라, 우리는 이미 그 요구에 주의를 기울이고 있었다고 생각했다!

> 교회가 선교적이 아니라면 더 이상 교회가 아닌 것처럼, 신학도 선교적 속성을 잃으면 더 이상 신학이 아니다.…우리는 단지 선교를 위한 신학적 의제보

다는, 신학을 위한 선교적 의제가 필요하다. 제대로 이해했다면 신학은, 결단코 하나님의 선교를 수반하지 않고는 존재할 이유가 없기 때문이다.[5]

ANCC에서 성경 연구학부에 있을 당시 그 질문은 긍정적인 의미에서 내 뇌리를 떠나지 않았다. 내가 가르치던 과목의 이름을 '선교의 성경적 기초'에서 '성경의 선교적 기반'으로 바꾸고 싶었다. 나는 성경의 철저한 '선교적 해석학'을 위해 노력했고, 『하나님의 선교』가 그 최종 결과물이었다.[6]

성경 연구 분야에서만이 아니라 전체 신학교들에서 선교의 중심성을 더욱 크게 깨닫게 된 추진력은, 1974년 로잔 대회에 이어 1975년에 이 책이 나온 이후 수십 년 동안 모아 온 힘이었다.[7]

인도와 세계교회협의회에서 오래 선교사로 사역한 후 1974년에 영국으로 돌아온 레슬리 뉴비긴(Lesslie Newbigin)은, 이후 20년 동안 서구 문화에 선교적으로 참여하고 온전히 성경적인 근거에서 선교 자체를 삼위일체적으로 이해할 필요성에 관해 많은 강연과 글로 역설했다. 그가 가장 중요한 기여를 한 작품으로는 『레슬리 뉴비긴의 삼위일체적 선교』(Trinitarian Doctrine for Today's Mission), 『오픈 시크릿』(The Open Secret), 『헬라인에게는 미련한 것이요』(Foolishness to the Greeks), 『다원주의 사회에서의 복음』(The Gospel in a Pluralist Society), 『복음, 공공의 진리를 말하다』(Truth to Tell)가 있다.[8] 뉴비긴의 영향력은 엄청났고, 현재 성경의 선교적 해석학의 발전을 위해 노력하는 이들 대부분은 그에게 빚을 졌음을 알고 있다. 그는 GOCN(Gospel and Our Culture network)과 뉴비긴 신학 연구소(Newbigin House of Studies) 뒤에서 영감을 준 이였다. 그의 지원 아래 선교에 관한 성경적 성찰과 함께 성경을 신학적으로 연구하는 수많은 활동이 일어났다.[9]

그 영향은 최근 선교 신학에 기여한 두 가지 뛰어난 작품에서 볼 수 있다. 둘 다 성경 전체가 하나님의 선교에 관한 내러티브로서 본질적으로 선교적인 속성을 가지고 있음을 포괄적으로 설명하며, 인간의 모든 선교는 거기에서 나와야 한다고 말한다. 바로 마이클 고힌(Michael Goheen)의 『오늘날의 기독교 선교』(*Introducing Christian Mission Today*)와 스코트 선키스트(Scott Sunquist)의 『기독교 선교 이해』(*Understanding Christian Mission*)다.[10] 선키스트는, 동일하게 열정적인 삼위일체적 시각에서 선교적 해석학을 분명하게 설명하고 변호한다. 그것은 성경 전체를 하나님의 위격, 하나님의 선교와 관련지어 보려는 시각이다.

이와 같이, 스토트가 1974년 로잔 대회의 직접적인 영향을 받아 이 책을 집필한 이후 40년간, 특히 복음주의 내에서는 선교 신학의 괄목할 만한 신학적 성경적 발전이 있었다. 스토트가 그 노력 자체는 물론이요 그 노력이 움직여 가는 폭넓은 방향에 대해서도 환영하리라 나는 확신한다.

성경적 선교의 실천에서 전도와 사회적 행동은 함께 간다

스토트가 평생 간직한 그 확신을, 이 책에서 처음으로 표현한 것은 아니다. 대위임령에 순종하는 기독교 선교는, 그것을 정의하고 실천하는 일 모두에서, 복음을 말로 선포하는 데(전도) 국한될 수 없다는 것이며, 선교는 사회에 속한 그리스도인들이, 사회적 책임, 섬김, 사회적 행동으로 된 다양한 선행에 실제적으로 참여하는 것을 포함하는 것이 타당하고 성경적이라는 확신이다.[11] 그는 그 둘이 기독교 선교의 과업에서 분리될 수 없는 동반자라고 주장했다. 그러나 그와 동시에, 전도가 어떤 '우위' 혹은 '우선성'을 갖는다고 동일하게 강력하게 주장했다(로잔 언약에서, 이 책에서, 그리고 다른 데서도). 그것은 우리가 곧 다룰 이유들 때문이다.

첫째로 살펴볼 것은, 그 문제에 관한 스토트의 생각이 1966년 베를린 대회와 1974년 로잔 대회("그러나 오늘 나는 다르게 표현할 것이다") 사이에 조금 변했다는 스토트의 솔직한 설명이다. 그 한 가지 요인은, 그가 1960년대와 1970년대 초반에 가난과 압제를 피할 수 없는 곳, 전도에 헌신한 복음주의자들이 무시할 수 없었던 다수 세계로 여행을 가게 된 것이었다. 그 여행을 통해 르네 파디야(René Padilla)와 사무엘 에스코바(Samuel Escobar) 같은 다수 세계 복음주의자들과의 우정이 깊어졌고 그들에게 세심하게 귀를 기울이게 되었다. 둘 다 로잔 대회에서 중요한 발표를 한 이들이었다.[12] 그 영향은 로잔 언약 제5항 "그리스도인의 사회적 책임"에 관한 스토트의 글에 나타난다. "전도와 사회-정치적 참여는 우리 그리스도인이 지닌 의무의 두 부분이다. 두 부분 다 하나님과 인간에 관한 우리의 교리, 이웃을 향한 우리의 사랑, 예수 그리스도에 대한 우리의 순종의 필수적인 표현이기 때문이다."[13]

그러나 이 책에서는 경험이 아닌 성경을 근거로 주장하는 특징을 보인다. 그는 사복음서를 통해 대위임령을 더 온전히 이해하게 되었다.

> 대위임령은 세례 받은 제자들에게 예수님이 이전에 분부하신 모든 것을 가르치는 임무(마 28:20)만 포함하는 것이 아니다. 예수님이 명하신 것 가운데는 사회적 책임도 있다. 내가 이제 더 분명히 아는 바는, 예수님의 말씀을 왜곡하는 죄를 범하지 않으려면, 대위임령의 결과뿐 아니라 실제 대위임령 자체에도 전도의 책임은 물론 사회적 책임도 들어 있음을 알아야 한다는 것이다.

이 두 문장은 아주 중요하며 수많은 분석을 할 수 있지만, 어떻게 해도 보편적인 합의에 이르지는 못한다. 전도와 사회적 책임이 어떤 관계에 있는지에 관한 질문은, 로잔 대회 직후부터 오늘날까지 복음주의자들 사이에서 계속해서 분열을 초래하는 이슈다. 예를 들어, 케빈 드영(Kevin DeYoung)과 그레그 길버트(Greg Gilbert)는 『무엇이 교회의 선교인가?』(What Is the Mission of the Church?)라는 책에서, 요한복음의 대위임령("아버지께서 나를 보내신 것같이 나도 너희를 보내노라", 요 20:21, 그리고 요 17:18)을 언급할 때 존 스토트를 인용하지만, 그 구절이 우리의 선교가 (그리스도의 선교처럼) 대가를 지불하며 사람들의 삶에 관여하는 '성육신'을 본으로 삼아 섬김이라는(전도만이 아닌) 특징을 보여야 한다는 그의 견해에는 동의하지 않는다. 그들의 시각에서 보면, 대위임령은 더 제한적이며, **교회의 사명의 일부로서**(그러한 실제적인 사랑과 궁휼 사역이 실제로 우리 그리스도인의 순종의 일부로 매우 중요하다는 사실은 강하게 주장하지만), 선행과 사회적 행동을 포함하거나 암시하지 않는다. "선교는 설교와 가르침, 선포와 증거, 제자 삼는 일과 증언으로 구성된다. 선교는 처음부터 계속 복음을 말로 선포하고, 그리스도의 죽음과 부활 그리고 우리가 회개하고 믿을 때 그분 안에서 발견하는 생명을 알리는 일에 그 초점이 있다."[14]

1980년대에 로잔 운동은 로잔 언약이 주장한 바를 계속 논의하고 탐구했다. 탄탄한 성경적·신학적 토대 위에서 선교를 총체적으로 이해하는 일에 헌신하려는 노력이었다. 로잔 신학 분과의 의장이자, 전도는 물론[국제복음주의학생회(IFES)와 성서유니온 같은] 사회적 행동[티어펀드(Tear Fund) 같은]에 참여한 다양한 범주의 복음주의 선교 단체들을 적극 지지했던 존 스토트는, 로잔 운동과 세계복음주의연맹의 후원 아래서, 획

기적으로 전도와 사회적 책임의 관계에 관한 국제회의(International Consultation on the Relationship between Evangelism and Social Responsibility)를 소집했다.[15] 이 회의는 1982년 미시간 그랜드래피즈에서 열렸다.

이 회의에서 나온 긴 보고서는, 사회적 행동과 전도의 관계를 세 가지로 이야기한다(어떤 점에서는 스토트가 이 책에서 사용한 표현을 반복한다). 먼저, 사회적 행동은 전도의 **결과**일 수 있고, 둘째로, 그것은 전도의 **가교**일 수 있다. 그러나 셋째이자 가장 중요한 요지는, 스토트가 이 책에서 주장하는 논지다. 그 둘은 **동반자**라는 것이다.

그 둘은 가위의 양날 혹은 새의 두 날개 같은 것이다. 이 동반자 관계는 예수님의 공적 사역에 분명히 나타난다. 예수님은 복음을 선포하셨을 뿐 아니라 굶주린 자들을 먹이셨고 병든 자를 고쳐 주셨다. 그분의 사역에서 '케리그마'(*kerygma*, 선포)와 '디아코니아'(*diakonia*, 섬김)는 함께 나타났다.…그분의 말씀이 그분의 행동을 설명했고, 그분의 행동이 그분의 말씀을 극적으로 보여 주었다. 둘 다 사람들을 향한 예수님의 긍휼의 표현이었고, 둘 다 우리의 긍휼의 표현이어야 한다.…사실 선포와 섬김의 이러한 관계는 아주 밀접해서 실제로는 겹치기도 한다.

이는, 그 둘이 동일시되어야 한다는 말이 아니다. 전도는 사회적 책임이 아니고, 사회적 책임도 전도가 아니기 때문이다. 하지만 각각은 다른 하나를 수반한다.

예수님을 주와 구세주로 선포하는 일(전도)에는 사회적 함의가 있다. 전도는 사람들을 불러 개인적 죄뿐 아니라 사회적 죄도 회개하라고 하기 때문이며, 옛 사회에 도전하고 새로운 사회에서 의와 평화의 새로운 삶을 살라고 하기 때문이다.

굶주린 이에게 음식을 주는 것(사회적 책임)에도 전도적 함의가 있다. 사랑에서 나온 선행이 그리스도의 이름으로 행해지는 것이라면, 그것은 복음의 예증이며 복음을 찬양하는 일이기 때문이다.…

따라서 전도와 사회적 책임은 서로 분명히 구별되지만, 우리가 복음을 선포하고 복음에 순종할 때 통합적으로 연관된다. 동반자 관계는 사실 결혼이다.[16]

이 보고서는 곧장 나아가, 로잔 언약과 같은 용어로, 이 동반자 관계 내에서 전도의 '우위성'을 다시 단언한다. 부분적으로 이는 논리적 우선성의 문제다. "기독교의 사회적 책임이라는 그 사실은, 사회적으로 책임 있는 그리스도인을 전제하며, 오로지 전도와 제자도를 통해 그렇게 될 수 있다." 그런데 그것은 다음과 같은 이유 때문이기도 하다.

전도는 사람들의 영원한 운명과 관련이 있고, 그리스도인들은 그들에게 구원의 복음을 가져다줌으로써 다른 누구도 할 수 없는 일을 하고 있기 때문이다. 우리가 육체적 굶주림과 영적 굶주림을 충족시켜 주는 것 가운데, 혹은 몸의 병을 치료하는 것과 영혼을 구원하는 것 가운데 선택을 해야만 하는 경우는, 설사 있다 해도 아주 드물다. 이웃을 향한 진정한 사랑은 우리를 총체적 인간인 그들을 섬기는 일로 이끌 것이기 때문이다. 그럼에도 불구하고 선택을 해야 한다면, 우리는 모든 인류에게 최고로 궁극적으로 필요한 것은 예수 그리스도의 구원하시는 은혜이며, 따라서 한 사람의 영원한 영적 구원이 그 사람의 일시적이고 물질적인 복지보다 훨씬 더 중요하다고 말해야 한다.…이런 선택은 대체로 관념적인 것이다. 실제로는, 예수님의 공적 사역에서

처럼 그 둘을 뗄 수 없다.…그 둘은 서로 경쟁하기보다는 서로를 지지하고 강화해 주면서 둘 다를 향한 관심을 상승시킨다.

10년이 거의 흐르고 1989년 마닐라에서 열린 제2차 로잔 대회에서는 이 문제에 관해, 근본적으로 전도와 사회적 책임의 관계에 관한 국제회의에서와 동일한 주장을 했다.

진정한 복음은 사람들의 변화된 삶에서 보이기 시작해야 한다. 우리는 하나님의 사랑을 선포할 때 사랑의 섬김에 참여해야 하며, 하나님 나라를 선포할 때 정의와 평화에 대한 그 나라의 요구에 헌신해야 한다.

전도가 우선인 까닭은, 우리의 주된 관심이 복음, 곧 모든 사람이 예수 그리스도를 주와 구세주로 받아들일 기회를 갖는 데 있기 때문이다. 하지만 예수님은 하나님 나라를 선포하셨을 뿐 아니라 자비와 능력의 사역으로 그 나라의 도래를 실제로 보여 주셨다. 오늘 우리도 동일하게 말씀과 행동을 통합시키라는 부르심을 받는다. 우리는 겸손한 마음으로 선포하고 가르치며, 병자를 보살피며, 굶주린 자들을 먹이며, 갇힌 자들을 돌보며, 사회적 약자들과 장애인들을 도와주며, 압제 받는 자를 구해 내야 한다. 영적 은사와 소명과 상황의 다양성을 인정하지만, 또한 복음과 선행을 분리할 수 없음에도 동의한다. 그러므로 전도에 일차적으로 사회적인 의도가 없다 해도 그럼에도 사회적인 차원이 있으며, 사회적 책임에 일차적으로 전도의 의도가 없다 해도 그럼에도 전도의 차원이 있다고 할 수 있다.[17]

여기서 '차원'과 '의도'라는 표현이 중요하다. 이는 스토트가 원래 레슬리 뉴비긴이 1959년에 쓴 책에서 그렇게 구별하는 것을 알고 반영한 것이 거의 확실하다(마닐라 선언의 초안을 존 스토트가 작성했으므로). 존 스토트는 선교에 관한 그의 글을 보며 감탄했었다. 이 구별은, 모든 것이 선교라면, 아무것도 선교가 아니라는 스티븐 닐(Stephen Neill)의 유명한 (그리고 많이 인용되는) 경고에서 우리를 지키는 데 도움을 준다. 간단히 말해서, 교회는 하나님의 선교를 위해 존재하므로 교회가 하는 모든 일에 선교적 차원이 있지만, 교회가 하는 어떤 일은 명확하게 선교적 의도를 지닌다. 마이클 고힌은 뉴비긴의 논점을 다음과 같이 요약한 다음, 그것이 함의하는 바를 더 자세히 논한다.

> 선교적 차원과 선교적 의도를 구별하는 중요한 시도가 있었다. 레슬리 뉴비긴에 따르면 이는 "교회의 전체 삶의 한 **차원**으로서의 선교와, 어떤 활동의 일차적인 **의도**로서의 선교"를 구별하는 것이다. "교회가 곧 선교이기 때문에 교회가 하는 모든 일에 선교적 차원이 있다. 그러나 교회가 하는 모든 일에 선교적 의도가 있지는 않다." "교회가 그리스도를 알지 못하는 이들에게 주님이신 그리스도를 증언하기 위해 교회의 삶의 경계를 넘어서 행동할 때, 그 행동의 전체적인 **의도**가 그들을 불신에서 신앙으로 가게 하는 것이라면" 그런 행동은 선교적 의도가 있다고 할 수 있다.[18]

고힌은 이 구별에 관하여 내게 보낸 개인적인 서신에서, 교회와 세상 속에서 살아가는 그리스도인의 삶에 관해서 썼다.

> 뉴비긴이 하려 했던 것은, 선교가 삶 전체라는, 즉 그리스도인의 인생 모든 부분이 하나님의 새롭게 하시는 사역을 증언한다는 데 대한 합의가 커지고 있음을 단언하는 것이었습니다. 그러나 그는 어떤 활동들, 명확하고 계획적인

의도로서 사람들과 복음을 나누고 그들이 복음에 반응하도록 초대하는 목적을 지닌 활동들을 보호하고 싶어 했습니다. 내 생각에 그 구별은 분명 대부분의 사람이 인식하는 것보다 더 중요합니다. 그것은 선교를 둘러싼 많은 혼란을 정리해 줄 것입니다.

두 문서 다(CRESR 보고서와 마닐라 선언) 물론 많은 부분, 스토트의 필력에 빚을 졌다. 그러나 기독교 선교의 총체적 이해에 대한 그의 최고의 변호는, 몇 년 후인 1992년 『시대를 사는 그리스도인』(The Contemporary Christian)의 "총체적(holistic) 선교"라는 장에서 나왔다.[19] 거기서 그는 상황을 설명하고, 그의 입장에 대한 성경적 토대를 조사하고, 일반적인 반대들에 답하고, 몇몇 역사적인 실례를 제시한다.

2010년 케이프타운에서 제3차 로잔 대회가 열렸을 때, '총체적 선교'라는 어구는 이미 '통합적 선교'(integral mission)에 어느 정도 추월당하고 있었다. 강조점이 변화함에 따라 '통합적으로 연결된'(CRESR), '말씀과 행동의 통합'(마닐라)이라는 표현이 선택되었다. 이러한 개념은, 두 가지 행동(전도와 사회적 행동)을 나란히 함께 가는 혹은 함께 가는 단순한 동반자로 보기보다는, 선교를 밀접한 관계에 있는 활동들의 통합 체계로 본다. 여기서 각 활동이 제대로 기능하는 것은 다른 활동의 기능에 필수적이다. 또한 기획 전체의 건강과 '성공'에 필수적이다.

인간의 몸은 통합된 체계다. 그 안에는 호흡계, 소화계, 순환계 등등이 있다. 그런데 이러한 기관들은 각각 구별되는 '활동'을 하는 것이지, 그저 같은 것에 대한 다른 표현들이 아니다. 그러나 살아 있는 정상의 인간 육체에서는 그 기관들이 통합적이고 필수적이며 서로 떼어놓을 수 없게 기능해야 한다. 어떤 한 기관의 우위성이나 우선성을 이야기하는 것은 별 의미가 없다. 단, 익사 직전의 상황 혹은 심각한 교통사고와 같이 특정 기관에 주의를 기울여야 하는, 호흡, 출혈, 심부전 등이 음식이나 음료를 주는 것보다 중요한 아주 심각한 상황을 제외하고는 말이다. 일상 생활에서는 육체의 모든 기능이 꼭 필요하고 통합되어 있으며, 살아 있는 인간이 되도록 각기 자기 나름대로 기여한다. 이와 마찬가지로 통합된 선교는, 세상에서 하나님의 목적을 이루기 위해 그리스도인이 그리스도께 순종하는 모든 영역을 하나로 묶는다. 그래서 전도와 사회적 행동은 서로 필수적이다. 선교라는 전체 생명 안에서, 서로 다르지만 필요한 기능이다.[20]

통합적 선교에 대한 미가 선언(2001년)은 다음과 같이 말한다.

> 통합적 선교는 복음을 선포하고 실증한다. 이는 단순히 전도와 사회 참여를 함께 행해야 한다는 뜻이 아니다. 그보다 통합적 선교에서는 우리가 선포할 때, 사람들에게 삶의 모든 영역에서 사랑하고 회개하라고 요청함으로써 사회적 결과를 낸다. 또 사회에 참여할 때, 예수 그리스도의 변화시키는 은혜를 증언함으로써 전도하는 결과를 낸다. 세상을 무시한다면, 세상을 섬기도록 우리를 보내신 하나님의 말씀을 저버리는 것이다. 하나님의 말씀을 무시한다면, 우리는 세상에 가져다줄 것이 아무것도 없다.[21]

그런데 통합이란 그 안에서, 혹은 그것을 중심으로 모든 것이 통합되는 '무언가'를 요구한다. 내 몸의 모든 기관은 '나'라는 인간으로 통합되어 있다. **전도와 사회적 행동을 묶어 주는 선교의 통합적 중심은 무엇인가?** 그것은 분명 복음 자체다. 여기서 복음은, 하나님이 세상을 구원하시고 그리스도의 주권 아래 하나님 나라를 도래시키기 위해 그리스도 안에서 하신 모든 일에 관한 성경의 좋은 소식을 뜻한다. 다시 말해, '복음'은 단순히 개인들이 구원 받는 메커니즘이 아니라, 이야기이며, 사실들이며, 하나님의 구원 행위다. 그리고 우리가 그 복음을 듣고 반응할 때 우리에게 지니는 의미들이다.

케이프타운 서약은 그 복음이라는 핵심을 중심으로 선교를 통합한다.

우리 선교의 통합성. 우리의 모든 선교의 근원은, 성경에 계시된 대로 하나님이 온 세상의 구속을 위해 그리스도 안에서 하신 일이다. 우리의 전도 과업은 그 복음을 온 세상에 알리는 것이다. 우리의 모든 선교의 **상황**은, 우리가 사는 세상, 곧 죄, 고통, 불의, 창조 세계의 무질서가 있는 세상이다. 하나님은 그 세상으로 우리를 보내셔서 그리스도를 위해 사랑하고 섬기라고 하신다. 그러므로 우리의 모든 선교에는, 전도와 세상 속의 헌신적인 참여가 통합되어 있어야 한다. **하나님의 복음이 담긴 온전한 성경의 계시는 이 둘을 지시하고 추동한다.**[22]

강조체(덧붙인 것)로 된 마지막 구절이 아주 중요하다. 이를 보면 바퀴의 이미지가 떠오른다. 자동차의 구동 바퀴는 중심(동력원인 엔진과 연결된)이 테두리나 타이어(길과 닿는)와 합쳐진, 통합된 물체다. 땅과 닿는 모든 지점(상황)은 중심(복음)을 통해 엔진에서 전달된 동력으로 에너지를 얻는다. 중심과 테두리는 서로 통합되어 있어야 하며, 그 둘의 통합을 통해 둘 다 엔진과 닿으며 거기서 추진력을 얻는다.[23]

이 유비로 선교의 전체 과업을 생각하면서, 나는 내가 **전도의 우위성**보다는 **복음의 중심성**에 대해 말하기를 선호함을 알 수 있었다. 우리가 여전히 전도의 중심성을(어떤 이들이 말했듯, 선교의 **핵심**으로) 말하고 싶다면, 일차적으로 (물론 진정 그렇지만) 그것이 인간의 가장 크고 가장 궁극적인 필요(죄에 빠져 있고 하나님과 멀어진)를 다루기 때문이 아니라, 그것이 우리가 하는 모든 일을 **하나님이 그리스도 안에서 하신 일**과 연결시켜 주기 때문이다. 우리가 복음 중심적인 것은, 우리가 하나님 중심적이기 때문이다. 그것은 그저 인간 중심의 다른 길이 아니다.

따라서 다시 케이프타운 서약은 전도에 대한 항목에서 이렇게 말한다. "전도를 온전히 통합된 우리 모든 선교의 중심에 두자. **복음 자체가 성경적으로 타당한 모든 선교의 근원이며 내용이며 권위이기 때문이다.** 우리가 하는 모든 일은 하나님의 사랑과 은혜와 예수 그리스도를 통한 그분의 구원 사역을 구체적으로 실현하고 선포하는 것이어야 한다."[24] 앞에서 언급했듯이, 여전히 **선교**라는 단어(그에 따라 교회의 선교적 임무도)의 정의를 제자 삼는 일에 연관된 선포와 가르치는 사역으로, 대위임령에 대한 좁은 해석에 한정하기를 옹호하는 일부의 강력한 논거가 있지만(예를 들어, 케빈 드영과 그레그 길버트의 책), 이렇게 더 통합된 이해가 동일하게 성경의 권위와 진리와 복음의 중심성에 헌신한 복음주의 진영의 많은 이들을 납득시키는 것 같다. 우리는 그렇게 통합되고 총체적인 이해가 로잔 운동의 선교 신학(과 실천)에 스며 있음을 보았다.[25] 이는 또한 세계복음주의연맹이 선교 위원회와 신학 위원회를 통해 채택한 이해이기도 하다.[26] 세계복음주의연맹은 1980년에 출범하여 1987년에 공식 설립된 이후 인페미트(International Fellowship for Mission as Transformation: INFEMIT)의 주축이 되고 있다.[27]

교회의 선교를 이렇게 총체적 혹은 통합된 방식으로 이해하는 사람들 가운데, 서구는 물론 다수 세계에서, 실제 선교 경험에 더해 아주 폭넓은 선교학적 성찰과 가르침에 뛰어난 자질을 가진 이들이 있다. 일부만 언급하면, 딘 플레밍(Dean Flemming), 마이클 고힌, 스코트 선키스트, 사무엘 에스코바, 르네 파디야, 로즈메리 도우셋(Rosemary Dowsett), 존 딕슨(John Dickson), 비나이 사무엘(Vinay Samuel), 크리스 석던(Chris Sugden)을 들 수 있을 것이다.[28]

고힌과 선키스트가 제시하는 흥미로운 주장은, 애당초 기독교 선교의 두 측면(전도와 사회 참여)을 갈라놓지 않았다면, 그 둘을 연관짓고 통합하기 위해 그렇게 애쓰며 힘을 소모할 필요가 없었으리라는 것이다. 스토트가 이 책에서 한탄한 바, 에큐메니컬 운동에서는 사회 정치적 영역을 강조하고(전도를 무시하면서), 복음주의자들은 전도를 강조함으로(사회 참여는 무시하면서—적어도 20세기 상반기에는 그랬다) 나타난 적대적인 양분 현상이 힘을 얻고 오래 지속된 것은, **양** 진영 다에서 계몽주의 이원론이 우세해진 탓이라 할 수 있다. 다시 말해, 우리는 우리의 사상에, 성경의 세계관과 가르침의 총체성이 반영되지 않은 구분과 서열을 들였다. 성경은 하나님의 백성을 향한 총체적인 명령에 단순한 순종을 요구한다. 예수님의 간단한 말씀으로는 "내가 너희에게 **명한 모든 것을** 지키라"는 것이다. 그럼에도 우리는 분류 체계를 고집하고 있다.[29]

고힌은 이렇게 썼다.

> 근본주의 전통과 자유주의 전통 사이의 근원적인 분열은, 둘이 공유한 이원론에서 나왔다. 불균형을 깨닫고서, 두 진영은 부자연스럽게 손을 잡았다. 교회의 선교의 두 차원, 곧 말씀과 행동은 교회의 총체적인 선교라는 근원적 상황에서 추출한 것이었다. 그리고 각각은 각자의 생명을 얻었다. 이는 둘 중 어느 쪽에 우선성이 있는지 선택을 강요했고, (더 깊은 이원론에 발맞추어) 영원한 것은 일시적인 것보다 우위에 있기 때문에 복음에 우선성이 주어졌다.[30]

선키스트는 그 통합을 그리스도에게로 다시 가져가서, 그리스도의 말씀과 행동을 분리하여 전도와 사회 정의의 분열(우리가 어느 쪽을 우선으로 하든 생기는)을 조장하는 근거로 주입하는 접근을 개탄한다. 내게는 선키스트가 존 스토트의 요지에 동의하는 듯 보인다(스토트의 '동반자' 비유는 거부하지만). 하지만 그는 '이분법 문제' 배후로 돌아가 더 근본적인 통합으로 가라고 촉구한다.

> 복음을 전할 때 우리는, 말씀과 사역, 혹은 전도와 정의, 선포와 사회 정의의 이분법으로 시작하기보다는[로잔 언약 제5항에서 전제된 이분법], 예수 그리스도 안에서 나타나는 하나님의 유일한 속성, 즉 사랑으로 시작한다.
>
> 어떤 사람이 예수님의 삶의 '양측면'에 관해 이야기하면 우리는 조금 미심쩍어 해야 한다. 과거에는 그러한 표현을 사용하는 것이 일반적이었다. 하나님의 선교를 두 댄스 파트너로(전도와 사회 정의) 혹은 동전의 양면으로 이야기하는 것이 일반적이었다. 그러나 이러한 유비는 부적당하기만 한 것이 아니라 오해의 소지가 있다. 예수님은 하나님의 자기를 비우시는 사랑이 흘러넘치는, 온전한 인간이셨다.[31]

이 부분을 마무리하기 전에, 우리는 1975년 이 책이 출판된 이후 발전된 복음주의 선교 신학에서 통합에 또 하나의 영역이 더해졌음을 주목해야 한다. 그것은 **창조 세계를 돌보는 일**이 그리스도인의 책임의 한 차원임을 받아들인 것이다. 이는 당연히 기독교 선교의 전체 범주에 넣는 것이 당연하다. 물론 이에 대해서는 여전히 아주 다양한 의견이 있으며 일부 복음주의 진영에서는 환경 의제를 거부하기도 한다. 그러나 복음주의자들은 성경 자체가, 죄의 결과를 이야기할 때, 하나님의 구속 목적을 언급할 때, 또 십자가에서 화해를 말할 때 창조 세계(여기서는 구체적으로 우리가 사는 땅을 의미하는)를 포함하고 있음을 점차 인식하고 있다.

나는 로잔 문서들이 생태적 차원을 인식했다는 가장 초기의 징후를 마닐라 선언(1989년)에서 찾을 수 있었다. "복음과 사회적 책임"에 관한 제4항에 이런 말이 나온다. "우리가 개탄하는 악 중에는…사람과 땅에 대한 온갖 형태의 착취가 있다"(강조체는 덧붙인 것).[32] 그러나 복음주의자들은 이미, 오사블 연구소(1979년에 설립된)와 아 호샤(A Rocha, 1983년에 설립된)와 같은, 겸손하지만 예언적으로 중요한 기관들을 통해 생태학적 위기에 대한 점증하는 인식에 대응하고 있었다.[33] 복음주의 환경 네트워크(Evangelical Environmental Network)는 1993년에 설립되어, 후에 "창조 세계를 돌보는 일에 대한 복음주의 선언"을 발표했다.[34] 사실 1974년 로잔 대회 이후로 이 이슈에 관해 진지한 복음주의적·성경적 글이 꾸준히 많이 나왔고, 존 스토트와 나도 함께 기여했다.[35] 실제로 스토트는 그가 쓴 마지막 책 『제자도』(*The Radical Disciple*)에 창조 세계를 돌보는 일을 다루는 장을 넣었다.[36] 그래서 나는 그가 케이프타운 서약이 전도와 사회적 관심이라는 두 영역만의 통합을 넘어서 창조 세계까지 끌어안은 것을 지지했음을 안다. 다음 인용문에서, 예수 그리스도의 주되심—대위임령의 첫 번째이자 가장 중요한 주장—에 초점을 맞추면서, 어떻게 복음의 중심성을 핵심으로 통합이 다시 한 번 분명히 강조되는지 주목해 보라.

"이 땅은 주님의 것이며 그 안에 있는 것도 모두 주님의 것이다." 이 땅은 우리가 사랑하고 순종한다고 주장하는 하나님의 소유다. 아주 단순하게 말해서 이 땅이 우리가 주님이라 부르는 분의 소유이기 때문에, 우리는 이 땅을 돌본다[시 24:1; 신 10:14].

이 땅은 그리스도께서 창조하시고 유지하시고 구속하신다[골 1:15-20; 히 1:2-3]. 우리는 창조와 구속과 상속으로 그리스도의 소유가 된 것을 남용하면서 하나님을 사랑한다고 주장할 수 없다. 우리는 세상 원리가 아닌 주님을 위해서 이 땅을 돌보고 그 풍성한 자원을 책임 있게 사용한다. 예수께서 온 땅의 주님이시라면, 우리와 주님의 관계는, 우리가 이 땅과 관련하여 행동하는 방식과 분리될 수 없다. '예수께서 주님'이시라고 말하는 복음을 선포한다는 것은, 이 땅을 아우르는 복음을 선포하는 것이다. 그리스도의 주되심은 모든 창조 세계를 포괄하기 때문이다. 따라서 창조 세계를 돌보는 일은 그리스도의 주되심 안에서 복음의 이슈다.…

성경은 하나님이 **창조 세계** 자체를 구속하고자 하신다고 선포한다. 통합적 선교란, 복음이 예수 그리스도의 십자가와 부활을 통해 각 개인에게, **그리고** 사회에, **그리고** 창조 세계에 하나님이 주시는 좋은 소식이라는 성경의 진리를 분별하고 선포하고 살아내는 것이다. 개인과 사회와 창조 세계는 다 죄로 인해 깨지고 고통당하고 있으며, 이 셋 다 하나님의 구속하시는 사랑과 선교의 대상이다. 또 셋 다 하나님 백성의 포괄적인 선교의 일부가 되어야 한다.[37]

선교와 사역은 모든 제자가 모든 삶의 영역에서 하는 일이다

선교를 다룬 스토트의 장에 대한 나의 셋째이자 마지막 고찰은, 그가 실제적인 적용에 관한 내용에서 첫 부분으로 언급한 것을 다룬다. 그는 선교와 사역이, 타문화 선교 사역이나 안수 받은 목회 사역으로 부르심 받은 사람들만이 아니라 모든 신자의 특권이자 책임이라고 주장한다. 그는 우리가 이 사역과 "소명의 문제에서 더 참된 시각을" 가져야 한다고 주장한다. 모든 그리스도인이 사역으로 부르심 받으며, 일부에게 그것은 타문화 선교 사역이나 안수 받은 목회 사역을 의미할 것이다. 그러나 하나님과 다른 사람들을 섬기는 사역은, 고용이 되었든 아니든 그리스도인이 참여하는 모든 형태의 일과 섬김에 적용된다. 스토트는 개인적으로, 성경적으로 타당한 교회 내 안수 받은 목회/가르침 사역에 정말 진심으로 헌신하고 있었지만, '사역'의 개념을 성직자에게 국한하는 것은 해롭고 비성경적이라고 적극적으로 믿었다. 그는 사역과 선교는 그리스도의 모든 제자가 받은 부르심―그들의 다양한 모든 소명 안에서―이라고 주장했다.

그 당시에는 아주 많이 말한 것은 아니었지만, 그는 그리스도인의 사고를 오염시킨, 유해한 성-속 이분법의 근절을 요구하고 있었다. 그 이분법은 하나님이 종교적인 삶의 영역에는 관심이 있으시지만(교회, 예배, 기도, 전도 등), 일과 여가가 있는 '세속' 세상의 나머지 삶은 하나님과 교회의 선교에 거의 혹은 전혀 관련이 없다는 견해다. 하지만 그는 종교개혁가들과 청교도들에게서 찾을 수 있는, 일과 소명의 강력한 신학으로 되돌아가기를 바랐다. 거기서는 모든 종류의 정직한 일을 다른 사람을 위해, 공동체의 유익을 위해, **하나님의 영광을 위해**, **'복음을 더 빛나게 하는' 방식으로** 할 수 있다. 이는 물론 사도 바울의 분명한 가르침이다(엡 6:5-8; 골 3:22-24; 딛 2:9-10).

스토트는 『시대를 사는 그리스도인』에서 이 주제를 확장했다. 이 면에서 스토트의 확신의 열정을 느끼기 위해 그 일부는 길게 인용할 만하다. 나는 약간의 향수를 느끼며 첫 단락을 인용한다. 나는 그가 거의 말 그대로 가장 좋아했던 강연에서 여러 번 이 말을 하는 것을 들었다.

우리는 목사직을 정관사를 붙여 '사역'(the ministry)이라 언급할 때마다 기독교의 주장에 큰 해를 끼친다. 목사직만이 유일한 사역이라는 듯한 인상을 주기 때문이다.…나는 25년 전쯤 이러한 견해와 또 이러한 언어를 사용한 것을 회개했으며, 독자들에게 필요하다면 나와 같이 그러한 참회를 할 것을 권한다. 요즘에는 어떤 사람이 내 앞에서 '아무개가 사역에 입문하려 합니다'라는 말을 하면, 나는 언제나 순진하게 '오 그래요? 무슨 사역에 말입니까?' 하고 물어본다. 그리고 아마도 상대방이 '목회 사역 말이에요'라고 대답하면, 나는 '그럼 왜 그렇게 말하지 않았어요?!' 하고 정중한 불만의 어조로 대답한다. 실상 '사역'이라는 단어는 포괄적인 용어다. 그것에 형용사를 덧붙이기 전에는 그 용어가 구체적이지 못하다.…

그리스도인에게는 매우 다양한 사역이 있다. 이는 '사역'이 '섬김'을 의미하며, 우리가 하나님과 사람들을 섬길 수 있는 여러 가지 다른 방법들이 있기 때문이다. [그리고 사도행전 6장에 나오는 사건에 대한 논의가 이어진다]…말씀을 가르치는 것과 음식을 분배하는 것 둘 다 '디아코니아'(diakonia) 즉 사역이라고 언급되고 있음을 주목하는 것이 매우 중요하다. 실로 둘 다 기독교 사역이고, 기독교 전임 사역이 될 수 있으며, 그것을 행하기 위해서 성령이 충만한 사람이 필요했다. 그 둘의 유일한 차이는 전자는 목회 사역이요, 후자는 사회 사역이라는 것뿐이다. 전자는 '사역'이고 후자는 사역이 아니라는 것이 아니었다. 또한 전자는 영적인 것이고 후자는 세속적인 것이라는 의미도 아니었다. 또 전자는 우월하고 후자는 열등하다는 것도 아니었다. 그것은 단지 그리스도께서 열두 제자는 말씀 사역으로 부르셨고, 일곱 집사는 접대의 사역으로 부르셨다는 것뿐이었다.…

선교사나 목사가 되는 것은 놀라운 특권이다. **하나님이 나를 그 일로 부르신다면 말이다.** 그러나 **하나님이 나를 부르신다면,** 그리스도인 변호사, 실업가, 정치가, 경영자, 사회 사업가, 텔레비전 방송 작가, 저널리스트, 주부가 되는 것도 똑같이 멋진 일이다. 로마서 13:4에 따르면, 국가의 관원들은(국회의원이건, 시장이건, 경찰이건 간에) 목사와 마찬가지로 '하나님의 사역자'(*diakonos theou*)다.…

자신들의 일상의 일을 주요한 기독교 사역으로 생각하며 그리스도를 위해 그들이 처한 세속적 환경에 침투하기로 결심하는 그리스도인 남녀들이 절실하게 필요하다.[38]

존 스토트는, 매일 직장에서 일하는 평신도 그리스도인이 선교적으로 중요하다는 바로 이러한 신념 때문에, 1982년 "우리 삶의 모든 부분이 그리스도의 주되심 아래 있으며, 모든 삶이 예배, 선교, 사역, 적극적인 그리스도인이 참여하는 환경이라는 핵심 신념으로" 런던현대기독교연구소(London Institute for Contemporary Christianity)를 설립했다.[39] 현재 이 연구소 소장은 마크 그린(Mark Greene)으로, 그는 일의 영역과 나머지 우리 주변 문화 속에서 그리스도인들이 하나님이 자신에게 주신 사역과 선교에 헌신하고 열매를 맺도록 구비시키고자 하는 열정으로 존 스토트를 따라가고 있다. 그린은 직접 책을 집필하는 것에 더하여, 2010년 케이프타운에서 열린 로잔 대회에서 직장에 관한 워크숍을 인도하는 팀에 참여했고, 케이프타운 서약의 '진리와 일터'에 관한 항목에 기고했다.[40]

성경은 인간의 일이 창조 세계를 향한 하나님의 선한 목적에 속해 있다는 하나님의 진리를 보여 준다. 성경은 우리의 일하는 삶 전체를 사역의 영역 속에 둔다. 우리는 다양한 부르심 가운데 하나님을 섬기기 때문이다. 그러나 '성속 분리'라는 거짓이 교회의 사고와 행동에 스며들었다. 이러한 분리는, 종교적 활동은 하나님께 속한 반면 다른 활동은 그렇지 않다고 말한다. 많은 그리스도인들이 영적인 가치가 거의 없다고 생각하는 일(소위 세속적인 일)을 하며 대부분의 시간을 보낸다. 그러나 하나님은 삶의 **모든** 것의 주님이시다. 바울은 이교도들의 일터에서 일하는 종들에게 "무슨 일을 하든지 마음을 다하여 주께 하듯 하고 사람에게 하듯 하지 말라"[골 3:23]고 말했다.[41]

나는 존 스토트가 이 단락이 지닌 탄탄한 선교 신학과 실제적인 타당성을 지지할 것이라고, 이것을 1975년의 이 책 초판에서 제시한 통찰, 요청과 전적으로 일관된 결실이라 여길 것이라고 믿어 의심치 않는다.

3장
전도

존 스토트

내가 지금까지 이야기한 선교라는 단어는, 하나님이 자기 백성을 세상 속으로 보내셔서 하라고 하시는 모든 것을 아우르는, 상당히 포괄적인 단어다. 그러므로 선교는 전도와 사회적 책임을 포함한다. 둘 다 어려움에 처한 사람들을 섬기려는 사랑의 진정한 표현이기 때문이다.

전도의 우선성

그러나 나는 우리가 "교회가 희생적으로 감당하는 선교 사역에서 전도는 최우선이다"[1]라는 로잔 언약의 선언에 동의해야 한다고 생각한다. 그리스도인은 어떤 식으로든 인간이 압제당하고 무시당할 때, 그들이 빼앗긴 것이 시민의 자유든, 인종에 대한 존중이든, 교육이든, 의료든, 고용이든, 충분한 의식주든 간에, 양심의 극심한 고통과 연민을 느껴야 한다. 인간의 존엄성을 손상시키는 것은 무엇이든 우리를 향한 모욕으로 여겨야 한다. 그러나 복음을 모르거나 거부하여 하나님으로부터 소외된 것만큼 인간 존엄성에 파괴적인 것이 있을까? 또 우리는 어떻게 정치적·경제적 해방이 영원한 구원만큼 똑같이 중요하다고 진지하게 주장할 수 있을까? 둘 다 그리스도인이 사랑으로 해야 할 일인 것은 분명하다. 하지만 바울이 동족 유대인들을 향한 염려를 침통하게 강조하며 편지를 썼을 때 한 말에 귀 기울여 보라. "내가 그리스도 안에서 참말을 하고 거짓말을 아니하노라. 나에게 큰 근심이 있는 것과 마음에 그치지 않는 고통이 있는 것을 내 양심이 성령 안에서 나와 더불어 증언하노니 나의 형제 곧 골육의 친척을 위하여 내 자신이 저주를 받아 그리스도에게서 끊어질지라도 원하는 바로라"(롬 9:1-3). 그가 번민하는 이유가 무엇이었는가? 그들이 유대 민족의 자주권을 상실하고 로마의 식민 지배를 받아서였는가? 그들이 이방인들에게 멸시를 당하고 미움을 받고 사회적으로 배척당하고 동등한 기회를 빼앗겼기 때문인가? 그렇지 않다. "형제들아 내 마음에 원하는 바와 하나님께 구하는 바는…그들로 구원을 받게 함이라"(롬 10:1). 이 맥락에서 볼 때, 바울이 그들에게 바라는 '구원'이 하나님이 그들을 받아주시는 것이라는 사실은 의심의 여지 없이 명확하다(롬 10:2-4). 우리 중에 이러한 내적 번민을 느끼는 사람이 거의 없다면, 우리가 영적으로 미성숙하다는 표지다.

더 나아가 우리는 전도에 관심을 가질 때, 세상의 수백만 미전도 종족에 대해 주요한 부담을 가져야 한다. 그들과 관련하여 로잔 언약은 다음과 같이 전도의 긴박성을 강조한다.

> 전 인류의 3분의 2 이상이 여전히 복음화되지 않았다. 우리는 이토록 많은 사람이 등한시되고 있음에 부끄럽게 생각한다. 이것이 우리와 온 교회를 끊임없이 견책한다.…지금이야말로 교회와 병행 교회 기관들이 복음을 듣지 못한 이들의 구원을 위해 열심히 기도하고, 세계 복음화를 성취하기 위한 새로

운 노력을 시도해야 할 때임을 확신한다. 때로는 이미 복음이 전파된 나라에서 해외 선교사와 선교비를 감축하여, 토착 교회의 자립심을 기르고 미복음화된 지역으로 그 자원을 보내야 할 경우도 있을 것이다. 선교사들이 겸손한 섬김의 정신을 품고 더 자유롭게 모든 대륙으로 들어가야 한다. 목표는, 가능한 모든 수단을 총동원하여, 되도록 빠른 시일 안에 모든 사람이 이 좋은 소식을 듣고, 깨닫고, 받아들일 기회를 제공하는 것이다.[2]

전도의 의미

전도의 우선성을 인정하면, 이제 전도를 어떻게 정의 내려야 할까? 간단히 말해서, '유앙겔리조마이'(*euangelizomai*)는 '유앙겔리온'(*euangelion*), 즉 좋은 소식을 가져오거나 선포하는 것을 뜻한다. 신약성경에서 이 단어는 한두 번 정도 평범하고 '세속적'이라 할 수 있는 소식에 사용되었다. 천사 가브리엘이 사가랴에게 아내 엘리사벳이 아들을 낳으리라는 좋은 소식을 전했을 때(눅 1:19), 그리고 디모데가 바울에게 데살로니가 사람들의 믿음과 사랑에 관한 기쁜 소식을 전했을 때(살전 3:6)다. 그러나 이 동사의 일상적인 용례는 기독교의 복음과 관련이 있다. 그렇다면 복음을 전파하는 것이 전도의 구성 요소다. 이를 염두에 두고, 먼저 전도가 아닌 것을 이야기함으로써 시작해 보자.

첫째로, 전도는 **결과**의 측면에서 정의되어서는 안 된다. 신약에서 그 단어가 그렇게 사용되지 않기 때문이다. 보통 그 동사는 중간태로 나온다. 가끔은 단독으로 사용되는데, 예를 들면 "거기서 복음을 전하니라" (there they evangelized, 행 14:7; 비교. 롬 15:20) 같은 경우다. 그러나 대개는 무언가가 덧붙는다. 때로 그들이 선포하는 것은 메시지다. 예를 들어,

그들은 "두루 다니며 그 말씀을 전도했다"(행 8:4, 저자의 번역). 또 사마리아에 있던 빌립은 "하나님 나라와 예수 그리스도의 이름에 관하여 전도"했다(행 8:12, 저자의 번역). 그런데 때로는 복음이 선포되는 대상이나 지역이 덧붙여진다. 예를 들어, 사도들은 "사마리아인의 여러 마을에서 전도"했고, 빌립은 팔레스타인 연안을 따라 "여러 성들에서 전도했다"(행 8:25, 40, 저자의 번역). 이 구절들에, 사람들이 '전해진' 말씀을 믿었는지, 혹은 '전도를 받은' 그 성과 마을 주민들이 회심했는지에 대한 언급은 없다. 신약성경에서 '전도하다'라는 단어의 용례는, 우리가 보통 그 단어를 사용하듯이 회심자를 얻는다는 뜻이 아니다. 전도는 결과에 상관없이 복음을 선포하는 것이다.

따라서 일반적인 선교에 관한 글과 설교에서 이 단어를 사람들을 회심시키는 일로 정의하곤 하지만, 신약성경의 의미에는 그런 결과가 들어 있지 않다. 전도는 사람들을 회심시키는 것도 아니고, 회심자를 얻는 것도 아니고, 그들을 그리스도에게로 데리고 가는 것도 아니다. 물론 실제로 이것들이 전도의 일차적인 **목표**이긴 하지만 말이다. 전도는 복음을 전하는 것이다.

1919년 영국의 교회 전도사역 조사 대주교위원회(Archbishops' Committee of Enquiry into the Evangelistic Work of the Church)는 처음으로 전도에 관한 유명한 정의를 내렸는데, 패커 박사(Dr. J. I. Packer)는 그것을 제대로 비판했다. 그 정의는 이렇게 시작한다. "전도란, 성령의 능력으로 그리스도 예수를 제시하여 사람들이 그를 통하여 하나님을 신뢰하게 하려는 것이다." 패커 박사는 이 문장 형식, 즉 "그리스도 예수를 제시하여 사람들이…**하게 하려는 것**"에 주목했다. 이는 성공의 측면에서 전도를 정의하는 것이다. 그러나 전도는 선포를 통해 무언가 일어나게 **하려**

는 것이 아니다. "실제로 당신이 전도를 하고 있느냐를 가리기 위해서는, 당신이 증언한 결과로 회심자가 나왔는지를 질문해서는 안 된다. 오히려 당신이 복음 메시지를 정확하게 알리고 있는지 질문해야 한다."[3] 그는 또 이렇게 덧붙인다. "선포의 결과는 인간의 소망이나 의도에 달린 것이 아니라, 전능하신 하나님의 뜻에 달려 있다." 물론 우리의 목적은, 무언가가 **일어나는** 것이다. 다시 말해 사람들이 반응하여 믿는 것이다. 그래서 우리는 그들에게 "하나님과 화목하라"(고후 5:20)고 간청한다. 그러나 그와 동시에 목적(일어나기를 바라는 일)과 결과(실제로 일어나는 일)를 혼동해서는 안 된다. 성경대로 정확히 하고자 한다면, 우리는 전도의 본질은 복음의 정확한 선포에 있다고 주장해야 한다. 사실 그것은 설득하기 위한 것이다. 우리는 결과에 무관심하지 않다. 우리는 사람들이 회심하기를 간절히 바란다. 하지만 사람들이 복음을 받아들이기로 설득되든 않든 그것은 여전히 전도다. 설득이라는 요소에 대해서는 나중에 더 자세히 이야기할 것이다.

둘째로, 전도는 **방법**의 측면에서 정의되어서는 안 된다. 전도란 어떻게 선포하든 복음을 선포하는 것이다. 그것은 어떤 수단을 동원하든 복음을 가져다주는 것이다. 그 수준은 다양하지만, 우리는 말로(개인에게든 집단에게든 군중에게든) 전도할 수 있다. 또 문서나 그림이나 영상으로, 드라마로(드라마 내용이 사실이든 허구든), 사랑의 선행으로(마 5:16), 그리스도 중심의 가정으로, 변화된 삶으로, 그리고 심지어 거의 아무 말 없이 예수님을 즐거워함으로 전도할 수 있다. 그럼에도 불구하고 전도는 기본적으로 선포이므로, 복음의 내용을 어떻게든 정확하게 전하려면 어느 정도 언어화가 필요하다.

이러한 소극적인 측면들을 이야기했으니 이제 적극적인 표현으로 가 보자. 전도는 오로지 그 메시지의 측면에서 정의될 수 있고 정의되어야 한다. 그러므로 성경적인 전도에서는 성경적인 복음이 필수불가결하다. 오늘날 복음의 진리, 복음의 적실성, 복음의 능력에 대한 확신을 잃은 일보다 전도를 방해하는 것은 없다. 바울은 자신이 로마에서 복음을 선포하는 데 '열심'이었다고 말했다. 그러나 이윽고 구원은 하나님의 능력임을 확신하게 되었다(롬 1:14-16).

신약의 복음이라는 것이 있는가?

그렇다면 신약의 복음이란 무엇인가? 이 질문에 대답하려면, 먼저 그 앞에 있는 두 가지 문제를 다루어야 한다.

첫째, 실제로 신약의 복음이란 것이 있는가? 신약성경은 분명 확고부동하고 정형화된 표현을 제시하지 않는다. 저자의 배경과 기질에 따라 또 성령의 계시에 따라 그 강조점의 분명한 차이가 있다. 그래서 사도 바울은 감히, 그에게 드러난 특정한 '신비'를 언급할 때 '내 복음'이라 쓸 수 있었다.

또한 역사적인 발전이 있다. 이는 동일한 저자라도 그렇다. 그래서 바울이 후기 서신에 쓴 내용은 그가 이전에 쓴 내용과 현저하게 다르다. 또 상황이 달라지면 복음을 다루는 방법이 달라진다. 사도의 접근법은 '상황에 따르는' 것이었다. 즉, 각각의 특정한 도전들에 섬세하게 반응했다. 안디옥에서 행한 바울의 회당 설교는, 그가 아테네의 아레오바고에서 한 연설과 전혀 달랐다. 로마서와 고린도서 역시 전혀 다르다. 그러나 이러한 다양한 형태들이 용인된다 해도, 또 신약에 신학적 표현이 아주 다양하게 나타남에도 불구하고, 복음에 대한 단 하나의 기본적인 사도적 전통이 있었다. 바울은 예루살렘 사도들이, 바울의 사명과 메시지를 인정한다는 표시로 그와 '친교의 악수'를 했다고 갈라디아인들에게 주장한다(갈 1-2장, 특히 갈 2:9). 같은 장에서 그는 다른 복음은 없다고 열정적으로 주장하며, 다른 복음을 전하면, 천사든 사도든 누구든지 심지어 그 자신까지도 저주를 받을 것이라고 말한다. 이후 그는 고린도전서에서 복음을 요약하고 부활을 목격한 이들을 나열한 후에 이렇게 결론 내린다. "그러므로 나나 그들이나 이같이 전파하매 너희도 이같이 믿었느니라"(고전 15:11). **나, 그들, 너희** 같은 인칭 대명사들이 아주 인상적이다. 이는 그와 예루살렘 사도들이 그 복음에 동의했다는 주장이다. 사도들 전체가 함께 그 복음을 선포했다는 주장이다. 또 기독교 교회 전체가 함께 그 복음을 받아들이고 믿었다는 주장이다. 유일한 하나의 복음이 있다.

미리 다루어야 할 둘째 질문은, 신약의 단 하나의 복음은 문화적으로 조건화되었으므로 일시적인 것이냐, 아니면 변치 않는 것이냐 하는 것이다. 하나님이 뜻하신 대로 하나님의 계시가 주후 1세기에 그리스도에게서 또 그리스도에 대한 사도들의 증언에서 절정에 이르렀다는 사실을 부정할 수는 없다. 우리에게 주어진 것은, 히브리와 그리스와 로마의 요소들이 섞인 고대 문화 안에서 일어난 일이다. 우리가 하나님의 계시를 이해하기 위해 그 문화 속으로 들어가야 한다는 사실에는 어떤 의심도 있을 수 없다. 그러나 하나님이 특정 문화에서 자신을 드러내셨다는 사실이, 우리가 그 계시를 거부할 타당한 이유가 되지는 못한다. 오히려 그 사실로 인해 해석의 올바른 원리를 세우고, 우리 문화에 의미 있는 표현으로 재해석할 엄중한 책임이 주어진다. 그러나 유일한 하나의 복음이 있으며 그 본질은 결코 변하지 않는다.

계시와 문화에 관해 조금 더 이야기해 보자. 나는 전도가 우리가 다른 사람들과 나누는 메시지의 측면에서 정의되어야 한다고 주장하고 있다. 우리에게는 소통할 복음이 있다. 따라서 전도가 일어나려면 소통이 있어야 한다. 고대의 계시와 현대 문화 사이에 진정한 소통이 있어야 한다. 이는 우리의 메시지가 충실한 동시에 현대적이어야 한다는 뜻이다. 먼저 그 메시지는 충실해야 한다. 즉 성경에 충실해야 한다. 우리는 우리 메시지를 다른 무엇보다도 어떤 실존적인 상황이 아닌 성경에서 찾는다. 비세르 트 호프트 박사가 썼듯이, "사람들이 던지는 질문이 아무리 심오하다 하더라도, 그 질문에 답하는 것을 전도라고 설명하는 것은 적절하지 않다고 생각한다. 전도는 무엇보다 하나님이 인간에게 하시는 질문을 전달하는 것이기 때문이다. 그리고 그 질문은 우리가 예수 그리스도를 인생의 유일하신 주님으로 받아들일 마음이 있느냐이며 그것은 오늘날도 여전히 그렇다." 그러나 그는 계속해서 말한다. 우리는 "하나님의 질문을 인간의 실존적 상황과 연결시키고, 그들이 하나님의 질문에 답할 때 그들의 가장 깊은 근심에 대한 답도 찾게 됨을 보여 주려고 노력해야" 한다.[4]

그런데 동시대적이고자 신경을 쓰지 않으면 충실하기가 비교적 쉽고, 또 충실함이 상관없다고 한다면 동시대적이 되기는 쉽다. 이렇게 진리와 적실성의 조합은 까다로운 작업이다. 그러나 그 외 다른 무엇도, 공식과 진부한 교리에 둔감하게 충성하는 태도와 하나님의 계시에 반역적으로 불충하는 태도 모두에 핑계가 될 수 없다. 성경에 충실하면서도 문화적으로 시의적절하게 해야 한다.

이제 원래의 질문, 즉, 유일하고 변함없는 신약 복음이란 무엇인가 하는 질문으로 돌아가 보자. 또 그 복음을 이야기할 때 우리는 그 복음이 지닌 동시대적 힘을 보여 줄 수 있는가? 첫째이자 가장 좋은 대답은, 성경 전체가 놀라울 정도의 적실성을 가진 하나님의 복음이라고 말하는 것인 듯하다. 성경과 복음은 거의 대체 가능한 용어다. 그 모든 폭과 길이에서 성경의 주요한 기능은 예수 그리스도를 증언하는 것이기 때문이다. 그럼에도 불구하고 성경에 기록된 하나님의 계시는, 우리를 위해 사도들이 선포한 복음으로 증류되었다. 그것이 무엇인가?

도드(C. H. Dodd)는 사도들의 설교에 관한 독창적인 분석을 내놓았다.[5] 그는 '케리그마'와 '디다케', 즉 복음 선포와 회심자를 위한 윤리적 지침을 구분했다. 그런 다음 바울이 설교한 대로, 또 사도행전에서 베드로가 한 설교에 나오는 대로, '케리그마'를 체계적으로 재구성하여 제시하고, 그 설교들에서 드러나는 상당히 많은 공통된 구조와 내용을 보여 준다. 아래의 논지들은 도드의 유용한 분석을 기반으로 했다.

한마디로 말해서, 하나님의 복음은 예수다. 베드로는 오순절 날 요엘서의 구절을 인용한 다음, "이스라엘 사람들아 이 말을 들으라…예수로…"(행 2:22)라는 말로, 설교를 시작했다. 그가 쓴 첫 단어는 예수였다. 예수는 우리에게도 첫 단어가 되어야 한다. 예수 그리스도는 복음의 핵심이요, 정수다. 빌립이 에티오피아 사람 곁에 앉았을 때, 우리는 말 그대로 "그가 그에게 예수를 전도"했음을, 즉 예수에 관한 복음을 그와 나누었음을 알게 된다(행 8:35, 저자의 번역). 마찬가지로 바울은 로마서에서 자신이 "그의 아들…우리 주 예수 그리스도"에 관한 "하나님의 복음을 위하여 택정함"을 입었다고 설명하며 위대한 선언을 시작했다(롬 1:1-4). 그리고 우리는 모두 예수님의 인격이 인간의 마음에 강력한 영향을 미친다는 사실에 깊이 감사해야 한다. 다른 종교, 세속주의, 젊은이 특유의 반문화 배경을 막론하고 그 누구든, 예수님께 진지한 관심을 가지기만 하면, 그들은 그분께 매료된다.

그런데 사도들은 예수님을 어떻게 제시했을까? 그들의 복음에는 적어도 다섯 가지 요소가 있었다.

복음의 사건

첫째로, 당연히 **복음의 사건**이 있었다. 예루살렘에서 어떤 '일들'이 '일어났고', 그 일들이 그들 가운데서 '이루어졌다'(눅 1:1; 24:14, 18). 이는 누구도 부인할 수 없다. 특히 나사렛 예수가 십자가에 못 박혔고 부활했다. 그래서 바울은 복음 전승을 이렇게 요약한다. "내가 받은 것을 먼저 너희에게 전하였노니 이는…그리스도께서 우리 죄를 위하여 죽으시고 장사 지낸 바 되셨다가…사흘 만에 다시 살아나사…보이시고"(고전 15:3-5). 그는 실제로 네 가지 사건, 즉 예수님의 죽음, 장사, 부활, 나타남을 언급한다. 그러나 그의 강조점은 두 가지, 즉, 그리스도가 죽으셨다는 것(그리고 그것을 증명하기 위해 장사 지낸 바 되었다는 것)과 그리스도께서 부활하셨다는 것(그리고 그것을 증명하기 위해 나타나셨다는 것)에 있음이 분명하다. 장사 지낸 일이 그분의 죽음의 실재를 입증했듯이, 나타나심은 그분의 부활의 실재를 입증했다.

사도행전의 설교들도 분명 동일하게 예수님의 부활을 강조한다. 때로 사도 베드로는 인간 예수의 삶과 사역을 언급하며 시작했고(행 2:22; 3:22; 10:36-39; 비교. 행 13:23-25), 또 가끔은 예수의 높아지심, 다스림, 재림으로 더 나아갔다. 그러나 베드로의 메시지도 바울의 메시지처럼 예수님의 죽음과 부활에 초점을 두었다. 두 사건은 진짜였고, 객관적이고, 역사적이었다. 그리고 확실히 오늘날의 실존주의 분위기에 대한 옳은 대응은, 경험을 앞세우고 역사를 경시하는, 부활을 비신화하여 실재를 내면적으로 만나는 일로 보는 유사 기독교 실존주의를 창안하는 것이 아 닙니다. 주관성의 늪에서 허우적거리는 현대 지성에게 그들에게 예수 그리스도라는 객관적인 기반을, 그 죽음과 부활이 확고한 역사적 사건임을 제시하는 것이다.

그러나 사도들은 주님의 죽음과 부활을 단지 역사적 사건으로만 제시하지 않고, 의미 있는 사건, 구원의 사건으로 제시했다. 바울은 그리스도께서 "우리 죄를 위해 죽으시고"(고전 15:3; 비교. 갈 1:4) "우리를 의롭다 하시기 위하여 살아나셨[다]"(롬 4:25)고 분명히 말했다. 간혹 그와 대조적으로 사도 베드로의 사도행전 초반부 설교에는 십자가 교리가 없었고 대신 그것을 비신학적 역사로 선포했다고들 한다. 예를 들어 도드의 입장이 그러하다.[6] 그러나 그가 베드로가 함의한 바를 충분히 감안한 건지 의심스럽다. 우선, 베드로는 십자가를 "법 없는 자들의 손"에 의한 것이라고 한 동시에, "하나님의 정하신 뜻과 미리 아신 대로" 이루어진 일이라고 말했다(행 2:23). 십자가가 하나님의 뜻의 일부였다면 그것은 어떤 의미를 지니고 있어야 한다. 둘째, 그는 예수님을 하나님의 '종'이라 명시했다. 분명 이는 많은 사람의 죄를 짊어진 고난받는 종에 대한 암시다(행 3:13; 4:27; 비교. 행 8:32-33). 셋째, 놀랍게도 십자가를 가리켜 예수님을 "나무에 달아 죽인"이라고 한 부분이 있다(행 5:30; 10:39; 비교. 행 13:29). 사도가 이렇게 줄여 말한 것은 신명기 21장 23절까지 거슬러 올라가 그 예를 찾을 수 있다. 그 구절은 나무에 달린 자는 다 하나님께 저주를 받았다고 말하며, 따라서 그리스도께서 우리 죄와 율법의 저주까지 담당하셨다는 더 발전된 교리를 앞서 보여 준다. 나중에 바울과 베드로의 편지들에 나오는 내용이다(갈 3:10, 13과 벧전 2:24).

부활도 분명 역사적 사건을 넘어서는 것이었다. 그것은 하나님이 예수님의 정당성을 입증하시는 것이었다. 베드로는 "너희가…죽였으나"(행 2:23; 3:15; 5:30-31), "하나님께서…살리셨으니"라는 말, 인간의 판결을 뒤집으시고, 그를 저주의 장소에서 낚아채서 그분의 오른편으로 높여 주와 그리스도와 구주로 삼으셨다고 여러 번 반복했다(행 2:24; 3:13-15; 5:30-31).

복음의 증거

사도들의 메시지에 담긴 둘째 요소는 **복음의 증거**다. 이는 복음을 입증해야 할 때 제시하는 증거를 뜻한다. 두 명의 증인이 증언의 진실성을 확립해야 하므로, 그 증거는 두 가지였다.

첫째 증거는 구약성경이었다. 바울은 복음에 대해 간결하게 서술하며 이를 반복해서 강조했다(고전 15:3-4). "성경대로 그리스도께서 우리 죄를 위하여 죽으시고"와 "성경대로 사흘 만에 다시 살아나사." 또 베드로도 사도행전의 설교들에서 구약성경이 기대한 그리스도가 예수님임을 입증하기 위해 계속 성경을 인용했다. 우리는 사도들이 예수님으로부터 직접 자신의 죽음과 부활에서 성경이 성취된다는 이 진리를 배웠다고 확신 있게 말할 수 있다. 그들은 어느 정도 그분이 공적 사역을 하시는 동안 그 진리를 배웠지만, 누가가 기록한 대로 특히 그분의 부활 이후에 그것을 배웠다. 그들은 "모세의 율법과 선지자의 글과 시편에 나를 가리켜 기록한 모든 것이 이루어져야 하리라 한 말이 이것이라 하시고 이에 그들의 마음을 열어 성경을 깨닫게 하시고 또 이르시되 이같이 그리스도가 고난을 받고 제삼일에 죽은 자 가운데서 살아날 것과…기록되었으니"(눅 24:44-47)라는 그분의 말씀을 잊지 않았다. 사도들은 이런 식으로 자신들이 복음을 창안한 것이 아님을 설득했다. 그들은 그들의 메시지를 지어내지 않았다. 바울은 나중에, 아그립바 앞에 서서 재판을 받을 때 이렇게 주장했다. "내가 오늘까지 서서 높고 낮은 사람 앞에서 증언하는 것은 선지자들과 모세가 반드시 되리라고 말한 것밖에 없으니 곧 그리스도가 고난을 받으실 것과 죽은 자 가운데서 먼저 다시 살아나사 이스라엘과 이방인들에게 빛을 전하시리라 함이니이다"(행 26:22-23).

성경에 강조점을 두는 것은 또 다른 의미도 있었다. 예수님의 죽음, 부활, 그 이후 성령을 부어 주심은 모두 메시아에 관한 예언이 성취된 것이었으므로, 새 시대가 밝았으며 그리스도께서 그 일을 시작되게 하셨다는 것이 분명했다. 도드가 말했듯이, "바울의 '케리그마'는…그리스도의 죽음과 부활의 사실들을, 그 사실들이 의미를 지니는 종말론적 상황에서 선포하는 것이다." 실로 그것이 "구원의 의미"다.[7]

둘째 증거는 사도들이 눈으로 본 증거였다. 예수님은 곧 있을 사도들의 증언을 구약 예언자들의 증언과 연결시키셨다. 성경을 언급하신 다음 "너희는 이 모든 일의 증인이라"라고 덧붙이셨다(눅 24:48). 또 승천하시기 전에 다시 "너희가…내 증인이 되리라"라고 하셨다(행 1:8). 그들은 자신에게 그리스도의 증인이 되는 독특한 자격이 주어졌음을 알았다. 이는 그들이 '처음부터 그분과 함께' 있었기 때문이 아니라(비교. 막 3:14; 요 15:27; 행 1:21-22), 특히 그들의 눈으로 십자가와 부활하신 그리스도를 보았기 때문이었다. 그래서 베드로는 그의 설교에서 사도들이 증인이라는 언급을 자주 포함시켰다.

이 예수를 하나님이 살리신지라. 우리가 다 이 일에 증인이로다. (행 2:32)

> [너희가] 생명의 주를 죽였도다. 그러나 하나님이 죽은 자 가운데서 그를 살리셨으니 우리가 이 일에 증인이라. (행 3:15)

> 우리는 이 일에 증인이요. (행 5:32)

고넬료에게는 훨씬 더 명쾌하게 말했다.

> 우리는 유대인의 땅과 예루살렘에서 그가 행하신 모든 일에 증인이라. 그를 그들이 나무에 달아 죽였으나 하나님이 사흘 만에 다시 살리사 나타내시되 모든 백성에게 하신 것이 아니요 오직 미리 택하신 증인 곧 죽은 자 가운데서 부활하신 후 그를 모시고 음식을 먹은 우리에게 하신 것이라. 우리에게 명하사 백성에게 전도하되…증언하게 하셨고. (행 10:39-42)

이렇게 사도들은 구약 예언자들의 증언과 자신의 증언을 결합시켰고, 이것이 나중에 신약에 기록되었다.

이러한 이중적인 입증은 오늘날에도 중요하다. 우리는 이미 예수님의 인격이 우리 동시대인들에게 주는 매력과, 이 매력이 그들과의 접촉점이 된다는 사실을 주목했다. 그러나 우리는 어떤 예수에 관해 이야기하고 있는가? 당시의 바울조차, 선생들이 바울이 전한 예수가 아닌 "다른 예수"를 전할 가능성을 인식했다(고후 11:4). 그리고 오늘날에도 많은 '예수들'이 퍼져 있다. 일부 학자들이 신화로 여기는 예수가 있다. 비극적이고 실패한 혁명가 예수도 있다. 뮤지컬과 영화에서 그려지는 예수도 있다. 우리에게는 이렇게 인간적으로 재해석된 예수에 맞서, 진정한 예수, 성경의 예수인 역사의 예수를 되찾고 회복하는 일이 긴급하게 필요하다.

더 나아가 이는, 우리의 상상에 따라, 심지어 우리의 경험에 따라 예수 그리스도를 선포할 자유는 없다는 뜻이다. 우리의 개인적인 증언은 성경 저자들의 증언, 특히 사도들의 증언을 확증하는 것이다. 그러나 그들의 증언이 우선적이다. 그들은 '예수님과 함께' 있었고, 예수님을 알았고, 그들이 귀로 듣고 눈으로 본 것을 증언했기 때문이다. 우리의 증언은 항상 이차적이며 그들의 증언에 종속된다. 따라서 복음이 그려낸 예수의 신뢰성을 변호하고 사도들의 증언에 대한 공적인 확신을 복구하려는 보수적인 학자들의 지속적인 작업은 불가피하다. 전도에서 우리의 책임은, 성경에 나오지 않는 우리만의 그리스도를 만들어 내는 것도 아니고, 성경에 나오는 그리스도를 꾸미거나 조작하는 것도 아니라, 신약과 구약의 놀랍도록 통일된 증언에서 하나님이 세상에 제시하신 그대로 한 분이시고 유일한 그리스도를 신실하게 증언하는 것이다.

복음의 확언

셋째로, **복음의 확언**들이 있었고 지금도 여전히 있다. 앞에서 보았듯이, 그것은 그리스도께 초점을 맞춘다. 그런데 그 확언들은 그리스도께서 2천 년 전에 **하셨던** 일만이 아니라 그 결과로 오늘날 **하고 계신** 일에 관심이 있다. 역사적 그리스도는 이 시대의 그리스도시다. 신약의 표현대로 하자면, 그 근본적인 확언은 "예수는 주님이시다"이다. 바울은 우리가 입으로 '예수를 주'라고 고백하고 마음으로 하나님이 그를 죽은 자 가운데서 살리신 것을 믿으면 구원을 받을 것이라고 썼다(롬 10:9). 사실 그리스도께서 죽으시고 다시 사신 목적은 "죽은 자와 산 자의 주가 되려"는 것이었다(롬 14:9). 하나님이 예수를 지극히 높이시고 모든 이름 위에 있는 이름을 주셔서, 모든 무릎을 그에게 꿇게 하시고 모든 입으로 "예수 그리스도를 주라" 고백하게 하셨기 때문이다(빌 2:9-11). 이것이 본질적으로 그리스도인의 확언이다. 이는 누구도 할 수 없고 오직 성령의 조명하심으로만 가능하기 때문이다(고전 12:3).

바울이 이 본문들에서 주장하는 바는, 예수님의 주되심 혹은 주권은 그분의 죽음과 부활의 직접적인 결과라는 것이다. 베드로도 사도행전의 설교들에게 똑같이 가르쳤다. 죽으시고, 하나님이 다시 살리시고, 지금 "하나님께서…높이 올리셔서 자기의 오른쪽에" 앉히신 분이 바로 예수님이다(행 2:32-33, 새번역; 비교. 행 3:13; 4:11). 이는 "내가 네 원수들로 네 발판이 되게 하기까지 너는 내 오른쪽에 앉아 있으라"(시 110:1)라고 하신 위대한 메시아 약속이 성취된 것이다. 그 약속은 히브리서 저자가 보여 주듯(히 10:12) 지금은 쉬고 있는 구세주의 완성된 사역을 돌아볼 뿐 아니라, 그분이 지금 기다리고 계시는 궁극적인 승리를 내다본다. 그러나 이는 확실하다. 비록 삽입구이긴 하지만, 베드로는 고넬료에게 "만유의 주 되신 예수 그리스도"(행 10:36)라고 미리 기대하며 말할 수 있었다.

그렇다면 그리스도께서 '앉아' 계신 '하나님의 오른쪽'은 그분의 우주적 권위의 상징이다. 거기서 그분이 복을 베풀어 주실 뿐 아니라 복종을 요구하실 수 있기 때문이다. 먼저, 복을 보자. 그리스도께서는 하나님의 오른쪽으로 올라가신 후에, "약속하신 성령을 아버지께 받아서" 이 새 시대의 구별된 복을 그분의 교회에 부어 주셨다(행 2:33). 베드로가 성취되었다고 말한 요엘의 예언에 따르면, "내가 내 영을 모든 육체에 부어 주리니"라고(행 2:17) 약속하신 분은 바로 하나님이셨다. 그러나 이것을 알았던 베드로는 주저하지 않고 그 부어 주신 분이 예수님이라고, 아버지의 오른쪽 최고의 영광과 권위의 자리에 계신 분이라고 말한다.

만약 예수님이 보좌에서 자기 백성에게 복을 베푸신다면, 그분은 또한 그들이 복종하기를, 그들의 무릎을 그분에게 꿇기를 기대하신다. "그런즉 이스라엘 온 집은 확실히 알지니 너희가 십자가에 못 박은 이 예수를 하나님이 주와 그리스도가 되게 하셨느니라"(행 2:36). 이 말씀이 베드로의 설교의 절정이 되었다. 이 말씀은 청중의 폐부를 찔러 그들은 어찌해야 하는지 간절히 가르침을 바랐다. 베드로는 회개해야 한다고 말했다. 하나님이 예수님에 대한 판결을 뒤집으셨다. 그들은 그분을 죽였지만 하나님이 다시 살리셨다. 이제 그들이 그들의 판결을 뒤집어야 한다. 그들은 개인적·사회적 삶 전체를 예수님의 주권 아래로 가져와야 한다. 그분의 나라 안에 있다는 것 혹은 그분의 다스림 아래 있다는 것은 완전한 복과 완전한 요구 둘 다를 받는다는 것이다.

따라서 예수님이 "하나님의 오른쪽"에 계시다는 상징적인 선언은, 복음의 두 가지 위대한 확언, 곧 그분이 구세주이시며(구원을 주시는 권위가 있는), 그분이 주님이시라는(복종을 요구할 권위가 있는) 확언으로 이루어진다. 이 두 확언은 베드로의 두 번째 설교에서 합쳐진다. "이스라엘에게 회개함과 죄 사함을 주시려고 그를 오른손으로 높이사 임금과 구주로 삼으셨느니라"(행 5:31).

더 나아가, 이 두 확언은 예수 그리스도의 절대적 유일성을 보여 주는 것이다. 오늘날 점점 혼합주의적인 문화 속에서 어떤 점에서 예수님이 유일한가라는 질문을 받는다면, 우리는 "예수는 주님이시다", "예수는 구세주시다"라고 답해야 할 것 같다. 신학적으로 이 확언들은 성육신과 속죄라는 위대한 교리를 표현하며, 다른 종교들에는 이에 필적할 만한 것이 없다. 힌두교에서 '신의 화신'('하강' 혹은 소위 성육신)이라 주장하는 존재들은 역사적 토대가 없을 뿐 아니라, 본성상 우발적이고 복수로 존재

한다는 사실은, 유일하고 입증할 수 있는 역사 속에서 하나님이 예수 안에서 인간이 되셨다는 기독교의 주요한 주장과는 차이가 있다. 또 긍휼이 많고 자비로운 알라가 용서해 준다는 코란의 반복되는 약속들은, 칭찬을 받을 만한 이들, 알라의 저울에 무게를 달 만한 공적이 있는 이들에게 주어진 것인 반면, 복음은 받을 자격이 없는 이들에게 자비를 베푸신다는 좋은 소식이다. 예수 종교의 상징은 십자가이지, 저울이 아니다. 세상은 여전히 이 복음의 확언들을 기다리고 있다. 다시 말해, 오늘날 사람들에게 '예수는 주님이시다', '예수는 구세주시다'라는 현재 시제로 된 그 말을 기다리고 있다.

복음의 약속

넷째로, 우리는 복음의 확언들에서 논리적으로 **복음의 약속들**로 향하게 된다. 그것은 지금 그리스도께서 주시고, 실제로 그분에게 나아오는 이들에게 약속하시는 것들이다. 복음은 예수님이 **하신** 일(죽으시고 다시 살아나셨다)에만 관심이 있는 것도 아니고, 예수님이 지금 어떤 **모습이신지**(높임을 받으셔서 주와 구세주로 하나님 오른쪽에 계신다)에만 관심이 있는 것도 아니라, 그 결과로 예수님이 지금 **주시**는 것에도 관심을 가진다. 그것이 무엇인가? 베드로는 오순절 설교 마지막 부분에서 군중에게 확신을 가지고 약속했다. 회개하고 세례를 받으면 하나님이 값없이 주시는 두 가지 선물, 즉 '죄 사함'과 '성령의 선물'을 받을 것이라고 말이다.

죄 사함은 복음에서 제시되는 구원의 필수 요소다. 부활하신 주님은 그분의 이름으로 모든 족속에게 '죄 사함'을 선포하라고 명령하셨고(눅 24:47), 종교개혁가들은 "너희가 누구의 죄든지 사하면 사하여질 것이요"

(요 20:23)라는 예수님의 말씀을 항상 담대하게 권위를 가지고 하나님의 죄 사함을 선포하라는 의미로 이해했다. 분명 사도들이 그렇게 행했다. 베드로는 "너희가 회개하고 돌이켜 너희 죄 없이 함을 받으라"(행 3:19)라고 외쳤다. 그리고 그는 고넬료에게 확실하게 말했다. "그를 믿는 사람들이 다 그의 이름을 힘입어 죄 사함을 받는다"(행 10:43). 마찬가지로 바울도 안디옥 회당에서 "이 사람을 힘입어 죄 사함을 너희에게 전하는 이것이며"(행 13:38)라고 선언했다. 오늘날 이 메시지가 아무리 인기가 없어도 죄 사함은 여전히 인간의 주요한 필요이며 복음에 없어서는 안 되는 요소다.

그러나 그리스도께서는 우리 과거를 용서하시는 것 이상을 주신다. 거듭남과 성령의 내주를 통하여 현재의 새 삶도 주신다. 성령은 우리가 미래에 하늘에서 받을 기업의 보증이기도 하다. 우리는 하나님이 하나로 합치신 복음의 두 약속, 곧 죄 사함과 성령을 분리해서는 안 된다. 둘 다 베드로가 예수 그리스도 안에만 있다고 주장한 '구원'에 속해 있으며(행 4:12), 둘 다 그토록 많은 사람이 추구하는 '해방'의 일부다. 진정한 자유는 죄에서 구원받는 것 이상이다. 그것은 자아로부터, 말콤 머거리지(Malcolm Muggeridge)가 언젠가 "나의 자아의 어둡고 작은 지하 감옥"이라 불렀던 것으로부터 구원받는 것이기도 하다. 죄와 자기 중심성으로부터 구원받고 나서, 우리는 하나님과 다른 사람을 섬기는 데 헌신할 수 있다. 그리고 이러한 종됨에서만 참된 자유를 찾을 수 있다.

복음의 요구

다섯째로 우리는 **복음의 요구**에 이른다. 예수님이 하신 일, 예수님의 정체성, 예수님이 약속하신 것들로부터, 예수님이 오늘날 우리에게 요구하시는 것으로 오는 것이다. 우리는 이미 무리가 양심의 가책을 받아 무엇을 해야 하는지 질문했을 때 베드로가 대답한 첫마디가 회개하라는 것이었음을 보았다. 그의 두 번째 설교의 결론에서도 그것이 첫 단어였다. "그러므로 너희는 회개하고"(행 3:19). 바울 역시 아테네 사람들을 향한 설교를, 하나님이 "이제는 사람에게 다 명하사 회개하라 하셨으니"라는 선언으로 마무리했다(행 17:30).

회개란 죄에서 돌아서는 것, 그리고 특히 예수님을 거절한 통탄할 죄에서 돌아서는 것이었다. 그렇다면 그들의 '메타노이아'(metanoia), 즉 '마음의 변화'는 예수님의 대한 그들의 의견, 예수님을 향한 그들의 태도가 역전되었다는 것이다. 그들은 예수님을 거부했고 예수님을 십자가에 못 박음으로 그 거절을 표현했다. 그러나 이제는 그분을 주와 그리스도, 구세주로 믿고 세례로 그 받아들임을 표현해야 했다. 물론 세례는 이보다 더 많은 것을 의미하지만, 그것보다 의미가 덜할 수는 없기 때문이다. 그들은 "예수 그리스도의 이름으로" 세례를 받아야 했다. 다시 말해, 겸손히 굴복하고 이전에 멸하려 했던 바로 그 이름으로 세례를 받아야 했다. 그분을 향한 그들의 공적인 믿음, 회개의 믿음을 이보다 더 분명하게 나타낼 수 있는 것은 없었다. 더 나아가 그들의 회개와 세례는 그들을 예수님의 새로운 공동체에 들어가게 해 주었다. 뒤에서 더 자세히 논증하겠지만 교회의 일원이 되지 않는 회심은 있을 수 없다.

1974년 로잔 대회에서 회개가 없어서는 안 되는 것임을 가장 크게 강조한 강사는 아르헨티나 출신의 르네 파디야였다. 그는 회개의 사회적 영역 또한 강조했다. 대회에 앞서 "전도와 회개의 윤리학"이라는 제목으로 발표한 글에서, 그는 이렇게 썼다. "이 새로운 실재(즉, 그 나라의 도래)는 위기에 처한 사람들에게 임한다. 그들은 아무 일도 일어나지 않았던 것처럼 계속 살 수 없다. 하나님 나라는 새로운 사고방식, 가치관의 재조정, 회개를 요구한다." 또한 "변화는 새로운 삶의 방식으로 나타난다.…윤리 없는 진정한 회개는 없다.…또 회개 없는 구원은 없다." 더 나아가 "회개는 개인과 하나님의 사이의 사적인 일 훨씬 그 이상이다. 그것은 예수 그리스도 안에서 하나님이 하신 일에 응답하여, 세상에서의 삶, 사람들 사이에서의 삶을 전면 재조정하는 것이다."[8]

따라서 사회적 책임은 그리스도인의 선교의 한 측면만이 아니라 그리스도인의 회심의 한 측면이기도 하다. 우리 이웃을 향해 회심하지 않으면서 하나님께 진정 회심한다는 것은 (마지막 장에서 살펴볼 것처럼) 불가능하다.

회심은 회개와 함께 믿음을 포함한다. 무리를 향한 베드로의 명령이 '믿으라'가 아니라 '회개하라'였다는 것은 맞다. 그러나 베드로의 말을 받아들여 회개하고 세례를 받은 이들은 몇 절 뒤에서 "믿는 사람"이라 언급된다(행 2:44). "그를 믿는 사람들이 다…죄 사함을 받는다"라고 베드로가 고넬료에게 말했다(행 10:43). 바울은 빌립보에서 간수에게 "주 예수를 믿으라. 그리하면 너와 네 집이 구원을 받으리라"라고 말했다(행 16:31).

그러므로 복음의 요구 사항은 회개와 믿음, 그리고 (공적) 세례다. 여기서 나는 어떤 복음주의 그룹 내부에 일어난 논란을 언급해야겠다. 어떤 사람들은 믿음으로 의롭게 된다는 교리를 너무도 단호하게 주장해서, 회개를 덧붙인다는 것을 수용할 수 없었다. 그들은 예수님을 구세주로 영접하는 것과 그분을 주로 인정하여 굴복하는 것을 분명하게 구분하고, 심지어 영접에 더하여 굴복을 주장하는 것은 복음을 왜곡시키는 것이라는 기괴한 생각을 제시했다. 나는 모든 왜곡으로부터 복음을 보호하려는 그들의 성실한 소원에 경의를 표한다. 그리고 분명 칭의는 은혜로만, 그리스도 안에서만, 믿음을 통해서만 이루어진다. 나아가 우리는 믿음을 어떤 공로로 여기는 식으로 믿음을 정의하지 않도록 주의해야 한다. 믿음의 온전한 가치는, 믿음 그 자체가 아니라 그 대상(예수 그리스도)에 있다. 그럼에도 불구하고 구원하는 믿음은 어떤 신비로운 진공상태에서, 우리가 '영접한' 그리스도에 대한 인식 없이, 혹은 이러한 영접이 구체적으로 함의하는 바에 대한 인식 없이 '예수 그리스도를 구세주로 받아들이는 것'이 아니다. 구원하는 믿음은 그리스도에 대한 회개하고 복종하는 전적인 헌신이다. 사도들은 누군가가 예수님을 주님으로 인정하고 굴복하지 않으면서 그분을 구세주로 믿는다는 것을 상상할 수도 없었을 것이다. 우리는 이미 하나님의 오른쪽으로 높임 받으심 분이 주와 구주이신 예수님임을 보았다. 우리는 이 예수님을 조각낸 다음 어느 한 조각에만 응답할 수 없다. 구원하는 믿음이란, 전체적이고 나누이지 않는 우리 주요 구주이신 예수 그리스도가 그 대상이다.

  복음의 요구 부분을 마무리하기 전에 한 가지 요점을 더 이야기해야겠다. 우리는 사도들이 회개하고 믿으라고 요청할 때 그들의 권위는 물론 긴급성을 놓치지 말아야 한다. 그들은 그 요청이 예수님이 통치하시는 보좌에서 나온다는 것과 함께, 바로 그 예수님이 심판자로 돌아오실 것을 인식했다. "이제는 어디든지 사람에게 다 명하사 회개하라"고 하시는 하나님이 이미 심판 날을 정해 놓으시고 심판자를 임명하셨다. 그분이 예수, 죽으시고 부활하신 바로 그분이시다(행 17:30-31; 비교. 행 3:20-21; 10:42; 13:40-41).

전도의 상황

전도는 다른 이들과 좋은 소식을 나누는 것이다. 그 좋은 소식은 예수님이다. 그리고 우리가 선포하는 예수님에 관한 좋은 소식은, 그분이 우리 죄를 위해 죽으시고 죽음에서 부활하셨다는 것이고, 그 결과로 하나님의 오른쪽에서 주와 구세주로 통치하고 계시며 회개와 믿음을 명하실 뿐 아니라, 회개하고 믿고 세례를 받는 모든 이에게 죄 사함과 성령의 선물을 주신다는 것이다. 그리고 이 모든 일은 구약과 신약대로 된 것이다. 그러나 그 이상이 있다. '하나님 나라 선포'가 의미하는 바가 바로 그것이다. 성경이 성취됨으로써 하나님의 통치가 예수님의 죽음과 부활을 통하여 인간 삶 속으로 침투했기 때문이다. 이 하나님의 통치 즉 다스림은, 구원을 주시고 순종을 요구하시는 예수님이 보좌에서 실행하신다. 그것이 그 나라의 복이며 요구다. 예수님은 공적 사역을 시작하시는 바로 그때 이렇게 말씀하셨다. "때가 찼고 하나님의 나라가 가까이 왔으니 회개하고 복음을 믿으라"(막 1:15).

마지막으로, 지금까지 복음의 측면에서 전도를 정의 내려 보았으니 이제 전도가 행해지는 상황에 관해 이야기할 필요가 있을 것 같다. 복음 선포는 고립된 활동으로 나타날 수 없기 때문이다. 선행하는 것도 있고 뒤따르는 것도 있다. 선행하는 것은 '존재', 뒤따르는 것은 '설득'이라고 부르면 타당할 것 같다.

먼저 볼 말은 **존재**(presence)다. '그리스도인의 존재'라는 개념이 항상 그 자체로 권유되지는 않아 왔다. 이를 옹호하는 이들은 '무언의 존재' 혹은 '진정한 침묵'을 말하곤 했기 때문이다. 말하기보다는 침묵하는 것이 더 그리스도인다운 경우들이 분명 있다. 그러나 세상에서 그리스도인의 존재는, 결국 그리스도인이 세상을 향해 선포하도록 하시는 하나님이 뜻하신 것이다. 다른 한편으로는, 어느 정도 '무언의 존재'를 지지하는 이들이 우리 복음주의자들의 요란하고 공격적인 형태의 전도에 반발하는 것을 타당하게 받아들일 수 있다. 그러나 일반적으로 말해서, 선포 없는 존재가 없다면, 존재 없는 선포도 없다고 마찬가지로 주장해야 한다. 부활하신 예수님이 주신 위임령의 첫 단어는 선포하라가 아니고 가라였다. 그리고 세상 속으로 가는 것은 존재를 의미한다.

더 나아가 교회가 가시적인 존재가 되려면 매력적이어야 한다. 사무엘 에스코바가 1974년 로잔 대회를 위해 쓴 글에서 말했듯이 "초기의 교회가 완벽하지는 않았지만 분명 그 교회는 그 삶의 질적인 차이 때문에 사람들의 관심을 끈 공동체였다. 사람들은 그들로부터 그 메시지를 듣기만 한 것이 아니라, 그들의 삶의 방식에서 메시지가 드러나는 것을 보았다."⁹ 교회 없는 전도는 있을 수 없다. 메시지는 그것을 구현하고 메시지를 받아들이는 사람들을 맞이하여 교제하는 공동체로부터 나온다.

둘째로 볼 단어는 **설득**이다. 나는 앞에서 패커가 전도에 대한 대주교의 정의를 비판했음을 언급했다. 나는 전도 활동 자체에 설득의 요소를 포함하는 식으로 전도를 **정의해서는** 안 된다고 주장했다. 전도는 하나님이 세상을 구원하시기 위해 그리스도를 통해 하신 일에 대한 복음을 나누는 것이다. 물론 우리는 바울이 자신의 전도 설교를 "사람들을 설득"하려(고후 5:11, 새번역) 한 것이라고 표현한 것과, 사도행전에서 누가가 여러 번 많은 사람이 "설득되었다"고 덧붙이며 그가 그렇게 했다고 설명하는 것을 분명히 인정해야 한다. 이는 논쟁할 일이 아니다. 오히려 청중을 설득하는 것을 전도에 대한 정의로 삼는 것이, 활동과 그 목표를 혼동하는 것이다. 사실 우리의 목표는 사람들을 설득하여 회개하고 그리스도를 믿게 하려는 것이다. 우리는 우리의 **목적**을 표현할 이러한 자유가 있다. 그러나 **결과**를 결정하는 것은 우리가 아니다. 어떤 사람들은 마치 결과를 인간의 노력으로 확보할 수 있는 양, 그것이 마치 거의 '강압'에 대한 다른 단어인 양, '설득'에 관해 이야기한다. 그러나 그렇지 않다. 우리의 책임은 충실하게 행하는 것이다. 결과는 전능하신 하나님의 손에 있다.

내 생각에는 로잔 언약 4항을 인용하는 것이 가장 적절한 마무리일 것 같다. 그 제목은 '전도의 본질'이다.

전도란, 예수 그리스도께서 우리 죄를 위해 죽으시고 성경대로 죽은 자 가운데서 다시 살아나셨으며, 지금은 통치하시는 주로서 회개하고 믿는 모든 이에게 죄 사함과 자유롭게 하시는 성령의 선물을 주신다는 복음을 전파하는 것이다. 우리 그리스도인이 세상에 있는 것은 전도에 필수 불가결하며, 이해하기 위한 경청을 목표로 하는 대화 역시 필수 불가결하다. 그러나 전도 자체는, 사람들이 개인적으로 그리스도께 나아가 하나님과 화해하도록 설득할 목적으로, 구세주요 주님이신 역사적·성경적 그리스도를 선포하는 것이다. 우리는 복음으로 초대할 때 제자도의 대가를 숨길 자유가 없다. 예수님은 여전히 자신을 따르는 모든 사람에게, 자기를 부인하고 자기 십자가를 지고 자신이 예수님의 새로운 공동체에 속하였음을 분명히 하도록 부르신다. 전도의 결과에는 그리스도를 향한 순종, 교회에 속하는 것, 세상 속에서 책임 있게 섬기는 것이 포함된다.[10]

4장
전도에 관한 고찰

크리스토퍼 라이트

존 스토트는 그리스도인으로서 영적으로 거듭난 이후 초기 시절부터 이 땅에서의 삶을 마칠 때까지 뼛속 깊이 복음 전도자였다. 탁월한 전도자 내쉬(E. J. H. Nash, 애칭 '배쉬'로 알려진)를 통해 17세의 학생이었을 때 그리스도를 믿게 된 그는, 이내 이원 민스터(Iwerne Minster)에서 열린 남학생 복음 전도 캠프의 리더가 되었다.[1] 또 유명한 대학 전도자로서 처음에는 모교 케임브리지 대학교에서, 그다음에는 미국, 캐나다 그리고 세계 여러 지역의 대학 교정에서 활동했다. 그리고 런던 랭햄 플레이스에 있는 올소울즈 교회를 교구 전도의 모델이 되도록 이끌었다. 개인 전도 역량을 키우고 새신자들을 체계적으로 훈련하여 평신도 부대를 구비시켰다. 그의 몸이 점점 쇠약해져 마지막 4년을 요양원에서 보내게 되었는데 그곳으로 그를 보러 간 어느 날의 일이다. 그는 환한 얼굴로 내게, 식당에서 그의 작은 방으로 돌아갈 때 휠체어를 밀어 주던 직원의 질문을 받고 그녀와 구원의 길에 대해 이야기를 나누었다고 말했다.

그러니 그가 전도에 관한 장을 "교회가 희생적으로 감당하는 선교 사역에서 전도는 최우선이다"라는 로잔 언약 제6항의 선언(그가 직접 초안을 씀)을 되풀이하며 시작하는 것은 전혀 놀랍지 않다. 그는 이미 그 말이 전도가 교회의 **유일한** 과제라는 뜻이 아님을 분명히 했다. 오히려 서두에서 "선교라는 단어는…하나님이 자기 백성을 세상 속으로 보내셔서 하라고 하시는 모든 것을 아우르는, 상당히 포괄적인 단어다. 그러므로 선교는 전도와 사회적 책임을 포함한다"고 말했다. 그럼에도 불구하고 이 타협할 수 없을 정도로 넓고 총체적인 교회의 선교 사역에서(스토트가 평생 지조 있게 지지한), 전도는 우선성을 갖는다. 선교 고유의 총체적인 성격**뿐 아니라** 그 총체성 안에서 전도의 우위성**에도** 헌신하는 이 이중적 헌신이 이론과 실제에서 어떻게 나타나야 하는가는, 그가 그 이후 몇 십 년 동안 여러 회의와 글에서 깊이 주의를 쏟은 주제였다.

앞에서 주장했듯이, 나는 총체적·통합적 선교의 의미를 정의할 때, 전도의 우위성보다는 복음의 중심성을 말하는 쪽을 선호한다. 내가 그렇게 하는 것은, 스토트가(많은 다른 사람들과 함께) 인간의 절박한 필요를 근거로 전도의 우위성을 주장하는 방식에서 강조점만 미세하게 바꾼 것이다. 물론 인간이 하나님으로부터 근본적으로 소외되어 반역과 죄에 빠져 심판을 맞닥뜨리고 있다고 보는 인간의 상황에 대한 기초적인 성경의 진단에 이의는 없다. 사람들은 그 현실을 다루는 복음을 들을 필요가 있다. 그러나 복음의 중심성을 말한다는 것은, 무엇보다 먼저 어려움에 처한 인간을 가리키는 것이라기보다는, 하나님의 은혜와 하나님이 세상을 구원하시기 위해 그리스도 안에서 하신 일에 대한 성경 이야기를 가리키는 것이다. 그리고 복음의 구성 요소로서 위대한 성경 내러티브에 초점을 맞추면, 성경에 계시된 바 인간 삶에 대한 하나님의 선한 목적이 미치는 모든 차원이 그 복음에 통합된다. 영적인 영역과 물질적인 영역, 영원한 것과 땅의 것을 분리하지 않게 된다.

실제적으로, 그 논지를 표현하는 이 방식과, 스토트가 '우선성이 있는 총체성'이라는 균형을 이루어 낸 것 사이에 차이가 거의 없다고 생각한다. 이 장에서 그는 전도를 어떻게 정의해야 하는지를 짧게 논의한 후에 곧바로 그의 탁월한 복음 해설(복음의 사건, 증거, 확언, 약속, 요구)로 나아간다. 그리고 그 내용이 이 장의 대부분을 이루고 있다. 스토트의 경우 복음의 중심성이 전도의 우위성을 낳았다고 할 수 있는 반면, 내 경우는 선교에 대한 통합된 이해에서 복음의 중심성이 전도의 **궁극성**과 필요성을 낳았다고 할 수 있을 것이다.[2] 이러한 중심성은 나머지 모든 것을 그저 지엽적이고, 주변적이며 사소한 것으로 만들지 않는다. 오히려 그 중심성을 중심으로 다른 모든 것이 통합되고, 결합하며, 그 중심성이 다른 모든 것에 방향과 의미를 부여한다.

이 장에서 스토트의 두 가지 논지를 더 자세히 돌아보고 설명할 가치가 있을 것 같다. 여기서도 나는 그가 그것을 승인하리라 믿는다. 각각은 스토트의 글에서 인용하며 시작할 것이다.

"성경 전체가 하나님의 복음이다"

스토트는 이 짧고 강력한 문장에서 복음에 관한 관점을 분명히 표현하는데, 이는 놀랍게도 복음주의자들을 향한 최근 요청의 전조가 되었다. 그것은 **복음**이라는 단어를 마치 '구원 계획'만을 의미하는 것인 양 사용하거나, 사람들이 죽을 때 하늘에서 자기 자리를 보증하는 방법을 제공하는 사소한 영적 법칙으로 사용하는 데서 돌아서라는 요청이었다. 오히려 우리는 복음을 이야기할 때, 신약성경의 방식대로, 즉 근본적으로 성경 이야기 전체로 이루어진 좋은 소식으로 이야기해야 한다. 이는, 하나님이 약속된 메시아요 속죄하는 구세주이자 재림하는 왕인 나사렛 예수를 통하여 약속하고 성취하셨을 뿐 아니라 완성하실 모든 것을 다루는 이야기다.³

복음은 무엇인가? 스토트는 이렇게 쓴다. "첫째이자 가장 좋은 대답은, 성경 전체가 놀라울 정도의 적실성을 가진 하나님의 복음이라고 말하는 것인 듯하다. 성경과 복음은 거의 대체 가능한 용어다. 성경 전체의 주요한 기능은 예수 그리스도를 증언하는 것이다.…한마디로 말해서, 하나님의 복음은 예수다."

스토트의 간결한 논리를 다시 살펴보면, 그 논지는 다음과 같다.

복음은 예수 그리스도에게 중점을 둔다. 예수님 자신이 하나님이 우리에게 선언하신 복음이다.

우리에게 예수님을 '주는' 것은 바로 성경이다. 성경 전체가 온통 예수님을 증언하기 때문이다.

그러므로 **성경 전체가** '복음'을 구성한다. 성경은 '하나님의 복음'인 예수님의 인격과 사역을 알고 깨달을 수 있도록 하나님이 우리에게 주신 것이다.

이 모두가 이론의 여지 없이 참이다. 이는 복음을 몇몇 성경 구절을 발췌한 것으로 축소하는 경향에 대항한다. 즉, 먼저 나의 개인적인 죄 문제에 대한 구절들, 그다음 내 죄를 대신한 예수님의 죽음에 대한 구절들, 마지막으로 나를 위한 죄 사함과 영생에 대한 구절들을 순서대로 나열하여 정렬하는 식으로 말이다. 나는 그 구절들에 담긴 영광스러운 진리를, 나를 비롯하여 그 구절들을 통하여 그리스도를 믿게 된 이들에게 임할 영원한 결과들을 부인하는 것이 결코 아니다. 그러나 이 개인화된 구원 계획은, 물론 복음 안에서 성취되고 보증되어 있음에도, 전체 이야기는 아니다. 혹은 더 정확하게 하자면, 근본적으로 복음이 말하는 전체 이야기가 아니다.

스토트는 이어서 복음이 성경 전체를 포함한다는 자신의 주장을 뒷받침할 증거를 두 가지 방식으로 제시한다. 첫째로는('복음의 사건'에서), 성경에 기록된 역사적 사건들을 가리킨다. 그것은 예루살렘에서 실제로 일어난 일, 즉 나사렛 예수의 십자가 죽음과 부활이다. 그런데 그는 그것이 성경에 기록된 하나님의 계획과 뜻이며, 이미 구약에 제시된 메시아 죽음에 대한 해석이기 때문에, 이 사건들에 구원의 의미가 담겨 있다고 지적한다. 그리고 둘째로('복음의 증거'에서), 구약 예언의 성취를 강조한다. 예수님도 제자들에게 "이르시되 이같이 그리스도가 고난을 받고 제삼일에 죽은 자 가운데서 살아날 것과 또 그의 이름으로 죄 사함을 받게 하는 회개가…모든 족속에게 전파될 것이 기록되었으니"(눅 24:46-47)라고 말씀하시며 강조하셨다.

물론 이 두 논지는 맞지만, 구약과 복음의 관계를 명확하게 하기에 충분하지는 않다. 구약은 그저 그리스도에 관한 예언의 책이 아니기 때문이다. 오히려 구약은, 전체 틀을 세워 주는 **아주 중요한 성경 이야기의** 첫 부분을 이야기해 준다. 그 틀 안에서 예수 그리스도의 정체성과 사역이 이해되고, 그것은 모든 민족을 향한 좋은 소식이 된다. 전체 성경 이야기가 우리에게 제시하는 세상과 인간 그리고 그 둘의 미래를 이해할 **때에만** 복음은 좋은 소식이다. 성경 이야기로 이루어진 성경적 세계관이 없다면 우리의 복음 이해와 제시는 결함이 있을 것이다.

예수님이 제자들에게 "모세의 율법과 선지자의 글과 시편"을 언급하실 때(눅 24:44), 그것을 미래를 예측하는 예언으로만 명시하신 것이 아니라, 그 장엄한 내러티브의 전 범위와 방향과 흐름 가운데서, 우리가 지금 구약성경이라 부르는 정경 전체를 명시하셨다. 모세오경에는 창조, 타락, 하나님이 아브라함에게 하신 전 세계적인 비전이 담긴 언약의 약속, 이스라엘을 구원하신 출애굽, 시내 산 언약, 하나님 백성의 반역과 심판을 이기고 하나님의 신실하심과 은혜가 궁극적으로 승리할, 미래를 기대하는 이야기가 담겨 있다. 히브리 정경에서 '예언서'는 '전기 예언서'(소위 신명기적 역사서인 여호수아부터 열왕기하까지)를 포함하는 것으로서, 여기서는 땅을 선물로 받은 것, 왕조의 출현, 다윗과 맺은 언약, 유배의 멸망까지 이어지는 긴 쇠퇴, 그리고 유배로부터 돌아오는 '부활' 이야기를 해 준다. 그리고 이러한 위대한 이야기가 진행될 때, 세 부분 모두[율법서와 예언서와 시편('성문서')]에서, 우리는 모든 족속을 향한 하나님의 전 세계적인 목적이 언급되는 구절들을 거듭 발견한다. 우리는 궁극적으로 이 이야기가 하나님이 구속하시고 복을 주겠다고 하신 언약 안에 모든 민족이 포함되고, 실제로 모든 창조 세계가 포함되는 것임을 상기하게 된다.[4] 실제로 구약성경은, 복음이 아직 도래하지 않았음에도 불구하고, 복음 이야기다.

안타깝게도, 구약성경은 복음의 소극적인 배경으로, 복음과 대비되는 들러리로, 실제로 복음이 **그것**에서 우리를 구해 내는 것으로 자주 제시된다. 우리는 사도 바울의 대적들이 **왜곡한** 구약을, 마치 구약 자체가 가리키는 것인 양 쉽게 취급한다. 물론 바울이 (예수님과 모세와 모든 예언자와 함께) 충분히 인정했듯이, **이스라엘 백성**은 비참하게 실패함으로써, 자신들이 나머지 인간들처럼 죄 가득한, 타락한 반역자들과 같은 처지임을 스스로 입증했다. 그러나 **하나님의 뜻**은 이스라엘의 실패로도 무효가 되지 않았다. 그 반대로 구약의 **좋은 소식**은 바로, 이스라엘의 하나님

야웨께서 악을 이기시고, 왕으로 다스리시며, 세상 끝날에 구원을 가져오시리라는 약속과 사라지지 않는 소망이다. 바울은 창세기 12장 3절을 인용하며 그 '복음'이 먼저 아브라함에서 선포되었다고 말한다(갈 3:8).[5] 그리고 심지어 신약에 나오는 복음에 대한 핵심 단어 '유앙겔리온'과 '유앙겔리조마이'도, 시편 96편 1-3절과 이사야 52장 7-10절같이 민족들 가운데서 하나님이 통치하신다는 '좋은 소식'에 대한 구약 본문을 헬라어로 번역하면서 나온 것이다.

그러므로 예수님이 오셔서 하나님 나라가 그분의 인격 안에서 역사 속으로 들어왔다고 선포하셨을 때, 사람들은 **"복음을 믿으라"**(막 1:15)는 그분의 말씀이 무슨 뜻인지 알아보려고 사전을 찾아볼 필요가 없었다. 그들은 자신이 그 안에 있는 그 이야기를 알았다. 그들의 하나님(이스라엘의 거룩하신 분 야웨)과 그분의 약속들을 알았다. 그들은 하나님이 그분의 통치를 온전히 확립하시는 때가 무엇을 의미하는지에 대해(예수님이 많은 시간을 들여 바로잡으려고 하셨던) 많은 혼란스러운 생각들을 하고 있었을 것이다. 하지만 '우리 하나님이 통치하시는' 때에만, '예루살렘의 황폐한 곳'에서 기뻐하는 좋은 소식, 모든 민족과 땅끝을 위한 좋은 소식, 그리고 실로 모든 창조 세계가 기뻐하는 좋은 소식이 있을 것임을 알았다(사 52:9-10; 시 96:10-13). 좋은 소식은, 하나님이 아브라함에게 하신 약속을 지키셨다는 것이다. 비록 나사렛 예수의 성육신, 삶, 거절, 고난, 죽음, 부활이라는 역설적인 길을 통해서였지만 말이다. 그러므로 회개하고 믿고 순종하는 제자가 되어 그리스도께 합류한 이들에게는, 그에 더하여 미래에 그 이야기의 '기쁜 결말'에, 죽은 자들의 부활과 새 창조 세계에서의 영생에 참여하리라는 좋은 소식이 전해진다.

다시 말해, 복음이 실제로 예수 그리스도 자체이며 그리스도의 대속적 죽음과 승리의 부활에 중점을 두고 있다는 스토트의 의견에 우리가 동의하고 그렇게 주장해야 한다 해도, 또한 창조에서 새 창조에 이르는 성경의 전체 이야기라는 틀에서 그 '그리스도 이야기'를 보아야 한다. 나는 이것이 바울이 "하나님의 모든 경륜/계획/뜻"(행 20:27, 새번역; 비교. 엡 1:9-10; 골 1:15-23)이라고 언급했을 때 의미한 바일 것이라 생각한다. 벤 위더링턴 3세(Ben Witherington III)는, 바울이 어떻게 복음을 이해하고 선포했으며, 성경의 이야기가 어떻게 바울의 전체적인 사고와 설교와 가르침에 표현되어 있는지를 아주 깊이 탐구했다.

신학과 윤리를 아우르는 바울의 사상은, 거대 내러티브와, 그 내러티브에서 계속 발전되어 온 하나의 이야기에 기반하고 있다.

그 이야기는 우주만큼 크지만 한 개인만큼 작기도 하다. 그런데 그것은 모든 것에 관한 이야기도 아니고, 모든 인간 역사에 관한 이야기도 아니다. 그 이야기는, 아담에게서 인류가 시작된 때로부터 종말론적 아담에게서 절정에 이르기까지 그리고 그 이후까지, 하나님과 인간의 관계에 초점을 맞추는 이야기다. 그것은 예수 그리스도에 의해, 예수 그리스도 안에서, 예수 그리스도를 통해서 이루어진 창조와 피조물과 그들의 구속에 관한 이야기다. 그것은, 타락한 인류 한가운데 창조된 신앙 공동체에 관한 이야기다. 그 이야기는 비극과 함께 승리를, 잃어버린 자와 함께 구원받은 이를, 처음과 함께 마지막을 포함한다. 그 이야기는 거듭 인간 역사의 무대 위에 나타나는 하나님과 인간의 행동에 초점을 맞춘다. 바울은 역사뿐 아니라 그분의 이야기(즉 그리스도의 이야기)를 아우르고 있다고 본 이 이야기로써 주장하고, 권고하고, 격려하고, 토론하고, 약속하고, 위협한다.[6]

그 위대한 이야기, 곧 성경에 계시된, 하나님이 주도하신, 그리스도 중심인, 소망으로 충만한 그 이야기 전체가 좋은 소식을 구성한다. 우리는 바로 이 좋은 소식에 먼저 믿음과 삶으로 참여하고, 그런 다음 전도라는 '복음' 사역에 참여하도록 부름 받는다.[7]

어느 지점에서 스토트는 전도의 긴급성을 잃은 것을 한탄한다. 그는 우리가 복음 자체에 대한 확신을 잃은 것으로 여긴다. "오늘날 복음의 진리, 복음의 적실성, 복음의 능력에 대한 확신을 잃은 일보다 전도를 방해하는 것은 없다." 나도 동의한다. 그러나 나는 복음에 대한 그러한 확신을 잃은 한 가지 이유는, 복음주의자를 비롯한 수많은 그리스도인이 우리가 속해 있는 이야기, 복음이 들어가 있는 그 이야기를 잊었기(혹은 실제로 전혀 배운 적이 없기) 때문이라고 덧붙이고 싶다. 그들은 복음을, 십자가의 대속 사역을 믿음으로써 미래에 '하늘에' 있을 것을 개별적으로 보증 받는 의미로 받아들였다. 그런데 그런 다음에는 이 세상에서 그들의 특정 문화적 환경에 존재하는 어떤 이야기든, 이 세상의 이야기에 따라 살아간다. 그들은 우주에 관한 진짜 이야기이자 역사와 현재와 미래를 해석하는 이야기인 복음이, 가장 깊은 차원에서 그들의 세계관을 변화시키도록 허용하지 않는다. 기본적으로 그들 개인과 문화의 이야기가 달리 변화하지는 않고 행복한 결말에 이르도록 '예수를 덧붙인다.'

예를 들어, 진보와 '성장'의 신화를 밑에 깔고 살아가는, 복음주의 그리스도인들과 주변의 우상 숭배적인 소비지상주의가 거의 차이가 없어 보이는 서구 기독교의 엄청난 혼합주의를 달리 어떻게 설명할 수 있을까? '복음을 믿는다'고 주장하는 이들조차도, 복음을 개인적인 차원에서 우주적인 차원까지 모든 차원에서 좋은 소식으로 만드는 그 유일한 이야기, 즉 성경 이야기를 알고 믿고 그에 따라 살아간다는 표지를 거의 보이지 않는다.[8] 이 때문에 우리는, 그리스도인들이 자신이 속해 있는 이야기를 알도록, 다시 말해 전체적인 이야기로서의 성경(이는 마치 우리의 구원 혹은 성화가 성경 지식 시험을 통과하는 데 달려 있다는 듯이, 성경의 모든 세세한 내용을 완벽하게 아는 것과는 다르다)을 전반적으로 이해하도록 돕는 각종 노력과 출판물, 교육과정을 환영해야 한다.[9]

2004년에 나는 로잔 운동 이사회로부터 로잔 신학 분과의 의장을 맡아 달라는 요청을 받았다. 이는 존 스토트가 1974년 제1차 로잔 대회를 뒤이은 신학적 씨름을 하는 동안 맡았던 자리였다. 2010년 케이프타운에서 제3차 대회를 하기 직전 몇 년 동안 우리는 로잔의 표어인 "온 세계에 온전한 복음을 전하는 온 교회"를 놓고 일련의 회담에 착수했다. 성경적·선교학적 시각에서, 각 어구가 실제로 의미하는 바는 무엇인가?

2008년 치앙마이에서 열린 첫 회담에서는 '온전한 복음'에 대해 논의했다. 그 모임에서 발표한 보고서에서는, 바울이 '유앙겔-'(*euangel-*)로 시작하는 명사나 동사들을 어떻게 사용하고 있는지 확인했다.[10] 그 보고서의 첫 번째 요지는 복음의 내러티브적 성격에 대한 것이다.

A. 복음은 성경 전체의 시각에서 예수의 이야기를 한다.

1. 바울에게 복음은 다른 무엇보다 나사렛 예수에 관한 역사적 사실이다. 하나님은 그분을 통해 구원을 성취하셨다. 복음은 예수님의 죽음과 부활 사건에 관한 이야기로, 이는 구약에 비추어 이해된다.…'성경대로'란 '구약성경에 부합하게'라는 뜻이다. 즉 하나님이 구약성경의 이스라엘 안에서 행하시고 약속하셨으며 이제 메시아 예수 안에서 성취된 모든 것에 관한 내러티브에 부합하게라는 뜻이다(행 13:32-39).…

2. 그렇다면 복음에 대한 바울의 정의는, 중심 되는 역사적 사실들**과 함께**

(그리스도께서 우리를 위해 죽으시고 장사 지낸 바 되셨다가 사흘 만에 살아나신 것), 그 이야기의 성경적 맥락과 의미의 틀을 모두 포함한다.…

   3. 온전한 복음을 알기 위해 성경 전체를 보게 되면, 복음을 소통과 '마케팅'의 편의를 위해 몇 가지 공식으로 줄이는 환원주의에는 빠지지 않을 것이다.[11]

이어서 치앙마이 보고서는 바울이 다음과 같은 표현들로 **복음**이라는 단어를 사용한 것을 요약한다(각각의 경우 보고서 전문에서 짧은 발췌문 인용).[12]

  B. **복음은 하나님의 한 가족으로 새롭게 화해한 인류를 창조한다.**

   1. '이방인의 사도'였던 바울에게는, 예수님에 관한 좋은 소식이 모든 족속을 위한 보편적인 메시지임이 분명했다. 그리고 그것은 또한 구약에 깊은 뿌리를 두고 있었다. 아브라함에게 선언된 하나님의 계획은, 항상 이스라엘을 통해 세상의 모든 족속에게 복을 가져다주는 것이었다. 그러나 그 족속들은 완전히 하나님의 언약의 은혜와 하나님의 가족 구성원 밖에, 그들과 멀리 떨어져 있었다(엡 2:11-12). 복음은 이 상황을 변화시킨다.…

   2. 이렇게 십자가로 '화평케' 하는 사역, 곧 유대인과 이방인을 화해시키고, 새 인류를 창조하는 사역은 **복음의 부산물**일 뿐 아니라 복음의 **본질**이기도 함을 아는 것이 중요하다(엡 3:6). 바울은 그것을 십자가 사역에 포함시킨다.…

  C. **복음은 십자가의 구원의 메시지를 선포한다.**

   1. '복음'의 본질은 바로, 선포되어야 하는 좋은 소식이라는 것이다(그 단

어의 성경적 어원이 보여 주듯이, 사 52:7). 바울은 복음이란, "진리의 말씀"으로 들려주어야 하며(엡 1:13; 골 1:5, 23), 사람들이 그것을 들을 때 있는 그대로 받아들이고 믿도록 해야 하는 것이라고 보았다(살전 2:13). 이 메시지는 아브라함에게 하신 하나님의 약속이 성취되도록 모든 족속에게 선포되어야 한다.…

D. **복음은 윤리적 변화를 낳는다.**

1. 예수님은 "**회개하고 복음을 믿으라**"고 말씀하셨다(막 1:15). 삶의 급진적인 변화는 복음을 믿는 것과 함께 간다. 그 둘은 따로 떼어놓을 수 없다. 바울에게 복음은 옛 인간성의 더러운 옷을 벗고 그리스도를 닮은 향기를 내는 옷을 입는 것을 포함했다.…한쪽은 '복음'이고 다른 한쪽은 '윤리'인 경우는 없다. 흔히 에베소서를 '반'으로 나누어 요약하는 이러한 방식은 오해를 불러오기 쉽다. 마치 교리를 믿는 것과 윤리적 삶을 떼어놓을 수 있는 것처럼 말이다. 신앙의 믿음과 신앙의 삶은 떼어놓을 수 없다. 이 둘은 복음 자체에 내재되어 있다.

"우리가 선행으로 구원받을 수는 없지만, 선행 없이 구원받을 수도 없다. 선행은 구원의 방법이 아니지만 구원의 적절하고 필수적인 증거다. 행동으로 표현되지 않는 믿음은 죽은 것이다"[13]라고 스토트는 말한다.

E. **복음은 진리를 선포하고 하나님의 심판대 앞에서 악을 폭로한다.**

1. 바울에 따르면, 복음은 부인이나 왜곡에 대항하여 변호해야 할 진리이기도 하다. 그러므로 복음에는 논쟁적 측면이 있다.…

F. **복음은 성령의 강력한 역사로 말미암아 우주적 능력을 가진다.**

1. 복음은 역사와 창조 세계 속에서 역사하시는 하나님의 능력이다. 바울은 이를 놀랍고 축하해야 할 일로 보았다. 복음은 그 자체의 생명을 가진 듯했다. 그래서 바울은 복음에 대해 전 세계에서 역사하고, 활동하고, 퍼지고, 열매를 맺고 있다고 의인화할 수 있었다(골 1:6).…

2. 바울은 복음에 대한 가장 웅변적인 요약에서, 우주 안에 있는 모든 것이 그리스도에 의해 창조되었고, 그리스도에 의해 유지되고 있으며, 그리스도의 십자가 피로 그리스도에 의해 하나님과 화해될 것이라고 선포한다(골 1:15-23). 또 바울은 그리스도와 그분의 교회와 그분의 십자가의 우주적 의미를 개관한 다음 신자들의 개인적인 화해로 옮겨간다.

"그 나라의 복과 요구"

스토트의 글에서 짧은 항목 '복음의 요구'는 앞의 요지 D항, 즉 '복음은 윤리적 변화를 낳는다'는 것과 일맥상통한다. 혹은 더 정확히 말해서, 복음이 회개와 믿음이라는 반응과 만날 때 그렇게 된다.

스토트는 이 장 서두에서 전도의 정의를 내리면서 전도는 단순히 복음을 신실하게 제시하는 것임을 강조한다. 전도는 그 **목표**로, 사람들을 복음 진리로 설득시켜 구원하는 믿음으로 반응하게 하려는 바람을 지니지만, 그 **결과**는 전도의 정의 자체에 내재된 것이 아니다. 그럼에도 불구하고 그는 전도의 성격에 관한 핵심을 분명히 하고 나서(우리 인간들이 행하는 어떤 일로서), **복음**을 해설하고(하나님이 하신 일에 관한 좋은 소식으로서) 복음이 확언으로뿐 아니라 약속과 요구로 다가옴을 보여 준다. 복음이 **하나님이 하신 일**에 관한 이야기를 한다는 이유로, 우리는 그것을 그저 객관적인 사실들의 기록으로만 대면할 수 없다. 그 사실들이 본질적이라 해도 그렇다. 복음은 그와 동시에 직설법이고, 약정적이며, 명령법이다. 복음은 확언하고, 약속하고, 명령한다. 복음의 성격이 그렇다. 복음은 우리 창조주의 목소리로 우리에게 말한다.

이 때문에 스토트는 복음 선포가 **하나님 나라 선포**라고 말할 수 있었다. 복음서들에 따르면 예수님의 말씀에서 이 둘은 동일하기 때문이다. 여기서 다시 스토트는, 몇 십 년이 지나 두각을 나타낼 개념을 몇몇 기본 문장으로 요약하려 한다. 바로 '복음'으로서 하나님 나라의 중요성을 인식한 것이다. 이 연관성이 특히 복음주의자들 사이에서도 경시되었고, 이상하게도 대부분의 전도에서 빠져 있었음을 인식한 것이다.[14]

> 전도는 다른 이들과 좋은 소식을 나누는 것이다. 그 좋은 소식은 예수님이다. 그리고 우리가 선포하는 예수님에 관한 좋은 소식은, 그분이 우리 죄를 위해 죽으시고 죽음에서 부활하셨다는 것이고, 그 결과로 하나님의 오른쪽에서 주와 구세주로 통치하고 계시며 회개와 믿음을 명하실 뿐 아니라, 회개하고 믿고 세례를 받는 모든 이에게 죄 사함과 성령의 선물을 주신다는 것이다. 그리고 이 모든 일은 구약과 신약대로 된 것이다. 그러나 그 이상이 있다. **'하나님 나라 선포'가 의미하는 바가 바로 그것이다.** 성경이 성취됨으로써 하나님의 통치가 예수님의 죽음과 부활을 통하여 인간 삶 속으로 침투했기 때문이다. 이 하나님의 통치 즉 다스림은, 구원을 주시고 순종을 요구하시는 예수님이 보좌에서 실행하신다. 그것이 그 나라의 복이며 요구다. 예수님은 공적 사역을 시작하시는 바로 그때 이렇게 말씀하셨다. "때가 찼고 하나님의 나라가 가까이 왔으니 회개하고 복음을 믿으라"(막 1:15). (강조체는 덧붙인 것)

나는 최근 한 신학 학회에서 유명한 복음주의 지도자가 "하나님 나라는 복음이 **아닙니다**"라고 말하는 것을 들었다. 나의 본능적인 첫 반응은 예수님은 동의하지 않으셨을 것이라고 반격하는 것이었다(비교. "이 천국 복음이…온 세상에 전파되리니", 마 24:14). 그러나 나는 그가 어떤 의미로 그 말을 했는지 알았다. 하나님이 왕이시라는 단순한 선언은, 예수님이 요구하신 대로 회개와 믿음으로 반응하지 않는다면, 또 그렇게 반응할 때까지는, **개인들에게 좋은 소식이 아니다**. 그럼에도 하나님이 통치하신다는 것과 그분의 통치가 궁극적으로 모든 창조 세계와 모든 나라에 미치리라는 것은 곧 좋은 소식이다. 악이 우주의 최종 결정권을 가지지 않으리라는 것은 곧 좋은 소식이다. 하나님의 통치가 정의와 평화의 새로운 창조 세계의 도래를 알리고 그로 인해 모든 악과 고통과 죽음과 저주가 영원히 추방되리라는 것은 곧 좋은 소식이다. 이런 의미들에서 하나님 나라의 선포는 의심할 여지없이 곧 복음이다.

그러나 사람들이(공동체든 개인들이든) 하나님이 통치하신다는 메시지를 대면할 때, 그 메시지는 반드시 반응을 요구한다. 그것은 피할 수 없다. 성경은 에덴 동산 이후로 인간이 하나님과 대면할 때 응답하지 않을 수 없음을 보여 주고 있기 때문이다. 동생에 대한 어떤 책임도 없다고 부인했던 가인조차도 그렇게 말함으로써 **하나님께 응답해야** 했다. 그리고 어떤 사람이나 사람들이 계속해서 거절과 반역으로 응답했으므로, **그들에게 하나님의 통치는 실제로 아주 나쁜 소식이다**. 왕이신 하나님은 심판하시는 하나님이기 때문이다. 성경 전체가 그 사실을 확증하고 예견한다. 그뿐만 아니라 성경은 또한 미래에 하나님이 심판하신다는 사실이 복음의 일부라고 주장한다. 악하고 회개하지 않는 악인들은 결국, 혹은 영원히 번영하지 못할 것이다. 그래서 바울은 "**나의 복음에 이른 바와 같이** 하나님이 예수 그리스도로 말미암아 사람들의 은밀한 것을 심판하시는 그날"에 대해 말할 수 있다(롬 2:16, 강조는 덧붙인 것). 예수님이 그러셨듯, 바울의 복음 선포에도 심판인 동시에 구원인 하나님 나라를 설명하고 선포하는 것이 포함되어 있었다. 그는 바로 그 일을 하며 생을 마감했다(행 28:23, 31).

그리스도께서, 그리고 사도들이, 그 이후로 모든 신실한 전도자들이 요구한 하나님 나라 복음에 대한 반응은, 회개와 믿음이라는 한 쌍의 반응이다. 그것은 약속이 따라오는 요구다. 요구와 약속은 하나님 통치의 본질적인 특성이다. 하나님이 왕이시라면 구원이 약속된다. 그러나 하나님이 왕이시라면 변화가 요구된다. 혹은 스토트가 간결하게 말하듯이, "이 하나님의 통치 즉 다스림은 보좌에서 예수께서 행하시며 **그분은 구원을 주시고 순종을 요구하신다**. 그것이 그 나라의 복이며 요구이다"(강조체는 덧붙인 것).

그러나 회개는 대중적인 설교에서 '메타노이아'의 의미로 설명하곤 하는 '마음의 변화'를 훨씬 넘어서는 것이다. 구약에 깊은 뿌리를 둔 그 단어는, 하나님께 반역하여 사는 악한 삶과 우상숭배에서 돌이키는 것, 철저히 변화된 삶과 행동으로 하나님께 돌아오는 것을 포함한다(예를 들어, 렘 7:3-7에서 회개가 의미하는 바에 대한 강력한 정의를 보라). 예수님이 회개하라고 요청하실 때 그 의미는, 세례 요한이 이미 "회개에 합당한 열매"(눅 3:8)의 전형이 어떤 모습인지 설명하며 대략적으로 서술한 것과 다르지 않았다.

그러므로 스토트는 당연히 그리고 충분한 성경적 확신을 가지고 동의하며 르네 파디야의 글을 인용한다. "윤리 없는 진정한 회개는 없다." 그리고 성경 윤리는 개인적 경건을 넘어 우리가 사는 세상 속에서 사회적 참여를 하는 것을 포함하므로, 그는 다음과 같은 놀랍고 강력하고 도

전적인 주장을 한다. "따라서 사회적 책임은 그리스도인의 선교의 한 측면만이 아니라 그리스도인의 회심의 한 측면이 된다. 우리 이웃을 향해 회심하지 않으면서 하나님께 진심으로 회심한다는 것은 불가능하다." 바울은 이에 동의하며, 원수와 화해하지 않고 진정으로 하나님과 화해하는 것은 불가능하다고 덧붙일 것이다(엡 2:14-18). 요한 역시 동의하며, 형제 자매를 사랑하지 않고 하나님을 사랑한다고 주장하는 것은 불가능하다고 덧붙일 것이다(요일 4:20-21).

그렇다면 하나님 나라 복음은 세상에 좋은 소식이지만, 그것은 또한 사람들이 믿음과 회개로 반응할 때 그들에게 좋은 소식이 된다. 여기서 믿음이란 순종으로 실증되는 것이며, 회개란 실제로 윤리적인 삶의 변화다.

스토트는 예수님을 구세주로 믿고 받아들이는 것과, 주님으로 여겨 순종으로 그분께 굴복하는 것 사이를 갈라놓는 이들을, 마땅히 크게 책망한다. 그는 믿음을 통해서만 은혜로만 의롭다 함을 받는다는 교리를 수호하려는 좋은 동기로 그렇게 하는 사람들이 있음을 인정하지만, 믿음과 순종을 따로 떼어놓는 것은(마치 다른 하나 없이 하나를 가질 수 있다는 듯이) 비성경적이라고 권고한다. 나도 동의한다. "믿어 순종"하는 것이라는 바울의 표현, 로마서 처음과 끝에서 그의 선교 목표로 제시되는 이 어구는(롬 1:5; 16:26), 둘의 통합을 정확하게 포착한다. 그는 이를 통해, 올바른 믿음은 순종으로 믿음 자체를 증명하는 믿음이어야 한다는 야고보에게(약 2:14-26) 전적으로 동의함을 보여 준다. 칭의와 성화의 예리한 구분을 주장하는 이들의 논거에서 오늘날도 여전히 같은 논란이 있다. 그 동기는 이해할 만하다. 우리 구원의 근거에 선행을 주입해서는 안 된다는 것이다. "우리를 구원하시되 우리가 행한 바 의로운 행위로 말미암지 아니하고"라는 디도서 3:5의 바울의 말보다 더 명확한 것은 없을 것이다. 그러나 동일하게 (다시 디도서에 나오는) "하나님을 믿는 자들로 하여금 조심하여 선한 일을 힘쓰게 하려 함이라"는 바울의 주장보다 더 명확한 것은 없을 것이다(딛 3:8; 비교. 딛 1:8; 2:7, 14; 3:1, 14). 믿음과 선행은 같은 것이 아니지만, 예수님의 참 제자가 되려면 그 둘은 반드시 연결되어 있어야 한다. 그렇게 그 둘을 구분하면서도 통합하는 내용이 에베소서 2:9-10에 담겨 있다. "행위에서 난 것이 아니니…그리스도 예수 안에서 선한 일을 위하여 지으심을 받은." 또 바울은 새 신자들의 "믿음의 역사"를 보고 감사할 때 그들의 삶에서 그 둘이 통합된 것을 칭찬했다(살전 1:3).

스토트는 로잔 언약에서 한 단락을 인용함으로 이 장을 마무리한다 ("전도의 본질"에 관한 제4항). 따라서 동일한 전통에서 이 고찰을, 케이프타운 서약에서 한 단락을 인용함으로 마무리하는 것이 적절할 것 같다. 괄호에 언급된 성경 본문은 원문에 나오는 것이다.

우리는 하나님의 복음을 사랑한다

예수님의 제자인 우리는 복음의 사람들이다. 우리 정체성의 핵심은 예수 그리스도를 통한 하나님의 구원 사역이라는 성경의 좋은 소식을 향한 열망이다. 우리는 복음 안에서 하나님의 은혜를 경험했다는 면에서, 또 가능한 모든 수단을 통해 그 은혜의 복음을 땅끝까지 알리고자 하는 동기를 가졌다는 면에서 하나로 연합되어 있다.…[15]

이 부분은 다음과 같은 제하의 세 단락으로 이어진다. "a) 우리는 악한 소식들로 가득 찬 세상에서 좋은 소식을 사랑한다. b) 우리는 복음이 전해 주는 이야기를 사랑한다. c) 우리는 복음이 확증하는 바를 사랑한다." 그런 다음 이렇게 이어진다.

d) **우리는 복음이 빚어내는 변화를 사랑한다.** 복음은 세상에서 역사하시는, 삶을 변화시키시는 하나님의 능력이다. "복음은 모든 믿는 자에게 구원을 주시는 하나님의 능력"이다[롬 1:16]. 믿음만이 복음의 복과 확증을 받는 수단이다. 그러나 구원하는 믿음은 결코 단독으로 있지 않고, 반드시 순종으로 그 믿음을 보인다. 그리스도인의 순종은 "사랑으로써 역사하는 믿음"이다[갈 5:6]. 우리는 선행으로 구원받는 것이 아니라, 은혜로만 구원을 받아, "그리스도 예수 안에서 선한 일을 위하여 지으심을" 받는다[엡 2:10]. "행함이 없는 믿음은 그 자체가 죽은 것이라"[약 2:17]. 바울은 하나님의 은혜의 사역으로 복음이 빚어낸 윤리적 변화를 보았다. 그 은혜는 그리스도의 초림 때 우리의 구원을 이루신 은혜이며, 그리스도의 재림의 시각에서 우리에게 윤리적으로 살라고 가르치는 은혜다[딛 2:11-14]. 바울이 보기에는, '복음에 순종하는 것'이 은혜를 신뢰하는 것이며, 은혜로 가르침을 받는 것이었다[롬 15:18-19; 16:19; 고후 9:13].[16]

5장
대화

존 스토트

지금까지 내가 펼친 주장은, 선교란 하나님이 자기 백성을 세상 속으로 보내셔서 하게 하시는 자기 희생적인 섬김을 뜻하며 거기에는 전도와 사회 정치적 행동이 포함된다는 것, 이러한 폭넓은 선교의 개념 내에서 전도에 긴급성이 더해지며 전도에 우선성을 두어야 한다는 것, 그리고 전도는 예수님에 관한 좋은 소식을 알리거나 선포하는 일을 뜻한다는 것이었다. 이제 우리는 세 번째 단어인 **대화**, 그리고 이런 질문에 이른다. 복음을 선포할 때 대화의 여지가 있는가? 지난 일이십 년 동안 '다른 신앙을 가진 이들과의 대화'라는 개념이 에큐메니컬 쪽에서 유행했다는 것, 복음주의자들은 오히려 그 경향에 강하게 반대하는 경향이 있었다는 것은 잘 알려져 있다. 우리의 부정적인 반응은 정당한가? 중요한 이슈는 무엇인가?

극단적인 견해들

이 논쟁 양쪽에는 극단적인 입장들이 자리 잡고 있다. 복음주의 그리스도인들은 늘, 그리고 내 판단으로는 당연하게도, 복음 선포의 필수불가결성을 강조했다. 하나님은 교회를 복음의 전령으로 임명하셨기 때문이다. 선포에 대한 웅변적인 요청은 마틴 로이드 존스(Dr. Martyn Lloyd-Jones)가 『설교와 설교자』(Preaching and Preachers)에서 제시했다.[1] 그 책 첫 장의 제목은 '설교의 우선성'으로 그는 첫 페이지에서 이렇게 썼다.

> 내게 설교 사역은 사람이 지닐 수 있는 소명 중에서도 가장 크고 위대하며 가장 영광스러운 것이다. 그 외에도 나는 오늘날 교회에 가장 긴급하게 필요한 일이 참된 설교라고 주저 없이 말할 것이다. 또 그것이 교회에 가장 크고 긴급하게 필요한 일이므로, 세상에도 가장 크게 필요한 일임이 분명하다.

사실 인류의 근본적인 문제는 우리가 하나님께 반역하여 구원이 필요하다는 것이므로, "설교는 교회의 우선적인 과제다."[2]

로이드 존스는 설교를 열정적으로 옹호하면서, 간혹 대화라는 개념에 대한 불쾌감을 덧붙였다. "하나님은 토론하거나 논쟁할 대상이 아니다.…우리가 하나님을 믿는다면 어떤 상황에서도…마치 하나님이 그저 철학적 명제인 양…토론이나 논쟁이나 조사의 주제가 되게 할 수 없다."[3] 그리고 이는 복음에도 동일하게 적용된다. 복음은 선포에 적합한 것이지, 우호적인 토론에 적합한 것이 아니다.

만약 '토론'이라고 할 때 회의 탁자에 앉은 명민한 외교관들의 일을 염두에 두고 있다면, 그 목표가 모든 사람을 만족시키는 것(심지어 진정시키는 것)이고, 그 방법은 타협으로 합의에 이르는 그런 일이라면, 나는 로이드 존스에게 전적으로 동의한다. 복음은 하나님으로부터 온, 협상할 수 없는 계시다. 우리의 목적이 복음을 더 굳게 붙잡고, 사람들이 더 받아들이기 쉽게 권하는 것인 한, 우리는 분명 그 의미와 해석에 관해 토론할 수 있다. 그러나 복음을 판단할 자리에 앉거나 그 내용을 조작할 자유는 우리에게 없다. 그것은 우리의 복음이 아니라 하나님의 복음이며, 그 진리는 비판할 것이 아니라 받아들여야 하는 것이며, 토론할 것이 아니라 선포해야 할 것이기 때문이다. 그런데 이렇게 말했을 때, 제대로 이해하면 '대화'와 '토론'은 서로 다른 두 가지임을 덧붙여야 한다. 로이드 존스가 둘 다를 거부하는 것은 다소 극단적으로 보일 것이다.

다른 극단에는 선포, 혹은 적어도 권위적이거나 교조적인 설교를 싫어하는 경향이 커지는 현상이 있다. 선포는 오만한 것이라고들 한다. 겸손한 소통 방식은 대화라는 것이다. 아마 데이비스(J. G. Davies) 교수보다 이런 견해를 더 잘 표현한 주창자는 찾기 어려울 것 같다. 그의 의견은 다음과 같다. "혼자 하는 이야기에는 겸손이 전혀 없다. 그때 우리는 다 알고 있다고 전제한다. 그저 그것을 공표해야 한다고, 무지한 이에게 전해야 한다고 전제한다. 그러나 우리는 함께 진리를 추구해야 한다. 우리와 대화를 나누고 있는 이들의 진리와 만날 때, 우리의 진리가 교정될 수도 있고 깊어질 수도 있다."[4] 또 "혼자 하는 이야기에는…열린 마음이 없다." 반면 "대화에는 완전히 열린 마음이 있다."[5] 데이비스 교수는 계속해서 다음과 같이 말한다.

> 이런 식으로 대화에 들어가는 일은 어려울 뿐 아니라 위험하기도 하다. 완전히 마음을 열어 놓으면 대화에 들어갈 때마다 우리 믿음은 위태로운 상태가 된다. 만약 내가 불교도와 대화를 나누는데 열린 마음으로 그렇게 한다면, 그에게든 내게든 결과는 예정할 수 없음을 인정해야 한다. 불교도가 예수님을 주로 받아들이게 될지도 모르지만 내가 석가모니의 권위를 받아들이게

될 수도 있고, 혹은 둘 다 결국 불가지론자가 될지도 모른다. 이러한 **실제적인 가능성**이 없다면 둘 다 상대방에게 온전히 마음을 열지 않은 것이다.…대화하는 삶은 위험한 삶이다.[6]

나는 이를 도를 넘은 과장이라 본다. 사실 훌륭한 기독교 설교는 항상 대화체다. 그 설교가 듣는 이들의 마음을 사로잡고 그들에게 적절하게 이야기한다는 의미에서 말이다. 그러나 혼자 하는 이야기는 다 오만하다고 말하는 것은 진실이 아니다. 복음을 선포하는 전도자는 '복음을 다 안다고' 주장하지 않고, 복음을 위탁받았다고 할 뿐이다. 내가 그렇게 믿고 곧 이야기할 것처럼 우리 역시 기꺼이 대화를 시작해야 한다. 그렇게 할 때 상대방을 통해 그들의 믿음과 또 (기독교에 대한 비판적인 반응에 귀 기울임으로써) 우리 믿음의 어떤 측면들을 알게 될 것이다. 그러나 복음 진리에 관한 우리의 신념과 예수 그리스도에 대한 개인적인 헌신까지 유보할 정도로 전적으로 '열린 마음'을 함양할 일은 아니다. 그런 시도는 그리스도인으로서 우리의 진정성을 파괴할 것이다.

성경에 나오는 대화

대화에 관한 이 대화에서, 아마도 먼저 해야 할 것은 정의를 내리는 일인 것 같다. 나는 1967년 킬(Keele)에서 열린 국제복음주의성공회대회에서 만든 것보다 더 간결하고 명료한 정의는 보지 못했다. "대화는 각 당사자가 화제와 상대방 모두에게 진지한 태도로 다가가, 말하고 가르칠 뿐 아니라 듣고 배우려는 바람을 가지고 소통하는 것이다."[7]

이렇게 정의한 다음, 성경 계시에서 살아 계신 하나님이 직접 인간과 대화를 시작하셨음을 주목하는 것이 중요하다. 하나님은 말씀하실 뿐 아니라 들으신다. 질문하시고 답을 기다리신다. 그분의 질문이 에덴 동산 나무 사이에서 계속 울려 퍼진 이후로("네가 어디 있느냐?") 줄곧 하나님은 자신의 타락한 피조물을 찾고 그들에게 질문을 던지고 계신다. 물론 무한자가 유한자에게, 창조주가 피조물에게, 거룩한 이가 죄인에게 다가오는 일은 언제나 자비롭게 스스로를 드러내심이었다. 그럼에도 그분의 계시는 보통 대화 형식을 취했다. 하나님은 욥에게 "너는 대장부처럼 허리를 묶고 내가 네게 묻는 것을 대답할지니라"(욥 38:3; 40:7)라고 말씀하셨다. 또 그분이 예언자들을 통해 이스라엘에게 주신 말씀은 질문들로 가득 차 있었다.

> 여호와께서 말씀하시되
> 　오라 우리가 서로 변론하자. (사 1:18)

> 너희 조상들이 내게서 무슨 불의함을 보았기에
> 　나를 멀리하고 가서 헛된 것을 따라 헛되이 행하였느냐? (렘 2:5)

> 너희가 나에게 대항함은 어찌 됨이냐? (렘 2:29)

> 너희가 알지 못하였느냐? 너희가 듣지 못하였느냐?
> 　태초부터 너희에게 전하지 아니하였느냐?
> 　땅의 기초가 창조될 때부터 너희가 깨닫지 못하였느냐? (사 40:21)

> 에브라임이여 내가 어찌 너를 놓겠느냐!

이스라엘이여 내가 어찌 너를 버리겠느냐! (호 11:8)

어렸을 때 성전에서 "선생들 중에 앉으사 그들에게 듣기도 하고 묻기도"(눅 2:46) 하다가 발견된 예수님 역시, 공적 사역을 하시는 동안 니고데모와 사마리아 여인과 무리 같은 개인들과 진지한 대화를 시작하셨다. 일방적인 연설투로 말씀을 하신 적이 거의 없었다. 대신 명시적이든 암시적이든 청중의 생각과 양심을 향해 끊임없이 질문을 던지셨다. 예를 들어, "포도원 주인이 올 때에 그 농부들을 어떻게 하겠느냐?"(마 21:40) "네 생각에는 이 세 사람 중에 누가 강도 만난 자의 이웃이 되겠느냐?"(눅 10:36) 등이다. 승천하신 이후에도 예수님은 다마스쿠스로 가던 다소의 사울에게 자신을 드러내셔서, 땅에 엎드린 눈먼 바리새인이 처음 그 환상에 압도된 듯했을 때, "네가 어찌하여 나를 박해하느냐?"라고 이성적인 질문을 하시고, "주여 누구시니이까?"와 "주님 무엇을 하리이까?"라는 되묻는 질문을 끌어내셨다(행 9:4-5; 22:10).

나중에 사울이 사도 바울로 위대한 선교 여행을 시작했을 때, 어떤 대화 형식이 그의 주요한 방법적 요소였다는 사실은 주목해 볼 만하다. 누가는 특히 바울이 2차·3차 여행 기간에 했던 전도의 한 측면을 묘사하며 동사 '디아레고마이'(*dialegomai*)를 자주 사용한다. 사실, 이 동사의 정확한 의미는 약간 불확실하다. 고전 헬라어에서 그 단어는 '대화를 나누다' 혹은 '토론하다'라는 뜻이었고, 특히 소크라테스와 플라톤과 아리스토텔레스가 다양한 방식으로 발전시킨 가르침과 설득의 수단이었던 소위 변증법과 연관이 있었다. 복음서에서는 사도들이 누가 가장 큰지를 놓고 서로 쟁론할 때 그 단어가 한 번 사용된다(막 9:34). 『신약 신학 사전』(*Theological Dictionary of the New Testament*)에서 고트롭 슈렝크

(Gottlob Schrenk)는 바울의 사역에 관해 말할 때, 그 사역을 '신앙 강의나 설교 전달'이라고 할 뿐 '논쟁'을 언급하지는 않는다.[8] 다른 한편 아른트-깅리치(Arndt-Gingrich) 사전은, 그 단어가 가끔 "단순한 강의나 설교"를 뜻한다고 인정하긴 하지만(예를 들어, 히 12:5), "논쟁으로 이어질 가능성이 있는 강의들"에 사용된다고 주장한다.[9] 이 문맥 역시 분명 그것을 추천한다.

그래서 데살로니가 회당에서는 3주 동안 "바울이…성경을 가지고 강론하며 뜻을 풀어 그리스도가 해를 받고 죽은 자 가운데서 다시 살아나야 할 것을 증언하고 이르되 내가 너희에게 전하는 이 예수가 곧 그리스도라"라고 했다. 그런 다음 누가 "그 중의 어떤 사람[이]…권함을" 받았다고 덧붙인다(행 17:1-4). 여기 다섯 개의 단어, 즉 **강론, 뜻을 풀어, 증언, 전하는, 권함**이 함께 나온다. 이는 바울이 실제로 유대인과 토론을 하고, 그의 메시지에 대한 그들의 반대를 듣고 대답하고 있었음을 시사한다. 아테네에서는 그가 "회당에서는 유대인과 경건한 사람들과 또 장터에서는 날마다 만나는 사람과 변론"했다고 한다(행 17:17). 이 마지막 절은 중요하게 덧붙여진 것이다. 바울이 회당의 유대인뿐 아니라 평범한 이방 행인들에게도 논증적으로 접근했음을 보여 주기 때문이다. 고린도에서는 "안식일마다…회당에서 강론하고 유대인과 헬라인을 권면"했고(행 18:4), 에베소에서는 먼저 "회당에 들어가 석 달 동안 담대히 하나님 나라에 관하여 강론하며 권면"했고, 그런 다음 2년 동안 아마도 하루에 무려 다섯 시간 동안 "두란노 서원에서 날마다 강론"했다(행 19:8-10; 비교. 행 18:19).

바울은 그리스도인들에게 설교할 때도 동일한 방법을 사용했다. 드로아에서 "떡을 떼러" 모인 유명한 장면에서, 유두고라는 청년이 졸다가

끔찍한 결말에 이를 뻔했을 때, 바울의 설교를 묘사하며 다시 '디아레고마이'라는 단어가 사용된다(행 20:7, 9). 마지막 예 역시 흥미롭다. 바울이 총독 벨릭스와 대화를 나누며, 다른 사람 없는 데서 "의와 절제와 장차 오는 심판"에 관하여 그와 언쟁을 벌이다, 결국 벨릭스가 두려워하며 대화를 끝내는 장면이다(행 24:25). 그러므로 요약하면, 바울이 그리스도인들과 비그리스도인들에게, 유대인과 이방인에게, 무리와 개인에게 한 공식적이고 비공식적인 대부분의 설교에 어느 정도의 대화를 포함시켰다고 말할 수 있다. 실제로 마지막 본문을 추가하자면, 바울은 예수님의 제자들 모두 세상과의 끊임없는 대화에 참여하기를 기대했던 것 같다. 그가 골로새인들에게 "너희 말을 항상 은혜 가운데서 소금으로 맛을 냄과 같이 하라. 그리하면 각 사람에게 마땅히 대답할 것을 알리라"라고 권했기 때문이다(골 4:6). 여기 "외인"(골 4:5)들과 그렇게 가까이 접촉했던 그리스도인들이 있다. 그들에게 강연도 할 수 있었고(은혜롭고 소금 같은) 그들의 질문에 대답도 할 수 있었다.

그러나 바울의 사역에 포함된 종류의 '대화'는, 오늘날 보통 이 단어가 의미하는 바와는 전혀 다르다. 바울의 대화는 분명 그의 선포의 일부이자 그의 선포에 딸려 있는 것이었기 때문이다. 더욱이 그가 세상과 나눈 대화의 주제는 항상 그가 직접 선택한 것, 즉 예수 그리스도였고, 그 목적은 항상 예수 그리스도께로의 회심이었다. 상황이 여전히 그렇다면, 대화에 대해 주저하는 이들도 이에 동의하지 않는 일이 거의 없을 것이다. 그러나 현대의 그리스도인들이 비그리스도인들과 나누는 대화에는 신앙보다는 불신, 선포보다는 타협의 기미가 있는 듯하다. 이제 대화에 대한 반론을 볼 때다. 그 후에 진정한 대화를 지지하는 논거들을 정리할 것이다. 그다음 몇 가지 이 시대의 예들로 마무리하고자 한다.

대화를 반대하는 주장

대화를 거의 예수 그리스도에 대한 반역에 가까운 것으로 여겨 대화를 반대하는 보수적인 그리스도인들에 대해서는, 역사를 통해 가장 잘 이해할 수 있다. 1910년 에든버러에서 큰 확신의 분위기에서 세계선교대회가 개최되었다. 나는 이를 '자신감'이라 부르지는 않겠다. 그것은 분명 하나님에 대한 확신이었기 때문이다. 그럼에도 그들은 확신을 가지고 비기독교 종교들이 곧 붕괴할 것이라 예언했다. 템플 게어드너(W. H. Temple Gairdner)는 그 대회에 대한 공식적인 설명에서 이렇게 썼다. "현대 세계의 5대 종교 정복을 위한 여러 활동과 함께 이룬 기독교의 놀라운 진보가 매우 흥미롭고 위대하다."[10] 이러한 분위기는 4년 후 제1차 세계대전의 발발로 격렬하게 흔들렸다. 그리고 나서 1928년 예루살렘에서 열린 제2차 선교대회에서는 분위기가 이미 달라졌다. 참석자들은 세속주의의 성장을 인식했고, 심지어 이러한 전 세계적인 적에 맞설 공통의 종교적 전선(前線)이 필요하다고까지 제안했다.

10년 후 1938년 제3차 에큐메니컬 선교대회가 마드라스 인근 탐바람에서 열렸다. 그 대회의 핵심 인사는 네덜란드인 헨드릭 크래머(Hendrik Kraemer)였는데, 그의 책 『비기독교 세상에서의 기독교 메시지』(*The Christian Message in a Non-Christian World*)가 대회 개최 직전에 쓰여 출판되었다.[11] 크래머는 어느 정도는 칼 바르트의 변증법—바르트는 인간의 신앙인 종교와, 하나님의 말씀인 계시를 대비시켰다—의 영향을 받아서, 인간의 종교들과 하나님의 계시 사이에는 근본적인 '불연속성'이 있다고 주장했다. 그는 공격적인 기독교 선교도 거부했지만, 그리스도가 비기독교 종교들의 성취라는 개념도 거부했다. 대신, "설득하고 이기려는 방식"이라 하더라도,[12] 타협하지 않는 복음 선포를 권했다. 그는 교회에게 "유일무이하고 타당하고 능력 있는" 신앙을 되찾으라고 요청하고, 이렇게 덧붙였다. "우리는 감히 사람들에게 이들(즉, 다른 종교들)에서 나와 그리스도의 발 앞으로 오라고 할 수 있다. 그렇게 하는 까닭은, 사람들에게 필요한 온전한 구원이 그분 안에만 있다고 믿기 때문이다."

탐바람 대회가 끝나자, 제2차 세계대전과 전쟁이 불러온 새로운 이교도의 검은 폭풍 구름이 이미 지평선을 어둡게 물들였고, 전쟁 이후 에큐메니컬 활동이 재개되자, 크래머가 예언했던 "다가올 동구와 서구의 대화"가 이미 다른 목소리들에 의해 논의되고 있었다. 개신교와 로마 가톨릭 신학자 모두, 크래머와는 전혀 다르게 기독교와 타종교의 관계를 공식화하기 시작했다. 1963년에 슐레테(H. R. Schlette)는 "누구든지 진리에 기반한 질서에 따라 인생을 살고자 하는 진정한 갈망에 따라, 개인의 윤리적이고 실제적인 삶의 방식을 정하는 사람은 구원에 이른다"라고 썼다.[13] 이와 비슷하게 칼 라너(Karl Rahner)는, 진실한 비그리스도인들을 오히려 "익명의 그리스도인들"로 보아야 한다는 개념을 대중화하기 시작했다. "기독교는 기독교 이외의 다른 종교에 속한 이들을 그저 비그리스도인으로 보는 것이 아니라, 이미 여러 측면에서 익명의 그리스도인으로 여길 수 있다고, 혹은 그래야만 한다고 본다."[14] 결론적으로 "복음 선포는 그저 하나님과 그리스도를 완전히 저버린 누군가를 그리스도인이 되게 하는 것이 아니라, 익명의 그리스도인으로 하여금 객관적인 성찰과 신앙고백을 통해, 은혜를 받은 그 존재 깊숙한 곳에 있는 자신의 기독교 신앙에 대해서도 아는 사람이 되게 하는 것이다." 유사한 생각이 라이문도 파니카(Raimundo Pannikar)의 『힌두교의 알려지지 않은 그리스도』(*The Unknown Christ of Hinduism*)에 표현되어 있다.[15]

오늘날 이런 식으로 생각하고 글을 쓰는 학자들의 근본적인 신념은, 그리스도께서 이미 다른 종교들을 비롯한 어디에나 계신다는 것이다. 이러한 시각에서는, 그리스도를 어떤 상황에 '들여온다'고 말하는 기독교 선교는 주제넘은 것이다. 그들이 할 일은, 먼저 이미 거기 계시는 그리스도를 '발견'하고 그런 다음 그분의 '베일을 벗기는' 일일 것이다. 어떤 이들은 더 나아간다. 그들은 선교사들이 그리스도를 가지고 간다거나, 그들이 비그리스도인들을 향한 그리스도의 자기 계시의 통로가 될 수 있다는 것을 부인할 뿐 아니라, 심지어 비그리스도인이야말로 그리스도인에게 그리스도의 메시지를 전달하는 사람이라고 제시한다.

그런데 그리스도는 비기독교 세상에 존재하시는가? 점점 다원화되어 가는 사회와 혼합주의적인 시대에, 이는 우리가 피할 수 없는 기본적인 신학적 질문이다. 이에 대해 그저 '그렇다' '아니다'로 대답하는 것은 안이한 태도다. 그보다는 그리스도의 제자들이 이 중대한 이슈에 대해 어떻게 가르쳤는지 자문해야 한다. 우리는 베드로와 바울과 요한의 진술을 차례차례 살펴볼 것이다.

베드로는 고넬료에게 설교할 때 이렇게 시작했다. "내가 참으로 하나님은 사람의 외모를 보지 아니하시고 각 나라 중 하나님을 경외하며 의를 행하는 사람은 다 받으시는 줄 깨달았도다"(행 10:34-35). 이 주장으로부터 진실로 종교적이고 의로운 사람은 구원받는다고 주장하는 사람이 있을 것이다. 특히 그 이야기가 고넬료를 향한 천사의 말, "네 기도와 구제가 하나님 앞에 상달되어 기억하신 바가 되었느니"(행 10:4)로 시작하기 때문이다. 그러나 이러한 추론은 인정할 수 없다. 하나님을 경외하고 의를 행하는 사람을 그분이 '받으셨다'는 말이, '의롭게 되었다'는 의미에서 그가 '받아들여졌다'는 뜻일 수는 없다. 이야기의 나머지 부분이 이를 분명히 해 준다. 실제로 베드로가 이후에 예루살렘 교회에 그동안 일어난 일을 말할 때, 그는 자신과 관련하여 고넬료에게 주어진 하나님의 약속을 명확하게 기록했다. 그것은 곧 "그가 너와 네 온 집이 구원받을 말씀을 네게 이르리라"(행 11:14)였다. 그리고 예루살렘 교회는 베드로의 설명에 대해 "하나님께서 이방인에게도 생명 얻는 회개를 주셨도다"(행 11:18)라는 말로 반응했다. 그렇다면 고넬료가 회심 전에 어떤 의미에서 하나님께 '받아들여졌다'는 것은, '구원'이나 '생명'을 가졌다는 의미가 아닌 것이 분명하다.

사도 바울은 루스드라와 아테네에서 한 이교도 청중을 향한 두 번의 설교에서, 이교 세계에서 하나님이 섭리적으로 일하시는 것에 대해 이야기했다. 그는 하나님이 과거에 모든 민족이 "자기들의 길들을 가게" 두셨다고 말했지만, 그렇다 하더라도 그분은 "자기를 증언하지 아니하신 것이 아니[었고]", 특히 비와 결실기와 음식과 기쁨으로 모든 사람의 "마음을 만족하게 하셨[다]"(행 14:16-17).

바울은 아테네의 철학자들에게는, 창조주 하나님이 우리 삶의 유지자시며("이는 만민에게 생명과 호흡과 만물을 친히 주시는 이심이라") 역사의 주님("그들의 연대를 정하시며 거주의 경계를 한정하셨으니")이심을 덧붙였다. 이는 사람들이 "하나님을 더듬어 찾아 발견하게 하려"는 것이었다. 이교도 시인들이 말했듯이 "우리가 그를 힘입어 살며 기동하며 존재"하고 "하나님의 소생"이 되었으므로 하나님은 "우리 각 사람에게서 멀리 계시지 아니[한다]." 그러나 이러한 진리들 그리고 아테네 사람들이 그 진리를 알았다는 사실이, 그들로 하나님을 찾을 수 있게 한 것이 아니라, 오히려 그들의 우상숭배에 대해 변명할 수 없게 만들었다. 과거에는 그것을 간과하셨던 하나님이 "이제는 어디든지 사람에게 다 명하사 회개하라 하셨

[기]]" 때문이다(행 17:22-31).

바울의 로마서 서두의 장들은 이런 내용으로 가득하다. 그는 이교 세상에도 하나님과 선을 아는 보편적인 지식이 있음을 분명히 단언한다. 한편으로 하나님의 "보이지 아니하는 것들 곧 그의 영원하신 능력과 신성이 그가 만드신 만물에 분명히 보여" 알려졌다. 이는 "하나님께서 이를 그들에게 보이셨"기 때문이다(롬 1:19-20). 다른 한편, 사람들은 하나님의 도덕법을 어느 정도 안다. 하나님이 그것을 시내 산에서 돌판에 새기셨을 뿐 아니라 사람들의 마음속에도, 그들이 날 때부터 가지게 된 도덕적 본성으로 새겨 놓으셨기 때문이다(롬 2:14-15). 그러므로 바울은, 모든 인간이 어느 정도는 하나님을 알고 있으며(롬 1:21), 또 하나님의 법도도 알고 있고, 법을 어기는 자들은 "죽어야 마땅하다는" "하나님의 공정한 법도"도 알고 있다고 말한다(롬 1:32, 새번역). 그러나 모든 사람에게 주시는 하나님의 이러한 계시, 종종 '일반 계시'(모든 사람에게 주어지므로) 혹은 '자연 계시'(자연과 인간 본성에 주어지므로)라 불리는 이러한 계시는 그들을 구원하기에는 충분하지 못하다. 다만 "핑계하지 못할"(롬 1:20; 비교. 롬 2:1; 3:19) 것이라고 그들을 정죄할 뿐이다. 로마서 서두 장들의 전체 요지는, 사람들이 하나님을 알고 있음에도 불구하고 하나님을 영화롭게 하지 않고, 그들의 사악함으로 그들이 아는 그 진리를 억누른다는 것이기 때문이다(롬 1:18, 21, 25, 28).

이제 요한, 특히 요한복음 서론으로 가 보자. 여기서 요한은 예수님을 "하나님의 말씀[로고스]"이며 "사람들의 빛"으로 묘사한다(요 1:1-4). 그는 또한 그 빛이 계속 어둠 속에서 비치는데 어둠이 깨닫지 못하고 있다고 주장한다(요 1:5). 그런 다음 이러한 놀라운 원리를 계시의 역사적 과정에 적용한다. 그는 '로고스'에 대해 이야기하고 나서 나중에 이를 예수 그리스도라고 밝힌다. "참 빛 곧 세상에 와서 각 사람에게 비추는 빛이 있었으니." 사실 예수님은 줄곧 "세상에 계셨[다]"(요 1:9, 10). 실제로 그분이 세상에 '오시기' 오래전에(요 1:11) 이미 그 안에 '계셨고', 계속해서 그 안으로 '오고' 계셨다. 더 나아가 그분이 세상에 계시는 형태는 사람들이 깨달을 수 있는 형태였다(그리고 여전히 그렇다). 그분은 진정한 빛이다. 다른 빛은 모두 그 빛의 표상과 그림자일 뿐이다. 빛이신 그분은 '모든 사람을 깨닫게 하신다.' 그러므로 성경은 우리에게, '모든 사람'이 이성과 양심을 통해 어느 정도의 빛을 지니고 있다는 사실을 주장할 근거를 준다. 그리고 사람들이 그 기원을 모른다 해도, 우리는 온 역사와 온 땅에서 모든 선하고 아름답고 진실한 것은 예수 그리스도로부터 나온다고 서슴없이 주장해야 한다. 그와 동시에 이 보편적인 빛은 구원하는 빛이 아님을 덧붙여야 한다. 먼저 한 가지 이유를 말하자면, 그것은 "세상의 빛"이신 예수님을 따르는 이들과 "생명의 빛"을 받은 이들에게 주어지는 충분한 빛과 비교할 때 어스름한 빛일 뿐이기 때문이다(요 8:12). 또 다른 이유는, 사람들은 항상 "자기 행위가 악하므로 빛보다 어둠을 더 사랑한[다]"는 것이다. 우리가 의도적으로 그 빛을 거부한 까닭에 우리는 정죄 아래 있다(요 3:18-21).

그렇다면 베드로와 바울과 요한의 증언은 한결같다. 세 사람 모두 비기독교 세상에서 하나님이 지속적으로 활동하신다고 선언한다. 하나님이 증언하지 않고 계신 것이 아니다. 하나님은 자연 속에서 자신을 계시하신다. 하나님은 어떤 사람과도 멀리 떨어져 계시지 않는다. 하나님은 모든 인간에게 빛을 비추신다. 그러나 인류 전체는 우리가 가진 지식을 거부하고, 빛보다는 어둠을 좋아하며, 우리가 아는 하나님을 인정하지 않는다. 그 지식 자체가 우리를 구원하지 못한다. 우리의 불순종에 대해 우리를 정죄할 뿐이다. 심지어 우리의 종교성도 우리가 두려워하고 만나기 부끄러워하는 하나님을 피하려는 미묘한 탈출구다.

그러므로 우리는 비기독교 체계에 진리의 요소들이 있음을, 자연에 하나님의 일반 계시의 흔적이 있음을 부인하지 못한다. 우리가 강하게 부인하는 것은, 이런 것들이 구원에 충분하다는 견해이며, (더 강하게 부인하는 것은) 기독교 신앙과 비기독교 신앙들이 하나님께 이르는 대체 가능하며 동일하게 유효한 길들이라는 견해다. 타종교인들과 '대화'를 해야 하는 중요한 자리가 있지만(내가 곧 주장할 것처럼), 그들과의 '대면', 심지어 '대립'도 필요하다. 그러면서 기독교가 아닌 다른 종교의 충분하지 못함과 허위를 폭로하고, 주 예수 그리스도의 충분성과 진리, 절대성과 궁극성을 보여 줄 수 있다.

그러나 타종교인들과의 대면이 거칠거나 적대적이어서는 안 된다. 성경 계시와 비교하며 타종교들의 헛됨을 드러내면서도, 그 종교나 그 종교를 신봉하는 이들을 비웃기 위해 그렇게 해서는 안 된다. 비웃음과 조롱은 다른 신앙을 가진 이웃에 대한, 혹은 심지어 우리 원수에 대한 사랑과 전혀 어울리지 않는다. 우리는 타종교인을 무엇보다 하나님의 형상으로 지어진 한 인간으로, 그리스도를 위해 사랑해야 할 사람으로, 살아 있고 인격적인 우정을 구축해야 할 사람으로 보아야 한다. 또 그러한 어떤 대면에서도, 심지어 우리에게 성경 진리를 제시하고 그것이 어떻게 어떤 지점에서 다른 온갖 형태의 인간적인 종교와 우상숭배와 다른지 설명할 기회가 있을 때에도, 사람들에게 하나님, 죄, 주 예수 그리스도에 관한 진리를 확신시키시고 죄를 깨닫게 하시는 이는 궁극적으로 우리가 아니라 성령이심을 기억해야 한다.

그러므로 대화란 진정 어떠해야 하는지, 어떻게 호의적으로 소통할지를 고려할 때, 우리는 성경에 나타난 하나님의 계시의 진리와 그리스도에 대한 우리의 근본적인 신념을 타협해서도 안 되고 타협할 필요도 없다는 전제에서 시작해야 한다. 비그리스도인과의 진실한 기독교적 대화는 혼합주의의 표지가 아니며, 예수 그리스도의 궁극성을 믿는 우리의 믿음과 전혀 모순되지 않는다고 확신할 때라야, 우리는 이러한 대화를 권유할 논거를 고려할 준비가 될 것이다. 그것은 네 가지다.

대화 찬성론

첫째로, 진실한 대화에는 **진정성**이 있다. 먼저 웁살라에서 열린 세계교회협의회 총회의 성명서에서 일부를 인용하고자 한다. 내가 전적으로 동의하는 주장이다.

> 그리스도인이 타종교인과 대화하기 위해, 그리스도의 유일성을 부인하거나, 그리스도를 향한 그의 헌신을 내려놓아야 하는 것은 아니다. 오히려 다른 사람들에게 진정으로 기독교적으로 다가가려면 인간적이고, 인격적이고, 상황에 적절하고, 겸손해야 한다. 대화를 나눌 때 우리는 같은 존엄성과 타락을 지닌 인간임을 공유하고, 그 인간성에 대한 공통의 관심을 표현한다.[16]

만약 우리가 먼 데 있는 사람들에게만 복음을 선포한다면, 우리의 인격적 진정성은 미심쩍은 것이 될 수밖에 없다. 우리가 누구인지, 우리 말을 듣는 이들은 알지 못한다. 우리는 어떤 역할을 하고 있고(설교자라는 역할), 그들은 우리가 가면을 쓰고 있을지 모른다는 것을 알기 때문이다. 더욱이 우리는 그들과 멀리 떨어져 있어서 그들은 우리를 제대로 볼 수도 없다. 그러나 에티오피아 사람의 마차에 있었던 빌립처럼 우리가 그들 옆에 앉거나 얼굴을 맞대고 있다면, 개인적인 관계를 쌓게 된다. 방어막이 무너진다. 우리가 어떤 사람인지 드러나고 알려지기 시작한다. 우리 역시 똑같이 죄를 짓고, 똑같이 궁핍하고, 똑같이 우리가 말하는 은혜에 의지하는 존재임을 그들도 알게 된다. 대화가 진행되면서 상대방이 우리를 알게 될 뿐 아니라 우리도 그들을 알게 된다. 그들 역시 죄와 고통과 좌절과 신념을 가진 인간이다. 우리는 그들의 신념을 존중하고, 그들의 아픔에 공감하게 된다. 우리는 여전히 그들과 복음을 나누고 싶다. 복음에 깊은 관심이 있기 때문이다. 그러나 이제 복음을 나누고 싶은 그 사람에게도 관심이 있다. 대화는 전도를 진정으로 인간적인 상황에 들어가게 한다.

둘째, 진실한 대화에는 **겸손**이 있다. 선포는 늘 오만하다는 말이 아니다. 진실한 선포는 예수 그리스도를 구세주와 주로 제시하는 것이며, 어떤 의미로든 어느 정도에서든 우리 자신을 과시하는 것이 아니기 때문이다. 오히려 우리가 다른 사람에게 귀를 기울일 때 하나님의 형상으로 지음 받은 한 인간으로서 그 사람에 대한 존중이 자란다는 뜻이다. 그가 타락하여 죄를 짓는다면 우리도 그렇다는 사실을 기억할 때, 우리 사이의 거리가 좁혀진다. 더 나아가 우리는 그들이 소중히 여기는 신념들을, 경솔하고 무정하게 묵살하고 없애 버릴 수 없음을 깨닫는다. 그들의 어떤 오해는 우리 잘못일 수 있음을 겸손히 인정해야 한다. 혹은 적어도 그들이 계속 그리스도를 거절하는 것은 사실상, 우리나 다른 그리스도인들이 그리스도를 어설프게 모방하기 때문임을 겸손히 인정해야 한다. 그렇게 다른 사람들에게 귀를 기울일 때, 우리는 아주 불편한 교훈을 얻을 수도 있다. 우리의 태도가 변한다. 결국 이전에 의식하지 못했던 끈질

긴 우월 의식을 스스로 발견할지도 모른다. 그러나 이제 우리는 더 이상 점수를 얻거나 승리할 마음이 없다. 그 사람을 너무나 사랑하기에 그를 희생시켜 자신감을 얻으려 하지 않는다. 전도에서 겸손은 아주 멋진 은혜다.

셋째, 진실한 대화에는 **일관성**(integrity)이 있다. 대화를 나눌 때 우리는 친구의 진짜 신념과 문제들을 듣고, 우리가 마음에 품고 있던 거짓된 이미지를 걷어낸다. 그리고 우리 역시 진짜가 되기로 결심한다. 우리 둘 다 한 가지에만, 즉 진리가 드러나야 한다는 사실에만 전념해야 한다. 그러나 그리스도인인 나는 그리스도가 진리임을 안다. 그래서 그리스도가 '드러나기'를 간절히 바란다. 그러나 그리스도께서는 모두에게 같은 요구를 하시므로, 나는 당연히 나의 깨달음과 헌신도 불충분함을 안다. 그래서 대화는 상대방뿐 아니라 나 자신에게도 도전이 될 것이다. 그러나 인격적인 일관성이 있으면, 대화 상대의 자유와 존엄성을 존중하고, 나 스스로 묻거나 바라지 않는 것을 그에게도 기대하지 않는다. 이러한 일관성이 진실한 대화에 꼭 필요하다.

넷째, 진실한 대화에는 **민감성**이 있다. 전도는 정형화된 모습으로 전락할 때 오명을 얻게 된다. 고정된 공식으로 전도를 하는 것은 불가능하다. 미리 정한 목적지에 이르기 위해 미리 정한 길을 따라 대화를 하는 것은, 안타깝지만 친구의 실제적인 필요뿐 아니라 성령의 인도하심에 민감하지 못함을 드러내는 일이다. 그러므로 그러한 둔감함은 신앙의 측면에서도 사랑의 측면에서도 실패한 것이다. 대화는 본질적으로 서로를 이해하려고 서로에게 귀 기울이는 것이다. 로잔 언약은 대화에 대해 두 번 언급한다. 한편으로는 "그리스도께서 모든 종교와 이념을 통해 동일하게 말씀하신다고 암시하는 대화와 혼합주의는 모두 그리스도와 복음을 경멸하는 것으로 여겨 거부한다"고 확고하게 말한다.[17] 그러나 다른 한편으로는, "이해하기 위해 민감하게 귀 기울이는 것을 목적으로 하는 대화는" 실제로 "전도에 필수적인" 것임을 마찬가지로 확고하게 말한다.[18] 이 원리는 몇 백 년 전 잠언에서 말한 것이다. "사연을 듣기 전에 대답하는 자는 미련하여 욕을 당하느니라"(잠 18:13).

결론으로, 전도에서 대화를 반대하는 주장과 찬성하는 주장을 살펴보았으므로 이제 세 가지 다른 환경에서 있었던 대화의 예를 제시하고자 한다. 첫째는 인도 힌두교도들과의 대화이고, 둘째는 아랍 세계의 무슬림들과의 대화, 그리고 셋째는 영국 산업 지역에서 나누었던 대화다.

힌두교도들과의 대화

첫째 예는, 두 번의 세계대전 사이에 번창한 인도에서 사역한 미국의 감리교 선교사 스탠리 존스(E. Stanley Jones)다. 그는 다작의 작가로, 가장 유명한 두 권의 책은 아마 『인도의 길을 걷고 있는 예수』(*The Christ of the Indian Road*)와 『원탁의 그리스도』(*Christ at the Round Table*)로,[19] 이 두 책에 그의 사역 원리가 묘사되어 있다.

사역 시절, 한 힌두교도가 그 지역 사회에서 중요한 힌두교도들 몇을 소개한다며 자기 집에서 열리는 티파티에 그를 초대했다. 그들은 바닥에 둘러앉아 이야기를 나누었다. 존스는 그들에게 그리스도가 서양 사상과는 관계없이 인도에 직접 왔다면 그들은 어떻게 반응했을 것 같으냐고 물었다. 그 시의 시장이 끼어들었다. "그리스도를 발견하는 것에 관해 말하는 거군요. 그게 무슨 뜻인가요?" 존스는 그 답으로 자신의 회심 이야기를 했다. 시장은 "그러면 **내가** 어떻게 그를 발견할 수 있는지 이야기해 주시오"라고 말했다.[20] 바로 이 대화에서 존스의 유명한 원탁회의가 나왔다. 그는 주로 판사, 정부 관료, 의사, 변호사, 종교 지도자 같은 지식인들로 구성된 타종교인 열다섯 명과, 대부분 인도인인 그리스도인 대여섯 명을 초대했다.

대화가 진전되면서, 그 초점은 서로 경쟁하는 동양과 서양의 문명에 대한 것도 아니었고, 서로 경쟁하는 힌두교와 그리스도인의 경전에 대한 것도 아니었고, 심지어 서로 경쟁하는 크리슈나와 그리스도의 인성에 대한 것도 아니라, 각자의 종교가 자신의 경험에서 의미하는 바가 무엇인가에 대한 것이었다. 핸드릭 크래머 같은 사람들은 이를 비판했다. 인간의 증언이 그리스도에 대한 성경의 객관적인 증언을 퇴색시키는 듯 보일 수 있음에 우리도 동의하지 않을 수 없다. 그럼에도 하나님은 그것을 존중하셨다. 한번은 영국 합리주의 협회 회원으로 그 협회에서 제공한 최신 정보를 활용하여 기독교를 맹렬하게 공격하는 글을 썼던 한 힌두교도가, 좀더 깊은 개인적 차원에서 이야기해 달라는 도전을 받고 금세 당황하여 아무 말도 하지 못한 적이 있었다. 그때 맨발에다 단순하고 수수한 옷을 입은 한 그리스도인 청년이 자연스럽게 주 예수가 그에게 어떤 의미인지 이야기했다. 존스에 따르면, "그 모임에 참석한 나머지 사람들과 이 청년은 영적·사회적 문화가 아주 달랐지만" 누구도 그 청년이 이야기할 때 드러난 진실성과 진정성을 부인할 수 없었다.[21]

나는 스탠리 존스의 '원탁' 방법론에서 독특한 두 가지 측면이 아주 인상적이었다. 하나는, 그가 공평성과 상호 존중을 강조한다는 것이다. 힌두교에 관한 서구의 글 대부분은 아주 논쟁적이었고, 우파니샤드와 바가다드 기타의 철학 사상에 관한 것이기보다는, 부당하게도 카스트 제도와 우상숭배, 어린이 과부들, 힌두교 사원의 오용에 집중했다. 존스는 이렇게 썼다. "이 참석자들이 그들의 신앙을 이야기하고 해석하도록 해 주지 않으면 불공평할 것 같았다.…각자에게 자신의 신앙에 대해 가능한 최선의 것을 이야기할 기회가 주어졌다."[22] 모임을 시작할 때마다 존스는 이렇게 말했다. "모두 완벽하게 자유를 가지십시오. 가족 모임 같은 겁니다. 모두 마음을 편히 하시기를 바랍니다. 각자 나누실 때 우리는 존경과 존중의 마음을 담아 들을 겁니다." 그 결과 낡은 '두뇌 싸움' 대신 '깊은 지지'의 분위기가 자리 잡았다.[23] 존스는 이렇게 쓴다.

> 우리는 다른 사람의 관점을 공감하며 이해하려고 노력했다.…
>
> 종교의 가장 깊은 부분은 공감의 분위기를 필요로 한다. 토론과 논쟁의 분위기에서는 가장 깊은 부분, 즉 종교의 진정한 측면들이 시들고 사라진다.…
>
> 십자군이 예루살렘을 정복하고 나서 결국 그곳에 그리스도가 없음을 발견했다. 그들은 그리스도를 섬기고자 한 그 정신과 방법으로 그리스도를 잃었다. 더 현대적이고 더 세련된 수많은 십자군이 결국 이와 동일한 승리의 불모지에 이른다.[24]

그러나 존스가 그 원탁 회의의 결과에 무관심했다는 뜻이 아니다. 그는 전도자였기 때문이다. 그의 회의에서 두 번째 인상적인 면은, 예수 그리스도의 우월성이 분명히 드러났다는 것이다.

> 내가 기억하는 한, 그리스도가 도덕적·영적 주도권을 잡지 않으신 채로 원탁 회의가 끝난 적은 단 한 번도 없었다.
>
> 결국에는 다른 모든 것이 적절하지 않은 것으로 구석으로 밀쳐지고 그리

스도가 상황을 주도하셨다.…

　이 회의에서 끝까지 자리를 지키고 있다 보면 그리스도가 모든 상황의 주인임을 느끼지 않을 수 없었다. 그것은 시끄러운 주장이나 명민한 옹호자들의 간청으로 일어난 일이 아니라, 그분의 존재와 그분이 하신 일로 이루어진 일이었다.[25]

한번은 어떤 회의의 끝 무렵 한 힌두교도가 이렇게 말했다. "오늘 우리 여덟 명이 이야기를 했는데 우리 중 누구도 찾지 못했습니다. 그러나 당신들 그리스도인 다섯 명은 이야기하고 나서 모두 찾은 것 같았습니다. 정말 보기 드문 일입니다." 또 다른 회의에서 한 힌두교도 변호사는 자리에서 일어나 탁자에서 꽃을 가져다가 방을 가로질러 가더니 그 꽃을 한 그리스도인의 발 앞에 두고 그의 발에 손을 대며 말했다. "당신은 신을 찾았군요. 당신이 나의 구루입니다."[26]

무슬림과의 대화

둘째 예는 힌두교도가 아닌 무슬림 세계다. 존경할 만한 학구적이고 헌신적인 무슬림 대상 기독교 선교사들이 있었다. 마호메트의 추종자들에게 그리스도를 전하는 임무에 자신의 마음과 삶을 바친 위대한 하나님의 사람들을 알고 싶다면, 헨리 마틴(Henry Martyn), 사무엘 즈웨머(Samuel Zwemer), 템플 게어드너만 언급하면 된다. 내 세대에 이 분야에서 가장 유명한 사람 가운데 하나는 케네스 크래그(Kenneth Cragg) 주교다. 크래그의 주장은 모두 그의 책 『첨탑의 외침』(*The Call of Minaret*)에 담겨 있다.[27] 그는 기도 시간을 알리는 외침을 무슬림들에게 기도하라는 요청이 아닌, 무슬림 세상의 도전에 반응하라는 그리스도인들을 향한 외침으로 해석한다. 그의 책은 주요한 두 부분으로 나누어진다. "첨탑과 무슬림"이라는 제목으로 된 첫 부분에서는 무슬림 신앙의 본질적 요소들을 설명하고, "첨탑과 그리스도인"이라는 제목으로 된 둘째 부분에서는 우리를 향한 다섯 가지 외침을 제시한다. 그것은 이해하고, 섬기고, 복구하고(무슬림들이 그리스도인들에 대해 심히 미심쩍어 하는 상황이 있는데, 그 상황을 고치라는), 해석하고, 인내하라는 외침이다.

 그 책을 읽으며 특별한 두 가지 강조점이 아주 인상적이었다. 하나는 크래그가 "이해하려는 열망"이라[28] 부르는 강조점이었다. 이해받고 싶으면 먼저 이해하려 노력해야 한다. 또 그가 생각하는 이해는, 그저 이슬람 연구로 얻어질 수 있는 학문적 지식이 아니라 무슬림들과 충분히 만나는 데서 나오는 훨씬 더 친밀한 앎이다. 우리는 단지 책이 아닌 사람을 통해 이해에 이를 것이다. 그리스도인은 "신자이자 추종자이자 사람인 무슬림들의 일상 생활 속으로 들어가려고 노력해야 한다."[29]

 먼저 그리스도인은 이슬람이 무슬림들에게 어떤 의미인지 이해해야 한다. 우리는 "가능한 내부에서 알려고 해야 한다. 첨탑에서 매일 뜨는 해를 맞이하고 날이 저물 때 예를 표하는 일이 수백만 동시대인들에게 어떤 의미인지 듣고 싶고, 그래서 그들과 함께 모스크 문턱을 넘어 그들의 의미 세계 속으로 들어가고 싶다."[30] 그러나 그다음 그리스도인은 또한 무슬림이 기독교를 어떻게 보는지 이해해야 한다. 그리스도인은 십자군에 대해, 또 이슬람을 향한 중세 시대의 격렬한 비판에 수치심을 느껴야 하고, 서구 제국주의와 세속주의를 향한 무슬림의 혐오와, 서구가 아랍인들을 희생시켜 이스라엘을 불공평하게 옹호한 것을 그들이 전혀 이해하지 못한다는 것을 제대로 파악해야 한다. 그리스도인은 또한 크래그가 기독교 신학에 대한 무슬림의 "심각한 오해"라 부른 것을 이해하려고 노력해야 한다. 하나님과 삼위일체, 그리스도와 십자가, 구원에 관한 기독교 교리에 대해서다.[31]

그러나 그리스도인들을 향한 첨탑의 외침은 이해를 구하는 것만은 아니다. 둘째로 그것은 또한 소극적으로뿐 아니라 적극적으로 행동하라는 외침이다. 크래그는 우리 그리스도인이 해야 할 보상을 설명하며 **복구**(retrieval)라는 단어를 사용한다. 그는 이렇게 쓴다. "이슬람의 부흥에 기여한 요소들 가운데는 기독교 교회의 실패가 있었다. 그것은 사랑, 순결, 열정의 실패였고, 정신의 실패였다.…이슬람은 불완전한 기독교" 심지어 "직무 태만의 기독교라는 환경에서 발전했다."[32] 그래서 그리스도인은

> 멀어진 것을 원상태로 돌리고, 이슬람에게 낯선 이가 된 그리스도에 대해 할 수 있는 충분한 배상으로 과거에 대해 보상하려 한다. 목적은, 십자군의 생각처럼 기독교 왕국이 잃은 것을 회수하는 것이 아니라, 무슬림들에게 그들이 놓친 그리스도를 회복시켜 주는 것이다.…
>
> 분명한 것은 복구는 영토와 관련 있지 않다는 것이다.…복구는 영적인 것이다. 그 목표는 더 기독교적인 지도를 갖는 것이 아니라 그리스도를 더 널리 알리는 것이다.…복구란 모스크를 성당으로 되돌려 놓는 것이 아니라 그리스도를 돌려주는 것을 뜻한다.…그리스도를 회복시키는 것이 다른 모든 것보다 우선이다.[33]

이미 크래그의 '복구' 개념은 부정할 수 없는 것이 되었다. 이는 자연스럽게 그의 다음 요청, 즉 해석에 대한 내용으로 이어진다.

만약 그리스도가 그 말뜻 그대로 그리스도라면, 그분은 선포되어야 한다. 만약 이슬람이 그 말뜻 그대로 이슬람이라면 그 당위는 거부할 수 없다. 오해가 있는 곳 어디에서든 증거가 뚫고 들어가야 하며, 십자가의 아름다움이 모호해진 곳 어디에서든 그것을 밝혀야 하고, 사람들이 그리스도 안에 있는 하나님을 놓치는 곳 어디든 그들에게 그분을 다시 가지고 가야 한다.…

우리는 그리스도가 마땅히 제시되어야 할 분이라는 유일한, 충분한 이유로 그리스도를 제시한다.[34]

그래서 크래그는 해석 작업에 헌신한다. 그 작업에서 그는 신학의 주요한 다섯 가지 영역을 아우른다. 곧 성경, 예수님의 인격, 십자가, 하나님, 교회에 대한 교리다. 그리고 그 과정 내내 인내를 요청한다. "어떻게든 제거해야 하는, 엄청난 오해에 대한 인내", 실제로 "그 자체가 기독교 선교인 인내의 수고"를 요청한다.[35]

스티븐 닐(Stephen Neill)도 유사한 감동적인 글을 썼다.

그리스도인들은 진실한 대화를 향한 진심 어린 초청을 끈질기게 계속해야 한다. 끊임없이 인내하고 좌절하지 말아야 한다. 그리고 그 모든 초청의 취지는 "예수를 고려해 보라"여야 한다.…우리에게 다른 메시지는 없다.…무슬림들은 나사렛 예수를 알고 그분을 거부하는 것이 아니다. 그들은 그분을 전혀 보지 못했다. 오해와 편견의 베일이 여전히 그 얼굴을 가리고 있다.[36]

영국 산업 지역에서의 대화

그리스도인의 대화에 관한 나의 셋째 예로, 후기 기독교 사회 영국, 복음을 듣지 못한 산업 노동자들에게 관심을 가진 데이비드 셰퍼드(David Sheppard) 주교를 소개한다. 그는 이즐링턴에서 부목사로 사역한 이후, 런던 동부에서 가장 가난한 지역인 캐닝 타운에서 메이플라워 패밀리 센터의 관장으로 11년간 섬긴 다음, 1969년에 울위치의 주교가 되었다가 그 다음 리버풀의 주교가 되었다. 다음 인용문은 그의 책 『도시로 지어진』(*Built as a City*)에서 발췌한 것이다.[37] 그가 다른 무엇보다 염려한 것은,

> 대도시 교회들이, 사회가 목소리도 내지 못하고 힘도 갖지 못하게 한 집단들 가운데, 지역에 뿌리내린 강력한 그리스도인들을 세우는 삶을 살아갈 능력이 없었다는 것이다.…
>
> 수년 동안 도시와 산업화 지역에서 수많은 교회들이 많은 노력을 했다.… 그러나 그럼에도 불구하고, 강력한 지역 지도자 아래 지역에 뿌리박은 교회들은 거의 나타나지 않았다.[38]

따라서 도시 선교는 "그리스도인들에게 주변적인 주제가 아니라" 오히려 "오늘날 하나님의 사역에서 우선순위에 있는 일"이다. "교회와 세상, 특히 산업과 육체노동 세계와의 간격은, 역사적으로 보아도 컸고, 지금도 엄청나다."[39] 만약 할 일이 있다면 무슨 일을 할 수 있을까?

겸손한 인품의 데이비드 셰퍼드는 극적인 성공 이야기를 해 주지 않는다. 그러나 그는 어떤 기본적인 토착 원리들을 정했다. "예수 그리스도와 그분의 주장들을 진지한 주제로 삼는 교회에는, 최소한 네 가지 특성이 있어야 할 것이다. 곧 지역의 교회이자 지역을 위한 교회, 믿고 예배하는 교회, 판단하지 않고 진지하게 생각하게 하는 사귐이 있는 공동생

활, 지역 지도자와 의사 결정자다."⁴⁰ 이렇게 원리들을 제시한 다음, 어떻게 토착적인 노동자 계급의 교회가 생겨나는지 실례를 제시한다. 그는 먼저 '다리 놓기'가 필요하다고 쓴다. 그리스도인들은 "지역 사회의 다른 사람들과 함께하는 데" 시간의 우선순위를 두고 충분히 신경을 써야 한다. 또 함께 지역의 중요한 사회적 이슈들을 밝히고 다루는 일에도 신경을 써야 한다.⁴¹

다리 놓기 다음은 우정으로 나아간다. 1960년 그와 아내 그레이스는 결단을 내렸다고 말한다. "우리 부부는, 교회에 오지는 않지만 우리와 좋은 관계를 맺고 있는 부부들을 만나기 위해 매주 화요일 저녁을 따로 떼어놓았다." 화요일마다 교대로 한 주는 그들의 집을 찾아가고, 다른 한 주는 자신의 집에서 부부들을 접대했다.

> 그들을 초대할 때, 저녁 시간 말미에는 토론 시간이 있다고 말했다. 우리 집에는 항상 배경 음악이 있었다. 교회에 다니지 않는 사람에게는 목사의 집에 가는 것이 긴장되는 모험이고, 아무 말 없이 의자 끝에 걸터앉는 일은 없어야 하기 때문이다. 차, 수다, 때로는 피트(Pit)라는 시끄러운 게임을 하고, 차를 한 잔 더 약간의 샌드위치와 곁들여 하는 30분 정도의 토론이 있었다. 일부가 집에 간 후에, 그리고 우리가 다른 가정들을 방문할 때 이런 모임이 있었고 최고의 대화는 대부분 저녁 10시 반에서야 시작되었다.⁴²

다리 놓기에서 출발하여, 편안하게 토론하는 비공식적인 저녁 모임에서 우정을 쌓고 나면, 조금 더 진지한 '탐색 그룹'으로 나아갔다. "다섯 부부가 왔다. 그들은 이미 어떤 생각을 표현하든 어리석다고 여겨지지 않으리라는 확신을 가지고 있었다. 그때 나는, '대화 그룹'이 생겨날 때,

그 구성원들이 다른 사람들도 인생에 대해 같은 생각을 하고 있음을 감지할 때, 얼마나 강력한 학습 무기가 생성되는지 알게 되었다."[43] 2년 반 후 데이비드 셰퍼드는 "그 지역의 수많은 부부가 독실한 그리스도인이 되었다"고 쓸 수 있었다. 데이비드 에드워즈(David Edwards) 신부는 그 책을 평하면서 이렇게 말했다. "그의 책은 탁월하게도 실제로 살고 실제로 사랑하는 일에 인내하라고 요청한다. 우리에게 계속하기를 계속하라고 요청한다."[44]

힌두교도, 무슬림, 후기 기독교 서구라는 아주 다른 상황이긴 하지만, 나는 이 세 가지 예 모두가 내가 진정성, 겸손, 일관성, 민감성이라 불렀던 진실한 그리스도인의 대화의 표지들을 똑같이 실례로 보여 주었다고 믿고 그랬기를 바란다. 대화는 진정한 기독교의 사랑의 표시다. 대화는 우리 마음에서 다른 사람들에 대해 품은 편견과 왜곡을 없애겠다는, 사람들로 하여금 복음을 듣지 못하고 그리스도를 보지 못하게 만드는 것이 무엇인지 알고자 그들의 귀를 통해 듣고 그들의 눈을 통해 보려고 애쓰겠다는, 또 그들의 온갖 회의와 두려움과 '거리낌'에 공감하겠다는 확고한 다짐을 보여 주기 때문이다. 그러한 공감에는 듣는 것이 포함될 것이고, 듣는 것은 대화를 뜻한다. 다시 한 번, 완고한 표어들로 행하는 전도를 내려놓고, 사람들이 마주한 진짜 난제에 민감하게 참여하는 것은 성육신의 도전이다.

6장
대화에 관한 고찰

크리스토퍼 라이트

존 스토트는 성경의 진리와 권위에 순복한 것과 더불어, 구세주이시고 주님이시며 하나님이신 주 예수 그리스도의 '유일성과 궁극성'에 평생 헌신했기에, 어느 쪽에 대해서든 위협이 되는 듯한 신학이나 이념과 맞서 싸우지 않을 수 없었다. 종교 다원주의는 정확히 그 범주에 들어갔다. 그러나 그는 종교적 **다원성**이라는 사회적 사실과, 상대주의적인 종교적 **다원주의**라는 이념을 세심하게 구분했다.¹ 한편으로, 수많은 다양한 종교를 가진 사람들이 세상에서 함께 살고 있음은 사실이다. 수많은 상황에서 우리는 아주 가까이에서 살고 있다. 스토트는 그러한 현실을 고려하여, 적어도 사람들이 서로 대화를 나누고 이해할 필요가 있다고, 단순히 인간적인 존중과 존엄의 행위로 그래야 한다고 주장했다. 그런 의미에서 그는 종교간 대화가 아무 문제도 없다고 보았고 사실 그것을 환영하고 장려했다(이 장에서 설명하듯이). 그러나 다른 한편으로, 종교 **다원주의**라는 이념이나 신학은, 모든 종교가 '구원에 이르는 길'로(어떻게 정의되든) 그 나름의 독자적인 타당성을 가지고 있지만, 어떤 종교도 궁극적인 진리에 대한 완벽한 이해를 가지고 있지 **않으며** '하나님'께(다시, 어떻게 정의되든) 이르는 단일하고 배타적으로 유일무이한 길을 제공하지는 **못한다**고 주장한다. 이런 전제의 틀에서 이루어지는 대화는, 가능한 한 모두 함께 동의하는(서로의 상충되는 특성을 버리면서) 공통된 근거를 찾으려는 혼합주의적 시도거나, 어떤 한 종교가 상대방의 신념에 담긴 설득력으로 인해 교정될 가능성도 있다. 스토트는 그러한 상대주의적 대화에 대해서는, 그리스도의 유일성에 대한 성경적 믿음으로는 용납할 수 없는 전제들에 의지하는 것이라고 비난했다.

나는 이 주제에 아주 약하게 조금 관여했는데, 이는 우리의 길이 엇갈리는 또 다른 영역이다. 1978년 로잔 대회가 끝나고 얼마 되지 않았을 때, 나는 스토트가 멘토로서 관심을 준 여러 젊은 복음주의자들 중 하나로, 개인적으로 존 스토트를 처음 만났다. 내가 1982년 푸네의 유니온 신학교에서 구약을 가르치러 가족과 함께 인도로 갔을 때 그는 나를 격려하며 지원을 아끼지 않았다. 그곳에 있는 동안 나는 당시 신학생들을 위한 잡지 「테멜리오스」(*Themelios*)의 편집자 데이비드 웬함(David Wenham)으로부터, 타종교에 대한 기독교적 접근에 관한 글을 기고해 달라는 요청을 받았다. 비록 나는 인도라는 다종교 지역에서 살고 있었지만, 그 나라의 다른 종교를 가진 사람들 가운데서 전도를 하거나 그들과 대화를 나누어 보지도 않았다(그런 상황에서 사역하는 학생들을 매일 가르치고 그들과 교류할 뿐). 내가 아는 것, 곧 성경에 집중했다. 그래서 그 글은 "기독교와 다른 종교들: 성경의 증거"라는 제목으로 출판되었다.[2] 이 글을 읽은 존 스토트는, 우리가 잠시 본국으로 돌아와 머무는 동안이었던 1986년 4월에, 그가 그 즈음에 창립한 런던현대기독교연구소에서 "종교 다원주의 상황에서 그리스도의 유일성"에 대해 강의를 해 달라고 나를 초청했다. 그러고 나서 그 글과 강의를 합치고 확대하여 1990년 올네

이션즈 기독교 대학에서 『예수가 유일무이한 이유는 무엇인가?』(*What's So Unique About Jesus?*)라는 작은 소책자로 출간했다.[3] 이 책은 또한 내용을 잘 보완한 책으로 개정 증보되어, 1997년 『예수의 유일성』(*The Uniqueness of Jesus*)으로 출판되었다.[4] 존 스토트는 자상하게도 서문을 써서 서두에서 그 문제에 대한 그의 평가를 보여 주었다. "오늘날 기독교에 가장 심각한 도전은 분명, 예수 그리스도의 유일성과 궁극성을 부인하는 종교 다원주의다."

나는 스토트가 그 이후 몇 년 동안에도 그것을 계속 '가장 심각한 도전'이라 여겼는지는 잘 모른다. 그는 분명 『현대 사회 문제와 그리스도인의 책임』(*Issues Facing Christians Today*)에서 기독교 신앙에 도전을 가하는 다양한 문제들을 다루었고, 나중에는 기후 변화가 지구에 주요한 위협이므로 그리스도인들이 훨씬 심각하게 참여해야 한다고 확신했다. 그가 개인적으로 '도전'들을 어떻게 분류했든, 종교 다원주의라는 주제를 한 권의 책으로 다루지 않은 것은 흥미롭다. 그러나 적어도 여러 주제를 함께 다룬 책에서, 곧 1984년과 2006년 사이에 4판까지 출간된 『현대 사회 문제와 그리스도인의 책임』과 『시대를 사는 그리스도인』(1992년)에서 두 장에 걸쳐 그 문제를 약간 다루었다.[5]

포용주의를 명확히 하며

스토트가 1975년에 이 책을 썼을 때에는, 타종교에 대한 기독교의 접근을 '배타주의자', '포용주의자', '다원주의자'로 나누는 익숙한 분류가(적어도 학계에서) 아직 구축되지 않았다. 이 분류는 1984년 앨런 레이스(Alan Race)에게서 비롯되었던 것 같고, 스토트는 『시대를 사는 그리스도인』에서 세 입장을 아주 간단하게 요약하면서 그 출처를 언급한다.[6] 그러나 그러한 용어 없이도 스토트는 이 장에서 상대주의적 다원주의뿐만 아니라, 이후 포용주의라 불리게 된 시각과도 맞서고 있다.

그러나 이 용어는 어딘지 애매한 개념이 되었고, 실제로 타종교인을 대상으로 성찰, 대화, 선교에 참여하는 많은 기독교 신학자들이 이제는 '현장에서' 보기에 그 문제는 너무 복잡해서 그러한 단순한 세 가지 분류로는 파악하기 어렵다고 말할 것이다. 그럼에도 여기서 스토트의 논증을 명확하게 하고 해설하기 위해, 해럴드 네트랜드(Harold Netland)가 정리한 대로, 각 입장에 대한 간결한 정의를 제시하는 것이 도움이 될 것 같다.

배타주의는 기독교의 중심 주장들이 진리이며, 기독교의 주장이 타종교의 주장과 충돌할 때, 그것을 거짓으로 여겨 거부해야 한다고 주장한다. 기독교 배타주의자들은 또한 그 특질상, 하나님이 성경에서 확정적으로 자신을 계시하셨으며, 예수 그리스도는 하나님의 유일한 성육신이요, 유일한 주와 구세주임을 확신한다. 구원은 다른 종교 전통 체계에서는 찾을 수 없다.

포용주의는 배타주의처럼 기독교 신앙의 중심 주장들이 진리라고 주장하지만, 배타주의보다 타종교들에 대해 훨씬 긍정적인 시각을 수용한다. 포용주의자들도 하나님이 예수 그리스도 안에서 자신을 확정적으로 계시하셨으며, 예수는 인류를 위한 하나님의 구원 섭리에서 가장 중심이 되신다고 확신하지만, 하나님의 구원을 비기독교 종교들을 통해서도 얻을 수 있음을 허용하고자 한다. 예수께서 어떤 의미에서 유일하고, 규범적이고, 확정적임을 여전히 확신하지만, 하나님이 다른 종교 전통을 통해서도 자신을 계시하시고 구원을 주신다고 말한다.…

다원주의는 하나님이 유일하고 확정적인 의미에서 예수 그리스도 안에서 자신을 계시하셨다는 전제를 거부함으로써 배타주의는 물론 포용주의와도 결별한다. 그 반대로 하나님은 모든 종교 전통 안에서 자신을 적극적으로 계시하신다고 말한다. 예수의 인격에 유일하거나 규범적인 어떤 것도 없다.…기독교 신앙은 그저 동일한 신적 실체에 대해 동등하게 타당한 수많은 인간의 반응 가운데 하나일 뿐이다.[7]

대화에 관한 스토트의 장을 볼 때, 그는 첫째 입장에 확고하게 서 있다는 것과, 셋째 입장은 성경적 기독교와 맞지 않으므로 거부한다는 것이 분명하다. 그러나 둘째 입장인 포용주의의 경우, 그가 받아들이는 요소도 있고 거부하는 요소도 있다. "그리스도께서 비기독교 세계에 존재하시는가?"라는 그의 질문에는 단순히 '그렇다', '아니다'로 답할 수 없다(그가 지혜롭게 지적하듯이). 사실 그 대답은 다양한 의미에서 둘 다여야 한다. 그리스도는 하나님의 진리에 대한 계시인 동시에, 하나님의 구원의 중재자이시기 때문이다.

따라서 우리가 다른 종교 체계에 심겨진 어떤 **진리**를 찾는다면, 그것은 하나님의 일반 계시 덕분으로 여겨야 한다. 그러므로 그리스도께서는 일반 계시를 통해 알려진 진리 가운데 계시다. 그러나 어떤 진리에 대한 지식이 구원의 요소는 아니며, 다른 종교들은 하나님이 예수 그리스도를 통해 세상을 구원하시려고 하신 일에 대한 이야기를 하지 않으므로, 그렇다면 그 진리들은 구원의 수단일 수 없다. 따라서 앞의 질문 "그리스도께서 비기독교 세계에(다른 종교들의 세상을 뜻하는) 존재하시는가?"에 대한 답은, 일반 계시의 측면에서는 '그렇다'이고, 구원의 측면에서는 '아니다'가 될 것이다.

스토트가 그렇듯 주류 개신교 신학자들은 이러한 뉘앙스를 가진 대답에 적극적으로 동의한다. 그들은 "모든 진리가 하나님의 진리"라는 사실과, 그러므로 그것은 "그리스도 안에 있는 진리"라는 데 동의한다. 그분이 진리이시기 때문이다. 사람들이 다른 것은 다 허위인 종교 체계에서 그 진리를 알고 믿는다 해도, 그 진리는 여전히 진리다. 이런 의미에서 그리스도는 배타주의자 입장에서만큼 포용주의자 입장에서도 여전히 중심이다. 그러나 이들은 거기서 더 나아간, **구원이 가능한 포용주의**는 거부한다. 이러한 포용주의는 로마 가톨릭의 제2차 바티칸 공의회의 문서들과, 그 공의회의 공식 고문이었던 칼 라너의 영향력 있는 신학에서 볼 수 있다. 이는 일반적으로 복음주의자들이 거부하는 '포용주의'의 형태로, 다른 종교들이 그리스도에 대해 전혀 들어 보지 못한 이들을 위한 구원의 수단이 될 수 있다는(하나님의 섭리적인 허용에 의해) 시각이다. 그러나 그들이 중재하는 구원은 어떤 점에서는 여전히 **그리스도를 통한, 그리스도께서 성취하신** 구원이다.

스토트는 아주 간단히 라너의 '익명의 기독교' 신학을 언급하지만, 조금 더 자세히 설명하는 것이 도움이 될 것 같다.[8] 다음 내용은 내 책에서 발췌한 것이다.

라너의 견해를 요약하자면, 하나님의 보편적인 구원의 은혜는 너무도 강력하게 사람들을 찾고 있어서, 아직 기독교 복음을 접하지 못한 이들도 그들의 종교에서 "하나님과 올바른 관계를 맺고 그럼으로써 구원에 이르는 적극적인 수단, 따라서 하나님의 구원 계획에 포함된 수단을" 찾도록 "허용된다." 그는 진실한 비그리스도인들을 '익명의 그리스도인들'로 여긴다. 이는 그들의 믿음으로 그리스도의 은혜를 받아들이고 자신도 모르게 그에 반응했기 때문이다. 따라서 사람들은 실제로 가시적인 기독교 교회에 속하지 않고도, 하나님의 은혜에 의해, 그리스도에 의해 구원받을 수 있다. 예를 들어, 진실한 힌두교도가 그리스도에 의해 구원받겠지만, 그것은 힌두교의 '성례전'을 통해서 그리스도가 그를 구원하시는 것이다. 그는 사실 '익명의 그리스도인'이다.

라너의 '익명의 기독교'는 많은 논란의 대상이자 수많은 비난의 표적이었다. 수많은 비평가들에 따르면, 우리는 그들을 익명의 그리스도인으로 여겨 호의를 베풀고 있다고 생각하지만, 실은 다른 종교를 가진 사람들에게 선심을 쓰는 체하는 것이다.…열정적인 이슬람의 대표자들에게서 우리가 사실 '익명의 무슬림'이라는 말을 듣는다면, 그리스도인의 반응이 어떠할지 상상하기는 어렵지 않다.[9]

스토트는 이런 형태의 구원 가능한 포용주의에 대해, 베드로와 바울과 요한의 글에서, 사도의 예들과 가르침을 조사하며 답한다. 그런 다음 이렇게 결론짓는다.

그러므로 우리는 비기독교 체계에 진리의 요소들이 있음을, 자연에 하나님의 일반 계시의 흔적이 있음을 부인하지 못한다. 우리가 강하게 부인하는 것은, 이런 것들이 구원에 충분하다는 견해이며, (더 강하게 부인하는 것은) 기독교 신앙과 비기독교 신앙들이 하나님께 이르는 대체 가능하며 동일하게 유효한 길들이라는 견해다.

나는 이 평가에 동의한다. 그러나 스토트가 고넬료의 경우를 다루는 방식에 대해서는 의견이 조금 다르다. 포용주의자들은 어떤 의미에서는 고넬료가 베드로가 예수님에 관한 좋은 소식을 전하러 도착하기 전에 이미 하나님께 받아들여짐으로써 '구원'받았다고 주장한다. 따라서 그들은 어떤 의미에서는 '하나님을 경외하며 의를 행하는' 다른 사람들도 예수님에 대해 듣지 않고도 구원받을 수 있다고 주장한다. 스토트는 그렇게 단순화한 결론을 부인한다. 그러나 나는 '고넬료가 이미 구원받은 것인가, 아닌가?'라는 단순한 질문보다 더 함축적인 질문을 해야 한다고 생각한다. 다음 내용은 내가 다른 데서 고넬료에 대해 논의한 것이다.

그런 식으로 질문하는 것은 약간 정확하지 않다. 우선, 전체 문맥에서 볼 때 베드로의 선언[행 10:34-35, 여기서 베드로는 "내가 참으로 하나님은 사람의 외모를 보지 아니하시고 각 나라 중 하나님을 경외하며 의를 행하는 사람은 다 받으시는 줄 깨달았도다"라고 말한다]은, 단순히 모든 곳에 있는 모든 사람이 구원받는다는 보편적인 단언이 아니다. 그것은…예수님의 복음이 이제 유대인과 이방인 사이의 구별을 무너뜨렸다는 베드로의 인식이다.…그러므로 베드로의 요지는 하나님이 모든 사람을 구원하신다는 것이 아니라, 하나님이 누구든 환영하신다는 것이었다.…

둘째로, 우리는 이 사건의 독특한 역사적 상황을 눈여겨봐야 한다. 어떤 의미에서 고넬료는 예수님에 대해 듣기 전에, 살아 계신 하나님을 믿고 그에 따라 행하게 된 구약의 이방인들과 같은 처지에 있었다.…

그러나 고넬료는 구약에 나오는 신자들과는 달리, 실제로 메시아가 오신 세대에 살고 있었다.…

따라서 고넬료는 복음이 어떻게 이방인에게 갔는지를 이야기하는 사도행전에서 중요한 전환점이 된다.…그 이야기의 전체적인 요지는, 메시아 예수가 오셨으므로 구원이 그의 이름으로 선포되어야 한다는 것인 듯하다.…고넬료가 전도를 받기 전 '구약의 행위'를 한 것에 대한 호의적인 평이 어쨌든 전도

가 불필요함을 암시한다고 일반화하여 제안하는 것은, 그 이야기를 잘못 사용하는 것이다.[10]

'포용주의'에 대한 이 고찰의 결론을 내려 보자. 내게 최선으로 보이는 것은, 만약 '배타주의자', '포용주의자', '다원주의자'라는 단어를 계속 사용한다면(그리고 내가 말했듯이, 다른 종교들의 질문을 다루는 많은 기독교 신학자들이 그 분류는 심히 복잡한 현실을 지나치게 단순화한 것이라 말한다), 앞에서 '구원이 가능한 포용주의'로 설명한 입장에 대한 중간적 단어를 만들어야 한다는 것이다. 다시 말해, 그리스도 안에 있는 진리가 일반 계시를 통해 타종교의 가르침에도 들어 있을 수 있을 뿐 아니라, 그리스도께서 이루신 다른 종교의 '성례전'을 통해 어떤 식으로 얻을 수 있다는 견해다. 이 견해에서 사람들은 그리스도**에 의해** 구원을 받을 수 있지만 그들 종교의 진실한 실천**을 통해** 그렇게 될 수 있다. 그러한 종류의 포용주의는 어떤 구원 능력, 기능 혹은 유효성을 다른 종교들에게 부여한다. 이는 존 스토트와 나 둘 다 거부하는 형태의 포용주의다.

이는 일부 복음주의자들이 수용한 견해와는 전혀 다르다. 그들은 앞의 '배타주의자' 패러다임에서 규정한 모든 요소를 고수하지만(특히 구원이 그리스도의 십자가와 부활에서만 배타적으로 발견된다는), 이 땅에서 사는 동안 하나님에 대해 들어 보지 못했지만 어떤 형태의 회개와 믿음으로 하나님을 의지하는 사람들을 하나님이 구원하실 수 있느냐 하는(은혜로, 그리스도를 통해) 질문에 대해 가능성을 열어 둔다.

이 이슈는 다음 장에서 논의될 것이지만, 나는 지금은 그러한 입장을 '포용주의자'라 부르지 않기를 바란다(그 이름이 내게 붙여졌음에도). 오히려 '배타주의자'(구원이 오직 그리스도를 통해서만 온다는)이면서, **제한주의**

자(구원이 예수 그리스도에 대해 들은 사람들, 다시 말해 복음화된 사람들에게만 제한된다는, 즉 실제로 그런 사람들에게만 가능하다는 의미)는 아닌 입장이라 해야 할 것이다. 그리고 그것은, 사람들이 그들 종교의 **매개를 통해서** 구원받을 수 있다고 주장하는 의미에서의 '포용주의'는 분명 아니다. 구원이 종교를 통해(어떤 종교든) 온다는 바로 그 생각은, 성경 자체가 강력하게 자주 부인하는 것이다. 그러나 이에 대해서는 다음 장에서 더 논의할 것이다.

대화하는 존 스토트

기독교 신앙의 유일성과 진리의 어떤 것도 희생하지 않으면서 여전히 다른 사람들에게 열려 있고 그들을 존중하는 진실한 대화의 특성을 설명하기 위해 스토트가 사용한 네 단어, 곧 **진정성**, **겸손**, **일관성**, **민감성**은, 그 또한 대화를 나눌 때 주의를 기울인 특성이었다는 데는 의심의 여지가 없다. 그는 내가 이렇게 말하는 것에 강하게 난색을 표할지 모르겠지만 말이다! 나는 스토트가 세계의 주요 종교인들과 개인적으로 지속적인 대화를 할 기회가 있었는지는 잘 모른다. 그러나 기독교계 안에서는 종종 복음주의가 아닌 시각에 (심지어 일부 복음주의자들에게도!) 동의하지 않았다(때로는 철저하게 동의하지 않았다). 그가 늘 취하는 방식은, 가능할 때마다, 그를 비판하는 이들 혹은 그가 공개적으로 혹은 글로 의견이 다름을 표현한 이들을 초대하거나 찾아가서 함께 이야기를 나누는 것이었다. 아침을 먹으며 혹은 오후에 차를 마시면서 말이다. 그는 듣는 일, 이해받을 뿐 아니라 이해하려 하는 것, 어디에 진짜 중요한 차이가 있는지 그리고 합의에 이를 수 있는 지점이 있는지 명확하게 하는 것이 중요하다고 믿었다. 그는 그와 의견이 다른 이들의 글을 주의 깊게, 주석을 달며, 자세하고 폭넓게 읽었다. 그는 언젠가 내게 이것이 가끔 고통스러운 일이지만 필요한 훈련이라고 말했다. 불행히도, 스토트의 의견을 재빨리 묵살해 버리는 이들(주로 몇몇 그리스도인 지도자나 논평자에게 전해 들은 말에 따르면) 대부분은 그런 수고를 하지 않는다고 말해야겠다.

그의 행동 원칙을 보여 주는 두 가지 예를 언급할 수 있을 것 같다. 아이러니한 것은, 존중심을 가지고 대화를 해야 한다는 스토트의 호소에도 불구하고, 이 일들은 어떤 면에서 그를 괴롭히고 존중심을 잃게 했다.

자유주의자와 복음주의자의 대화. 이는 1988년 데이비드 에드워즈(David L. Edwards)와 존 스토트가 서신으로 나눈 지속적인 대화의 기록을 담은 책의 부제다.[11] 가톨릭의 자유주의 전통 내의 유명한 영국 성공회 교회 지도자요, 교회사가이자 저술가였던 데이비드 에드워즈는 존 스토트를 비판적으로 숭배하는 사람이었다. 그 둘은 잠시 성공회의 성직자로서 런던에 있는 다른 교회에서 사역했고, 에드워즈는 스토트보다 여덟 살쯤 어렸다. 1960년대와 1970년대에 상당 부분 스토트의 지도력에 힘입어 영국에서 복음주의 운동이 일어났음을 알고, 스토트의 모든 책(이 책을 포함하여)과 로잔 언약과 같은 그의 폭넓은 기고문들을 읽은 에드워즈는, 역사가의 입장에서 스토트가 대변한 복음주의 신학을 탐구하고 비평하기 시작했다. 그는 실제로 스토트가 올소울즈 교회와 더 큰 복음주의 세계에서 한 모든 일에 대해 놀라울 정도로 자세하고 따뜻한 감사를 담아 자신의 책을 시작하면서, 그 모든 장에 응답을 해 달라고 스토트에게 청했다.

그 책의 장 제목들은 그 주제의 폭넓음을 보여 준다. 또 에드워즈가 복음주의 신앙과 실천의 핵심 요소들을 얼마나 잘 규명했는지 알 수 있다.

1. 복음의 능력
2. 성경의 권위
3. 그리스도의 십자가
4. 기적적인 그리스도
5. 성경과 행위
6. 세상을 위한 복음

각 장마다 에드워즈는 그 주제에 대한 전형적인 자신의 자유주의적 이해를 주장한 다음(그리스도인으로서 개인적인 신앙 안에서), 스토트 같은 복음주의자들이 제시하는 내용에 대해 과격하게 질문을 던진다. 그러고 나면 장마다 스토트의 긴 응답이 뒤따르는데, 스토트는 그 주장 하나하나에 대해 논증하고, 성경 본문에 대한 자세한 주해를 했다(스토트의 응답만으로도 3만 5천 단어가 되었다).

이 책의 놀라운 점은, 서로 교류하고자 하는 마음이다. 둘 다 서로의 입장에 강력하게 도전하면서도 부드러운 어조로 다가갔고, 서로의 힘 있는 반론에 존경을 담아 감사했다. 스토트는 그럴 만하다면 복음주의자들에 대한 비판을 기쁘게 받아들였다. 예를 들어, 어떤 전통적인 견해들이 성경에서 분명하게 말하는 바를 넘어서는 경우에 그랬다. 또한 그는 어떤 논지에 대해 분명한 결정에 이르지 않았을 때나, 학구적인 신학자들이 수세기 동안 논쟁해 온 교리를 놓고 검증 중인 주장들이 있는데 그에 대해 아직 마음을 정하지 못했을 때에는 겸손하게 이야기할 준비가 되어 있었다. 둘 다 그리스도를 향한 상대방의 개인적인 신앙과 헌신의 진실성을 존중했지만, 둘 다 상대방이 각자의 신학적 이해를 분명히 표현하고, 가르치고, 정당성을 입증하는 방식에 진지하게 도전했다.

스토트는 분명 많은 부분에서 위태로웠다. 결국 모든 장의 주제는 복음주의 신념의 핵심에 있는 것들이었다. 복음의 구원하는 능력, 성경, 십자가, 복음서의 역사성, 기독교의 사회 참여에서 성경의 권위, 세계 선교의 긴급성 등이 그러했다. 따라서 그는 이 모든 주제에 대해 주저하지 않고 힘 있게 지속적으로 논증하며 복음주의의 입장을 변호한다. 그는 신학적 자유주의의 한계와 모순, 그리고 그것이 우리 신앙에 대한 전통적인 성경적 이해를 어떻게 왜곡하고 일탈했는지를 드러낸다. 그런데 각 응답은 '친애하는 데이비드에게'로 시작하여 '그대의 벗, 존'으로 끝나는 편지 형식으로 되어 있으며, 그는 그 글 내내 에드워즈를 '그대'라고 칭한다. 근본적인 면에서 의견 일치가 되지 않음에도 불구하고, 어조는 상냥하고 우호적이다. 에드워즈가 제시한 것과 같은 자유주의는 여전히 건재하기에(게다가 그들이 복음주의의 신념들을 거부할 때 우호적이거나 존중하는 태도가 없음에도), 정통 기독교 교리들에 대한 수많은 비판에 총명하고 철두철미하고 성경적이고 설득력 있게 대응하는 본으로 그 책은 여전히 충분히 읽을 만하다. 다시 말해, 이는 1975년 스토트가 주장한 바로 그대로의 대화다. 진정성과 겸손과 일관성과 민감함이 담겨 있지만, 복음 진리를 포기하지 않는 대화다.

"공통된 말씀." 우리는 9/11 이후의 세상에서 살고 있다. 또 그로부터 10년이 지난 후 ISIS의 위협을 받는 세상에서 살고 있기도 하다. 그리스도인들과 무슬림 사이에, 진정성과 겸손과 일관성과 민감함이 담긴, 존경심이 담긴 종교간 대화를 상상하기가 점점 더 어렵다. 그러나 물론 여전히 그런 일이 일어나고 있다.

2007년 무슬림 단체에서 놀랄 만한 문서가 나왔다. 138명의 국제적으로 저명한 무슬림 지도자들(교수, 정치인, 작가, 성직자)이 서명하여, 로마 가톨릭 교황, 또 러시아, 그리스, 시리아, 콥트 교회와 다른 정통 교회들의 여러 주교들, 그리고 루터교회, 성공회, 개혁교회, 감리교회, 침례교회와 세계교회협의회 등 여러 개신교 교파들의 원로들을 포함한 주요 기독교계 지도자들 앞으로 보낸 공개 서한 형태였다. 이 서한은, "우리와 당신들 사이의 공통된 말씀"(A Common Word Between Us and You)이라는 제목 하에, 전 세계 그리스도인들과 무슬림들에게, 두 종교의 핵심에 신을 사랑하고 우리 이웃을 사랑하라는 쌍둥이 같은 명령이 있다는 기초 위에서 평화와 정의를 추구하며 살도록 애쓰자고 촉구했다. 이 논지를 주장하기 위해, 코란은 물론 구약과 복음서들에서 말씀을 인용한다.[12]

기독교계의 반응은 다양했다. 따뜻하고 열정적으로 환영하며 그것을 더 폭넓은 대화의 기반으로 삼도록 노력하고 평화를 구축하는 연합된 노력으로 삼은 경우도 있었고, 그것은 그리스도인들을 구워삶아 이슬람을 기본적으로 그들의 신앙과 전혀 다르지 않은 것으로 받아들이라고 요구하는 어딘가 이기적인 형태의 이슬람의 '다와'(dawa) 혹은 '선교'에 지나지 않는다는 조심스러운 의혹까지 다양했다. 세계복음주의연맹은, 무비판적인 환영과 전면적인 거부 사이 어디쯤에서, 잘 정돈한 응답을 출판했다. 이는 "공통된 말씀"의 취지를 환영하고 평화와 정의에 대한 공통된 열망에 동의하는 한편, 예수 그리스도의 유일성과 신성에 대한 기독교의 확신을 분명히 밝히고, 무슬림들에게 이슬람 국가들에서 그리스도인의 권리를 인정해 달라고 요청했다.[13]

예일 신학대학원의 일단의 신학자들도 특별한 응답을 정리했다. 그들은 "'공통된 말씀'에 대한 기독교의 답변"이라는 제목 아래 긴 답변을 썼다.[14] 그 답변에서 그들은 무슬림 지도자들의 제안을 환영하고, 실제로 하나님을 사랑하고 이웃을 사랑하라고 가르친다는 점에서 '공통된 기반이 있음을 인정하며, 그 문서를 서로 간의 악수로 받아들인다. "우리는 그 공개 서한을, 무슬림들이 함께 누리고 협력하자고 전 세계 그리스도인들에게까지 손을 내민 것으로 받아들인다. 우리는 답례로, 하나님과 우리 이웃을 사랑하려고 애쓰며 다른 모든 인류와 더불어 평화와 정의 가운데 살기 위해, 우리 그리스도인의 손을 내민다."

그런데 예일의 신학자 그룹은 이 답변을 발행하기 전에 전 세계의 여러 기독교 지도자들에게 편지를 써서 그들의 서한에 서명을 요청했다. 그렇게 요청받은 이들 중에 존 스토트와 나도 있었다. 그러나 우리 둘은 그 문서에 서명하는 데 동의하기 전에 아주 신중하게 세 가지 일을 함께 했다.

첫째로, 우리는 그 문서를 읽으면서, 그 문서가 예수 그리스도의 신성, 성경에 나타난 하나님의 계시의 독특성과 궁극성, 혹은 무슬림을 향한 그리스도인의 증언의 타당성 같은 기본적인 기독교의 진리를 타협하는 것으로 해석될 수 있을지 세심하게 살폈다. 우리는 그렇지 않다고 결론 내렸다. 우리는 예일 신학자들의 답변이, 어떤 변증이나, 이슬람 교리에 대응하여 기독교 신앙 전체를 규명하려는 시도가 아니라, 그저 너그러운 우정의 몸짓이며, 공통된 기반을 구축할 수 있는 모든 것 위에서—공통된 기반이 전혀 없는 아주 중요한 영역들이 있음을 부인하지 않으면서—평화와 정의에 대한 더 나은 헌신을 하려는 욕구임을 받아들였다.

둘째로, 우리는 예일의 신학자들 중 우리가 개인적으로 아는 복음주의자 친구들에게 편지를 써서, 예일의 답변이 무슬림 가운데서의 전도에 신학적으로 혹은 실제적으로 문제가 생길 만한 것을 의도하거나 함축하고 있는지 아주 직접적으로 질문했다. 우리는 그 문서가, 이슬람 세계에 사는 사람들 사이에서 사랑이 담긴 민감함과 온화함과 존경심을 담아 예수님에 관한 좋은 소식을 나누려 애쓰는 이들의 소명을 약화시키는 식으로 이해되거나 사용되지 않을까 염려했다. 그들은 때로 상당한 대가를 지불하며, 그중 다수가 우리의 친구다. 우리는 예일의 답변을 작성한 이들로부터 몇 개의 답변을 받았다. 그들은 이 문서에는 그런 의도가 전혀 없으며, 오히려 그 반대로 그 평화의 정신이 그러한 민감한 증언을 향한 문을 열 수 있으리라는 확신을 주었다. 그 답변 중 두 가지는 이 장 후반부에 인용할 것이다.

셋째로, 우리는 이슬람 환경에서 살고 일하는 수많은 우리 친구들에게 편지를 썼다. 그들 중 다수는 아랍인 그리스도인들과 랭햄의 학자들이다. 우리는 그들에게 동일한 기본적인 질문을 하고, 우리가 예일의 답변에 서명을 해야 할지 말아야 할지 조언을 구했다. 우리는 그들을 당황스럽게 하거나 배신이 될 만한 어떤 행동도 취하고 싶지 않았다. 그들에게 이것이 정중한 종교간 대화의 문제가 아니라, 매일 생존의 스트레스와 잠재적인 위험의 문제가 되어서는 안 되었다. 단 두 건만 빼고는(우리가 받은 서신에서), 모두가 서명을 해야 한다고 주장했고, 실제로 그들 중 몇몇은 직접 서명을 하여 그 문서 끝 부분의 서명인 목록에 포함되었다.

이렇게 여러 방법으로 확인한 후 존 스토트와 나는 서명 목록에 우리 이름을 추가했다. 이후 그 문서가 발행되었을 때, 우리는 복음주의 신학과 선교 분야에서 독실한 복음주의자들이자 '선구적인 사상가들'로 알려진 이들 가운데 다수도 서명을 한 것을 보고 (적잖이 놀라고) 격려를 받았다. 우리는 걱정할 필요가 없다고 느꼈다!

그러나 놀랄 것도 없이 드문드문 비판이 들려왔다. 내가 '드문드문 들려왔다'고 한 까닭은, 실제로 그리 많지 않았기 때문이다. 그러나 어떤 비판은 아주 맹렬했고, 주로 존 스토트가 '기독교의 하나님'과 '알라'를 동일시한, 예수님의 신성을 인정하지 않는, 십자가 대속 사역의 필요성을 설교하지 않는, 기본적으로 무슬림들을 회심시키려 애쓰지 않는 그런 문서에 서명을 했다는 이유였다(믿기 어렵게도!). 나는 존을 대신해서 개인적으로 그 수많은 비평에 대응했지만, 결국 우리는 또 다른 비평가들에게 보내는 다음과 같이 합의한 답변서를 정성 들여 작성했다.

공통된 말씀과 예일의 답변

존 스토트와 크리스토퍼 라이트는 '공통된 말씀'에 대한 예일의 답변에 서명해 달라는 요청을 받고, 두 문서를 매우 세심하게 연구했습니다. 그렇게 한 것은, 그 두 문서의 본질적인 중요성 때문이기도 했지만, 우리에게 서명을 요청한 이들(그리고 예일의 답변에 서명한 많은 이들)이 분명, 평생 굳건하게 복음주의에 헌신한 개인적으로 친한 친구들이기 때문이었습니다. 그들 중 몇몇은 이슬람 국가의 시민으로 그 상황에서 용감하게 복음을 증언하고 있거나, 무슬림에게 예수 그리스도에 관한 좋은 소식을 나누는 일에 깊이 헌신한 운동과 기관의 지도자들입니다.

우리는 예일 답변의 기안자들에게 명료화를 요구하며 편지를 썼습니다. 그 메시지든 배후의 의도든 그 무엇도, 어떤 식으로든 무슬림에게 유일한 주시요 구세주이신 예수 그리스도의 타협할 수 없는 주장들에 대해 세심하게 증언할 필요성과, 그분 안에서 계시된 하나님의 진리를 증언할 우리의 의무를 부인하는 것으로 이해되어서는 안 됨을 확실히 하기 위해서였습니다.

다음 인용문은 예일 답변과 기독교 지도자들을 향한 서명 요청의 초안 작업에 관여한 이들로부터 받은 답변에서 발췌한 것입니다.

무슬림에게 세심하게 그리스도를 증언하는 일을 거부할 의도가 전혀 없음을 확실히 하고자 합니다. 저는 그러한 증언을 적극 지지하며, 그 문서가 세심한 전도를 금한다는 의미를 내포했다면 저도 거기에 서명하지 않았을 것입니다. 사실 자유로운 증언의 확장 가능성이, 무슬림의 서한과 그들 공동체 전체에 관여하는 주요한 하나의 이유입니다. 실제로 우리의 모든 대응이, 하나님을 믿지 않는 이들에게 놀라운 하나님의 사랑을 전하는 증언의 한 형태입니다. 유일한 증언은 아니지만 분명 필수적인 증언입니다.

제가 이러한 논의에 관여하게 된 것은, 13억 무슬림들이 예수 그리스도의 주장들을, 말을 바꾸거나 폐기하거나 대체하는 그런 예언자의 주장이 아니라, 최고로 매력적인 구세주이자 주님이 하신 주장으로 중요하게 여길 수 있기를 바라서입니다. 또한 무슬림들이 그리스도의 복음을, 그들이 불쾌하게 여기는 군국주의 형태의 '기독교'와 관련짓게 하는 장애물들을 제거하고 싶습니다.

저는 로잔 언약이 대화와 전도에 관한 질문에 대해 보인 입장에 전적으로 동의합니다. 그 내용은 다음과 같습니다. "우리 그리스도인이 세상에 있는 것은 전도에 필수 불가결하며, 이해하기 위한 경청을 목표로 하는 대화 역시 필수 불가결하다. 그러나 전도 자체는, 사람들이 개인적으로 그리스도께 나아가 하나님과 화해하도록 설득할 목적으로, 구세주요 주님이신 역사적·성경적 그리스도를 선포하는 것이다." 저는 또한 이에 대한 존 스토트의 공식적인 해설에도 동의합니다. 그는 이렇게 씁니다. "비그리스도인과의 대화는 옳을 뿐 아니라(세상에 있는 것이 그렇듯) 필수 불가결하다. 대화는 많이 오용된 단어다. 어떤 사람들은 그리스도인이 자신의 기독교 신념을 포기하고 복음을 토론의 대상으로 삼는 타협적인 상황을 묘사하는 데 그 단어를 사용한다! 그런 유의 대화는 우리가 이미 '그리스도와 복음을 경멸하는 것'으로 여겨 거부했다(제3항에서). 그러나 제대로 정의된 대화는, 양측이 진지하게 이야기를 나누는 것이며, 각자 상대방에게 귀 기울일 준비가 되어 있는 것이다. 그 목적은 이해하기 위해 경청하는 것이다. 그러한 경청은 전도에 꼭 필요한 서곡이다. 상대방의 입장과 문제를 이해하지 못하면서 어떻게 복음을 제대로 나눌 수 있겠는가?"

우리는 무슬림들에게 보내는 편지에서 복음 전체를 제시하지는 않았지만, 조심스럽게 예수 그리스도를 증언하고, 또 심지어 예수님이 '생애 말년에' 하신 일을 통하여 이루신 죄 사함을 언급하려 했습니다. 무슬림 독자들은 우리가 그리스도께서 십자가에서 대속적인 죽음을 당하신 것을 언급하는 것을 당연히 이해한다고 말했습니다. 저는 "공통된 말씀"에 서명한 저명한 무슬림 지도자 상당수를 개인적으로 알고 사적으로 만난 적도 있습니다. 또 확실히 말씀드릴 수 있는 것은, 제가 하나님의 영원한 말씀이시자 하나님 자신이신 그리스도가 인간의 육체로 나타나 대속적 죽음과 부활을 통하여 이루신 죄 사함과 영생의 메시지를 그들 각자와 나누었다는 것입니다.

저는 "공통된 말씀"으로 문이 열린 대화의 과정이, 전도의 자유를 포함하여, 그들 나라에서의 종교의 자유라는 중요한 이슈를 무슬림 지도자들에게 제기할 기회를 주리라 믿습니다.

우리는 예일의 답변이 '복음'의 세세한 내용을 모두 '선포하지' 않음을 알고 있습니다. 그 문서는 그리스도인들의 믿음 전체에 대한 교리적 진술을 하려는 것이 아니라, 그저 "공통된 말씀"에 답변을 하려는 것이었습니다. 그것은 논문이 아니라 서신입니다. 그것은 "네 이웃을 사랑하라"와 실제로 "네 원수를 사랑하라"라는 예수님의 명령의 정신으로 우정의 손을 내밉니다. 이는 의미 있는 전도의 소통의 전제 조건입니다.

　　무슬림들이 하는 말이나 행동은 무엇이든 의심해 보라고 권하는 이들이 있습니다. "공통된 말씀" 이면의 동기를 보는 사람들이 있습니다. 그들이 옳을 수도 있고, 틀릴 수도 있습니다. 우리는 예일의 답변에 서명하지 않은 이들이나 서명한 우리를 비판하는 이들이 내세우는 강력한 논거들과 수많은 괴로운 사실들을 순진하게 취하지도 않고 그것을 모르지도 않습니다. 그러나 우리의 확신은, 무슬림들의 동기나 의도가 어떠하든(다양하고 복잡한), **우리 그리스도인**은 십자가에 못 박히셨다가 살아나신 우리 주님께 순종하는 제자들로서, 우리 이웃과 우리 원수를 사랑하라고 명하는 기독교 복음의 핵심에 따라 반응하고 행동하도록 부르심 받는다는 것입니다. 이 사랑에는, 우리와 전혀 다른 동료 인간들과의 존경 어린 대화에 기꺼이 참여하는 일이 포함됩니다. 예수 그리스도의 유일성, 그분 안에서 이루어진 하나님의 계시의 궁극성, 우리 구원을 위한 십자가의 중심성과 필요성, 복음 전도 명령에 대한 우리의 전적인 헌신에 대한 어떤 타협도 없이 말입니다. 이 모든 것을 우리는 우리 복음주의 신앙의 다른 모든 부분과 함께 기꺼이 진심으로 계속 주장합니다.

존 스토트와 크리스토퍼 라이트

나는 이 짧은 문서의 정신과 내용이, 스토트가 진실하고 존경심을 담으면서도 타협하지 않는 대화의 본질로 여긴 것들을 실례로 보여 주고 압축하고 있다고 생각한다.

　　마지막으로, 나는 스토트에게 케이프타운 서약을 며칠에 걸쳐 천천히 읽어 주었으므로, 그가 그 서약이 이 이슈에 대해 말하는 바를 지지한다는 사실을 안다. IIC항 "타종교인들 가운데서 그리스도의 사랑을 살아 내기"는 다음과 같은 단락들로 시작한다.

"네 이웃을 네 몸과 같이 사랑하라"는 명령은 타종교인들도 포함한다.
…예수 그리스도의 제자인 우리는 타종교인들을, 성경적인 의미에서 우리 이웃으로 여기라는 고귀한 부르심에 응답한다. 그들은 하나님의 형상으로 창조된 사람들로, 하나님이 그들을 사랑하시고 그리스도께서 그들의 구원을 위해 죽으셨다. 우리는 그들을 우리의 이웃으로 여길 뿐 아니라 그들에게 이웃이 됨으로써 그리스도의 가르침에 순종하려고 노력한다. 우리는 온화하되 순진하지는 않아야 한다. 분별력을 가지고 쉽게 속지 않아야 한다. 어떤 위협에 맞닥뜨리든 정신을 바짝 차리고, 두려움에 지배당해서는 안 된다.

우리는 복음을 나누라는 부르심을 받는다. 무가치한 개종에 관여하라는 것이 아니다. 사도 바울의 본을 따라 이성적인 논증으로 설득시키는 것을 포함하는 **전도**는, "복음을 공개적으로 정직하게 선포하여, 듣는 이로 하여금 복음에 대해 온전히 자유롭게 결단하게 하는 것이다. 우리는 다른 종교를 가진 이들에게 민감하기를 바라며, 그들을 억지로 개종시키려 하는 어떤 접근도 거부한다."[15] 반대로, **개종**은, 다른 사람들이 '우리 중 하나'가 되도록, '우리 종교를 받아들이도록', 혹은 실제로 '우리 교파에 합류하도록' 강요하려는 시도다.

우리는 우리의 모든 전도에 철저하게 윤리적이 되기로 다짐한다. 우리의 증언은 "온유와 두려움, 선한 양심"이라는 특징을 보여야 한다[벧전 3:15-16; 비교. 행 19:37].…

우리는 바울이 회당과 광장에서 유대인들, 이방인들과 논쟁을 벌였던 것처럼 다른 종교를 가진 이들과 대화를 나눌 적절한 장소를 찾는다. 기독교 선교의 합당한 한 부분으로서 그러한 대화는, 그리스도의 유일성과 복음 진

리에 대한 확신과 함께, 존경심을 담아 다른 사람들에게 귀 기울이는 태도를 갖추는 일이다.[16]

7장
구원

존 스토트

선교란, 하나님이 자기 백성을 세상 속으로 보내시며 하라고 하신 일이며 이 희생적인 섬김의 선교에서 가장 중요한 것이 전도, 곧 예수님에 관한 하나님의 복음을 다른 사람들과 나누는 것이다. 대화는 말을 할 뿐아니라 듣기도 하는 진지한 소통이며 이는 전도와 밀접한 관련이 있는 행동이다. 한편으로 대화는, 당연히 그 목표가 상호 이해다. 그러나 다른 한편으로, 그리스도인은 그리스도를 증언하는 사랑의 제약 아래 있으므로, 대화는 전도에 필수적인 예비 단계다. 사실 복음을 증거할 때는 진정으로 인간적이고 기독교적인 상황에서 해야 한다. 이를 솔직하게 고백한다고 해서, 숨은 동기가 있고 상대방의 회심을 진짜 목적으로 하는 공적 관계 맺기로 전락시켰다는 구실로 대화의 진실성이 무너지는 것은 아니다. 오히려 이러한 솔직함은 대화에 참여하는 그리스도인의 진실성을 담보함으로써 그 대화의 진실성을 담보한다. 그리스도인들이 예수님의 보편적인 주되심에 대한 믿음을 숨기거나, 대화를 나누는 상대방이 예수님께 복종하고 주로 섬겼으면 하는 바람을 숨긴다면, 그것은 자신에게도 혹은 상대자에게도 진실하지 않은 태도이기 때문이다. 회개와 믿음으로 복종하는 것이 구원의 길이며, 그것이 우리가 고찰할 네 번째 단어다. 구원이란 무엇을 뜻하는가?

구원의 중심성

구원(salvation)이라는 단어 자체가 문제를 일으킬 수 있다. 구원이라는 표현을 당황스러워하는 사람들도 있고, 그 단어는 과거 전통적인 종교 어휘에서 내려온 의미 없는 유산이라 주장하는 사람들도 있다. 그러므로 그리스도인들이 이 단어를 계속 사용하고자 한다면, 분명 더 현대적인 언어로 번역할 필요가 있다. 우리가 여전히 성경 계시에 충실하다면 그것은 괜찮은 일이고 필수적이기까지 하다. 번역(오래된 메시지를 새로운 어휘로 표현하는 것)과, 새로운 구성 혹은 재구성은 전혀 다른 것이기 때문이다. 내가 염려하는 바는, 그 단어에 대한 일부 현대적인 해석들이, 하나님이 그리스도를 통하여 인간에게 베푸신 그 구원에 대한 성경의 묘사에 충실하지 못한 급진적인 재구성이라는 점이다.

당장은 이 질문이 얼마나 필수적인지 인식하는 것이 좋을 것 같다. 기독교는 구원의 종교라 말하는 것이 전혀 과장이 아니기 때문이다. 성경의 하나님은 계속해서 자기 백성을 구원하러 오시는 하나님이시며, 주도권을 쥐고 구원하시는 분이다. 목회서신에서 하나님은 "우리 구주 하나님"으로 6회 불린다. 마이클 그린(Michael Green)은 "구약 전체에서 '하나님'과 '구주'는 동의어다"라고 썼다.¹ 신약에서도 같다고 말할 수 있다. 예수님의 사역은 구원 사역이었기 때문이다. 그분은 "죄인을 구원하시려고 세상에 임하셨다"(딤전 1:15). "아버지가 아들을 세상의 구주로 내신 것"(요일 4:14). 예수님의 이름 자체에 그분의 사명이 담겨 있다. '예수'

란 '구주 하나님' 즉 '하나님이 구원이시다'라는 뜻이고(마 1:21), 그분의 온전한 칭호는 "우리 주 곧 구주 예수 그리스도"이다(예를 들어, 벧후 3:18을 보라).

그러므로 성경 전체가 '구속사'(*Heilsgeschichte*), 즉 하나님의 구원 행위의 역사다. 실제로 성경은 과거의 연대기 이상이다. 그것은 "그리스도 예수를 믿는 믿음으로 말미암아…구원에 이르는 지혜를 줄 수 있는"(딤후 3:15, 새번역) 현대의 구원 안내서다. 그리고 당연히 복음은 "구원의 복음"(엡 1:13)으로 불리고, 심지어 "모든 믿는 자에게 구원을 주시는 하나님의 능력"(롬 1:16)이라 불린다. 하나님은 '케리그마'를 통하여 "믿는 자들을 구원하시기"로 작정하셨기 때문이다(고전 1:21). 성경적 기독교에서 구원이라는 주제가 이렇게 두드러지므로, 우리는 하나님이 행하시고, 그리스도께서 성취하셨으며, 성경이 펼쳐 보이는, 복음이 제공하는 그것이 무엇인지 질문하지 않을 수 없다. 나는 두 가지 부정적인 표현으로 시작해 보고자 한다.

구원과 육체적 건강

먼저, 구원은 심신의 건강을 뜻하지 않는다. 구원을 건강과 동일시하려 한 이들, 특히 몸과 마음과 정신을 아우르는 종합적인 건강 같은 것으로 이해되는 '온전함'과 동일시하려 한 이들이 있었다.[2] 그들이 말하기를, 육체적·정신적 건강이 하나님의 은혜의 복음에서 본질이라고 한다. 구원은 몸과 마음과 영혼의 온전함을 회복하는 것을 포함하는, 온전한 인간이 되는 것이라고 한다. 심리적 차원에서 구원은 인격적인 통합, 온전하고 균형 잡힌 인격 같은 것이 된다.

나는 그러한 견해에는 동의하지 않음을 확실히 하고자 한다. 나는 성경에 나온 대로, 질병은 하나님의 선한 세계에 맞지 않는 것이 그 속으로 침범한 것임을, 또 그것이 사탄의 악의적인 활동 탓인 경우가 많음을, 하나님은 자연적인 수단뿐 아니라 가끔은 초자연적으로도 병을 고치신다는 것을(모든 치료가 하나님이 하시는 치료는 아니므로), 또 예수님의 기적적인 치료는 하나님 나라의 표징임을, 예수님이 질병에 대해 분노하실 뿐 아니라 병든 자들을 긍휼히 여기셨음을, 질병과 아픔과 죽음은 하나님이 언젠가 창조하실 새로운 육체와 새로운 세계에는 없으리라는 것을 부인하지 않는다. 나는 이 모든 진리를 믿고, 여기서 우리 의견이 일치하기를 바란다. 더 나아가 나는 구원을 받고 나서 상당한 정도로 건강해지는 경우들이 있다고 말할 것이다. 정신 신체 의학에서는 많은 질병이 스트레스 탓이라 말하고, 사회 의학에서는 또 다른 질병들을 환경 요인 탓이라 말하는데, 구원은 많은 경우 스트레스 완화와 환경 개선으로 이어지므로, 때로 정신과 몸의 치유를 가져오리라 기대할 수 있다. 뿐만 아니라 모든 그리스도인이 바울을 따라서, 예수님의 생명이 우리의 죽을 육체에 나타날 수 있다고(고후 4:10-11), 또 예수님의 능력이 우리의 인간적인 약함 가운데서 온전해진다고(고후 12:9-10; 비교. 고후 4:7) 기뻐하며 주장할 수 있어야 한다. 그리스도 안에 있는 우리의 새 생명이 육체적·정서적 안녕에 대한 새로운 감각을 가져올 수 있기 때문이다.

내가 부정하는 것은 이러한 치유가, 자연적이거나 초자연적인 그 어떤 치유든, 성경이 말하는 구원, 곧 지금 복음으로 말미암아 그리스도에 의해 인간에게 주어지는 그 구원이라고 보거나 그 구원에 포함된다고 보는 시각이다. 물론 종말에 하나님이 우리 인간의 몸을 포함한 창조 세계 전체를 구원하실 것이고, 이를 온전한 궁극적인 구원이라 말하는 것은 마땅할 것이다. 그러나 치유가 오늘날 손쉽게 즉각적으로 얻을 수 있는 구원이라고 주장하는 것, 혹은 그러한 치유가 하나님이 지금 믿음으로 그리스도 안에서 우리에게 주시는 구원의 일부라고 주장하는 것, 혹은 믿는 그리스도인들은 아플 일이 없다고 주장하는 것은, 우리 몸의 부활과 구속을 앞당기려 하는 것이다. 그때가 되어야 더 이상 질병과 죽음은 없을 것이다.

구원과 건강을 혼동하게 되면, 의사와 목사의 역할도 혼란스러워진다. 의사가 목사를 대신하거나, 목사가 비전문 의사나 심리 치료사로 둔갑한다. 목사가 되려고 최고 전문의의 길을 포기했던 마틴 로이드 존스 박사는 통찰력 있는 소책자 『병원이 교회를 대신할까?』(*Will Hospital Replace the Church?*)에서, 병자의 치료는 병원이 맡는 것이 바람직하다는 데 동의한다. 그러고 나서 이렇게 덧붙인다. "병원은 교회의 역할을 하지 않고, 할 수도 없다. 그건 절대 불가능할 것이다! 병원이 그렇게 하는 것은 불가능하다.…교회의 진짜 임무는 일차적으로 사람들을 건강하게 하는 것이 아니라…교회의 필수적인 임무는 사람들이 하나님과 바른 관계를 갖도록 회복시키는 것이다.…사람의 진짜 문제는 병들었다는 것이 아니라, 반역자라는 것이다."[3]

내 논증의 이 시점에서 어떤 사람들은 구원이 신약에서, 특히 복음서에서, 육체적인 구원을 나타내기 위해 사용**된다**고 대답하고 싶어 할지 모른다. 적어도 언어적으로는 그들이 분명히 옳고 우리는 그 주장을 검토해야 한다. '소조'(*sōzō*)가, 눈먼 상태에서(눈먼 바디매오의 경우, 막 10:52), 나병에서(눅 17:19), 그리고 출혈 문제에서(막 5:34) 해방되는 경우에 사용된다. 예수님은 매번 고통당하는 이들에게 "너의 믿음이 너를 구원했다"고 말씀하셨다. 흠정역은 매번 "너의 믿음이 너를 온전케 했다"고 번역한다. 명시되지 않은 질병들로 아팠던 사람들에게도 동일한 표현이 주어졌다. 그리스도의 옷에 손을 대는 이들은 다 "성함을 얻으니라"라고 나와 있다. 이는 헬라어에서 '에소존토'(*esōzonto*), '구원받았다'이며, 흠정역에서는 '온전케 되었다'이다(막 6:56; 비교. 행 14:9; 약 5:15). 그러나 '소조'는 또한 익사될 상황에서 구조되었을 때와("주여 구원하소서. 우리가 죽겠나이다", 마 8:25; 비교. 마 14:30과 행 27:20, 31, 34, 43-28:4) 심지어 죽음에서 구조되는 것에도 사용된다("네가 너를 구원하여 십자가에서 내려오라!…그가 남은 구원하였으되 자기는 구원할 수 없도다", 막 15:30-31; 비교. 요 12:27; 히 5:7).

이 모든 것이 사실이다. 그러나 이것이 무엇을 증명하는가? 우리는 동사 '구원하다'의 이러한 용례를 보고, 신약에서 신자들에게 구원을 약속하는 모든 부분에서 그것이 죄로부터의 구원뿐 아니라, 질병, 익사, 심지어 죽음까지 포함해서 각종 육체적인 아픔에 대해 일종의 종합 보험 같은 것을 제공한다고 주장해야 하는가? 그렇지 않다. 이런 표현들로 성경의 구원 교리를 재구성하는 것은 불가능할 것이다. 십자가에 못 박히시고 부활하신 그리스도를 믿음으로써 받는 구원은, 물리적인 것이 아니라 도덕적인 것이며, 해로운 데서 구조되는 것이 아니라 죄에서 구조되는 것이며, 예수님이 두 범주에 대해 다 "너의 믿음이 너를 구원했다"고 말씀하신 이유는 예수님이 (질병, 익사, 죽음에서) 물리적으로 구해 내시는 사역이 의도적으로 그분의 구원을 나타내는 표징이기 때문이다. 그래서 초대교회도 그렇게 이해했다.

우리는 예수님의 기적이 계속해서 '세메이온'(*sēmeion*), 즉 그분의 나라의 표징(표적), 그분의 구원의 표징이라 불리는 것을 기억해야 한다. 더 나아가 사도들도 그렇게 인지했고, 당연히 이러한 기적 이야기들을 그들의 설교와 가르침에서 사용했다. "네 믿음이 너를 구원하였다"는 예수님의 유명한 말씀은, 예수님의 발에 기름을 붓고 죄 사함을 받은 부도덕한 여인에게 선포되었다(눅 7:48-50). 또 맹인에게도, 나병으로 고통받는 이에게도, 출혈 문제가 있었던 여인에게도 선포되었다. 이는 그들이 병 고침을 받은 것이 그들에게 구원이었기 때문이 아니라, 그 병 고침이 구원을 가시적으로 보여 주는 비유였기 때문이다.

복음서에 대한 양식비평 해석은, 이러한 유명한 사건들을 복음 전도에 사용하라고 강력하게 추천한다. 예를 들어, 죄는 만성적인 내면의 도덕적 질병으로 어떤 인간도 고침 받을 수 없으므로, 만약 인간적인 치료책에 의지한다면 낫기는커녕 더 악화될 것이다. 그러므로 죄인은 믿음의 손을 내밀어 그리스도의 옷자락에 손을 대야 하고 그러면 온전해질 것이다. 다시 말해, 구원받을 것이다. 또 폭풍 같은 죄된 욕망, 심지어 폭풍 같은 하나님의 진노가 우리를 에워싸고 있는가? 그렇다면 예수 그리스도께 "주여 구원하소서. 우리가 죽겠나이다" 하고 외쳐야 한다. 그러면 그분이 즉시 폭풍을 잠잠케 하실 것이고, 우리는 멸망하지 않고 구원을 얻어 계속 그분의 구원의 평안과 잠잠함을 누릴 것이다. 초대교회는 이러한 육체적 구원 이야기들을 이렇게 사용했다. 그들은 예수님이 그것을 안전이나 건강의 약속이 아닌 구원의 실례로 삼으셨다고 믿었다.

이와 비슷하게 사도 베드로는, 성전 문 밖에서 나면서부터 못 걷게 된 이를 고친 이후, 어떻게 "이 사람이…구원을 받[았는지]"(*sesōtai*, RSV '고침 받은') 설명하는 데서, "다른 이로써는 구원을[*sōtēria*] 받을 수 없나니 천하 사람 중에 구원을[*sōthēnai*] 받을 만한 다른 이름을 우리에게 주신 일이 없음이라"라는 주장으로 곧장 나아갈 수 있었다(행 4:9, 12). 그 남자가 고침 받은 것은 그가 구원받았다는 "유명한 표적"이었다(행 4:16).

구원과 정치적 해방

둘째, 구원은 사회 정치적 해방이 아니다. 육체적·정신적 질병이 아닌 사회적·정치적 구조의 측면에서 우리 인간이 처한 주요한 곤경을 기반으로, 구원 교리를 설명하는 신학자들이 있다. 따라서 그들은 구원에 대해, 궁핍하고 사회적 혜택을 받지 못한 사람들이, 기아와 가난과 전쟁에서, 식민 지배와 정치적 탄압과 인종 차별과 경제적 착취에서, 빈민가와 정치범 수용소와 현대 세계의 삭막한 기술에서 해방되는 것으로 재해석한다. 질병이 아닌 압제가 문제다. 따라서 구원은 건강이 아니라 정의다. 이렇게 구원을 재구성하는 작업이 1960년대와 1970년대에 세계교회협의회가 보인 가장 두드러진 특징이었다.

구원에 대한 이러한 해석에서 강조점은, **인간다움, 발전, 온전함, 해방, 정의**와 같은 핵심 단어들에 있다. 나는 먼저, 인간다움, 온전함, 정의 같은 것들 그리고 온갖 형태의 압제로부터 사람들을 해방시키는 것이 좋은 목표이자 창조주 하나님을 기쁘시게 하는 일일 뿐 아니라, 그리스도인들은 긍휼과 선의를 지닌 사람들과 함께 그 목표를 위해 적극적으로 참여해야 한다고 말하고 싶다. 하나님이 모든 사람을 창조하셨고 모든 사람을 돌보시기 때문이다. 하나님은 인간이 평화와 자유와 존엄과 정의를 누리며 더불어 살도록 하셨다. 이러한 것들은 모든 사회에서 하나님의 관심사다. 성경의 하나님은 의롭게 하시는 분일 뿐 아니라 정의의 하나님이시며, 불의와 폭정을 미워하신다. 더 나아가 우리 복음주의자들은 사회적·정치적 책임에서 손을 떼는 죄를 범하곤 했다. 이렇게 등한시한 것은 우리의 과실이었다. 그러므로 그것을 회개하고, 하나님이 더 많은 그리스도인들을 부르고 계신다고 우리 자신과 서로에게 서슴지 않고 도

전해야 한다. 하나님은 그리스도인들을 세상에서 정치학, 경제학, 사회학, 인종 간 관계, 공중위생, 발전을 비롯하여 그리스도를 위해 그러한 수많은 영역에 헌신하라고 부르셨지만, 그런 부르심을 들은 이들보다 훨씬 많은 그리스도인들을 부르고 계신다고 말이다.

해방신학

구원에 대한 이러한 견해를 적극적으로 지지하는 이들은 '해방신학'을 지지하는 이들이다. 그리고 적어도 서구 세계의 독자들이 아는 한, 이러한 신학을 가장 먼저 주창한 이는 구스타보 구티에레스(Gustavo Gutiérrez)다. 원래 스페인어로 쓴 구티에레스의 『해방신학』(*A Theology of Liberation*)은 1971년 페루에서 출판되었고, 몇 년 후 영어로 출판되었다.[4] 부제가 "역사와 정치와 구원"인 이 책은, 당시에는 아직 시도되지 않았던, 성경의 구원을 압제 받는 이들의 해방의 시각에서 해석하려는 가장 완전하고 가장 철저한 시도였다.[5] 그 책의 배경이 된 것은 세 가지, 곧 '압제 받고 있던 대륙' 남미, 로마 가톨릭 교회와 가톨릭의 현대화, 그리고 마르크스주의 경제학이다. 나는 착취당한 이들을 향한 구티에레스의 깊은 긍휼의 마음, 가난한 이들과 연대하자는 그의 주장, 그리고 교회가 "더 복음적으로, 더 진심으로, 더 구체적으로, 더 효율적으로 해방에 헌신해야 한다는" 그의 요청을 존경한다.[6] 그는 여러 번 마르크스의 유명한 선언인 "철학자들은 세상을 **해석할** 뿐이다.…그러나 중요한 것은 세상을 **변화시키는** 일이다"에 찬성하며 그 선언을 인용한다.

우리는 그가 규정한 목표 즉 "사람의 자아 실현을 제한하거나 막는 모든 것으로부터의 해방, 사람의 자유 행사를 방해하는 모든 장애물로

부터의 해방"에 이의를 제기해서는 안 된다. 이는 완전히 성경적이다. 하나님은 인간을 자기 형상대로 만드셨으므로, 우리는 인간성을 말살하는 모든 것에 반대해야 한다. 또 "목표는 더 나은 환경, 구조의 급진적인 변화, 사회 혁명만이 아니라 그 훨씬 이상이다. 목표는, 인간이 되는 새로운 길을 끊임없이 계속해서 만들어 내는 것, 곧 **영구적인 문화 혁명**이다."[7]

이 목표에 이르는 수단은 무엇인가? 그 책에서 되풀이되는 주제들 가운데 하나는, 역사는 인간이 자의식 면에서 성장하는 과정이라는 것이다. "점차 자기 운명의 고삐를 쥐는" 과정, 자유를 얻고 그럼으로써 새로운 사회를 창조하는 과정이라는 것이다.[8] 사회학적이고 기술적인 용어로, 인간은 실제로 "성년이 된다." 그들은 이제 하나님이 태초에 그들에게 행사하라고 말씀하신 '지배권'을 최대 한도로 소유한다(창 1:26-28).

이 모든 것, 즉 사람이 자유로워야 하고, 자아를 성취해야 하고, 책임지고 그들의 사회를 재구성해야 한다는 것은 성경적이고 옳다. 그 목표와 수단 둘 다 제대로 규정되어 있다. 그러나 저자가 마치 그것이 성경이 말하는 구원인 양 신학적으로 다루기 시작할 때, 사회적 해방을 성경이 말하는 구원인 양 제시하려 할 때, 그래서 정치적 행동을 위해 전도를 생략하려 할 때, 나는 마지못해 그러나 단호히 그들과 결별한다.

구티에레스 자신이 그 기본적인 질문을 던진다. "인간이 해방되는 역사적 과정과 구원은 어떤 관계가 있는가?" 그는 이렇게 덧붙인다. 이는 "믿음과 정치적 행동의…, 혹은 다른 말로 하자면 하나님 나라와 세상을 세워 나가는 것의 관계에 관한 고전적인 질문이다."[9] 그는 그 둘을 동일시하기를 주저한다. 그러나 거의 동일시하게 되었고, 그렇게 하기 위해 심히 미심쩍은 주해에 빠졌다.

그는 하나님의 구원 사역에 대한 성경의 가르침을 모든 인간에게 적용하기 위해, 교회와 세상, 그리스도인과 비그리스도인의 구분을 거의 없앤다. 그는 사람들이 자각하든 못하든, "사람들은 모두 실제로 그리스도 안에서 하나님과 사귐을 갖도록 부르심을 받는다"라고 쓴다. 그리고 과감히 이렇게 덧붙인다. 실제로 이것이 "그 안에서 만물이 존재하고 구원받는다는, 그리스도의 보편적인 주되심이라는 바울의 주제다."[10] 또한 "그리스도인이든 비그리스도인이든 역사 속에서 인간의 행동은 완전히 새로운 면에서 종교적인 가치가 있다. 정의로운 사회를 세우는 것은 하나님 나라의 시각에서 볼 때 가치 있는 일이다. 혹은 지금 다루는 용어로 표현하자면 해방의 과정에 참여하는 것은 이미 어떤 의미에서 구원을 가능하게 하는 사역이다."[11]

그는 "역사 속에서 하나님과 만나다"라는 장에서, 다시 하나님의 사역과 임재를 보편적인 것으로 본다. 성경의 '성전' 이미지에서 시작한 그는, 심지어 그 자신이 가진 전제와도 전혀 맞지 않는 진술을 하게 된다. "구원 사역을 완수하도록 아버지와 아들로부터 보냄 받은 성령은 모든 사람 안에 거하신다"라고 말이다. 또 이렇게도 말한다. "하나님이 사람이 되셨으므로, 인간, 모든 사람, 역사가 하나님의 살아 있는 성전이다." 또 그리스도의 "해방이 택함 받은 새로운 백성을 만들어 낸다. 이번에는 여기에 모든 인류가 포함된다."[12] 이러한 진술은 결코 성경을 근거로 타당하다고 할 수 없다. 이와 반대로 신약 저자들은, 그리스도 안에 있는 이들과 그 안에 있지 않은 이들, 성령을 소유한 이들과 그렇지 않은 이들을 계속 구분하며 끊임없이 이러한 개념을 부정한다(예를 들어, 롬 8:9; 요일 5:12).

그렇다면 구티에레스의 체계에서 회심의 자리는 없는가? 있긴 하지만 그것은 기본적으로 "이웃을 향한 회심"이다.[13] 그는 이미 "사람이 하나님과 다른 사람에게 마음을 연다면, 비록 그가 그렇게 하고 있음을 분명히 의식하지 못한다 해도 구원받는다"라고 주장했다. 사람들이 명시적으로 그리스도를 주로 고백하든 하지 않든, 이기적이지 않으려는 노력과 "사람들 가운데서 진정한 인류애를 만들어 내려는 노력" 그 자체가, 하나님의 은혜에 대한 반응이다.[14] 실제로 하나님을 사랑하는 유일한 방법은 내 이웃을 사랑하는 것이고, 하나님을 아는 유일한 방법은 정의를 행하는 것이다.[15] 분명 하나님에 대한 진정한 사랑과 하나님에 대한 지식은 우리 이웃에 대한 사랑과 정의로 드러나야 하지만, 이를 역으로 말하며 정의를 행함으로써 하나님을 알게 된다고 말하고 심지어 그 둘을 동일시하는 것은, 선행으로 구원받는다는 교리와 거의 똑같다.

저자는 계속해서 "목표는, 빈곤과 불의와 착취에 맞서 싸우는 것"을 넘어 "새로운 인간을 창조하는 것"이라고 권한다.[16] 그는 이것이 마르크스주의자의 표현이기도 하고 성경적 표현이기도 함을 안다. 그러나 그 표현이 동일하다 해도, 그 표현이 사용될 때의 의미는 다를 수 있다고 당황하지 않고 말한다. 바울이 쓴 "한 새 사람" 혹은 "단 하나의 새로운 인류"는 그리스도의 죽음으로 하나님이 창조하시는 것이고, 개인적으로 그리스도 안에 있는 이들에게 주시는 하나님의 선물이다(엡 2:15-16; 고후 5:17). 구티에레스가 진심으로 이를, 마르크스주의를 통하여 그리스도인이건 아니건 모든 사람을 위해 새로운 사회 질서와 생활 방식을 '창조하는 것'과 동일하게 생각한다고는 믿기 어렵다.

압제로부터의 해방과 새롭고 더 나은 사회 창조가 분명 인류를 향한 하나님의 선한 뜻이지만, 이런 것들이 하나님이 예수 그리스도 안에서 예수 그리스도를 통하여 세상에 주고 계시는 그 '구원'의 구성 요소는 아니라는 사실을 덧붙이는 것이 필요하다. 우리가 앞에서 살펴본 대로,

그리스도인들이 이러한 영역들에서 섬기는 데 헌신하고 있다면, '하나님의 선교'에 포함될 수 있다. 그러나 사회 정치적 해방을 '구원'이라 부르는 것과 사회적 행동주의를 '전도'라 부르는 것은, 중대한 신학적 혼란의 죄를 짓는 것이다. 그것은 성경이 구별하는 것, 곧 창조주 하나님과 구세주 하나님, 우주의 하나님과 언약의 하나님, 세상과 교회, 일반 은혜와 구원하는 은혜, 정의와 의롭게 되는 것, 사회 개혁과 인간의 거듭남을 섞어 버리는 것이다. 그리스도의 복음 안에서 주어지는 구원은 구조보다는 사람에 관심을 둔다. 그것은 정치적·경제적 압제보다는 또 다른 멍에에서 건짐 받는 것이다.

해석학적 질문

에큐메니컬 운동 내에서 지지하는 해방신학에서 내가 아주 불편하게 느끼는 부분은, 기본적으로 해석학적 측면이다. 해방신학이 성경을 다룰 때 구약과 신약에 다 관심을 두지만, 해방신학 지지자들은 성경을 가지고 그 신학을 강화하려 한다. 나보다는 다른 비평가들이 에큐메니컬 모임에서 성경을 오용한다고 넌지시 말한 바 있다. 때로는 임의로 선택적으로 사용하고(불편한 부분은 제외하며), 또 어떤 때에는 심히 무신경하다(이미 정립한 이론을 지지하려는 목적으로, 사용하기 편한 대로 구절을 왜곡하면서)는 것이다. 예를 들어, 1973년 방콕에서 열린 "오늘의 구원" 집회에서 한 가톨릭 참관인은, 이 집회에서 '구원'에 대해 많이 이야기했지만, 사도 바울이 구원을 어떻게 이야기하는지는 귀 기울이지 않았다고 한탄했다. 아무도 믿음으로 의롭게 되는 것 혹은 영생을 언급하지 않았다.

  구원을 사회 정치적으로 해석하는 이들은, 구약에서 성경의 주요한 증거를 끌어온다. 바로, 이집트의 압제자들에게서 이스라엘이 해방된 사건이다. 구스타보 구티에레스는 이러한 출애굽 해석에 크게 의지한다. 이스라엘 백성은 경제적 착취와 잔혹한 인구 억제 정책으로 고통당하는 노예들이었다. 그들은 속박된 상태에서 '신음했고' 하나님께 울부짖었고, 하나님은 모세에게, 그들의 압제를 아시며 "내려가서 그들을…건져내시겠다고[즉, 해방하시겠다고]" 말씀하셨다(출 3:7-10). 몇 년 후 홍해에서 그들은 "가만히 서서 여호와께서…행하시는 구원을 보라"는 말씀을 들었다. 구조가 완료되었을 때에는 "여호와께서 이같이 이스라엘을…구원하시매"라고 기록되었으며, 이스라엘은 "주께서 구속하신 백성"임이 알려지게 되었다(출 14:13, 30; 15:13).

그러나 우리는 이러한 성경의 내러티브를 압제 받는 모든 사람에게 적용할 수 있는지, 또 그것을 하나님이 모든 압제 받는 자들을 향해 뜻하시거나 약속하신 해방으로 여길 수 있는지 질문해야 한다. 분명 그 대답은 '그렇지 않다'이다.

모든 형태의 압제가 하나님께 혐오스러운 것임은 분명하다. 또 하나님이 모든 나라의 역사 속에서 일하고 계심도 분명하다. 정말 그러하므로 아모스를 통한 그분의 말씀은, 이스라엘의 상황이 블레셋, 아람의 상황과 유사하다고 말한다. "내가 이스라엘을 애굽 땅에서, 블레셋 사람을 갑돌에서, 아람 사람을 기르에서 올라오게 하지 아니하였느냐?"(암 9:7) 그러나 이는 이스라엘이 마치 야웨께서 자기 부족의 신인 양 야웨를 독점할 수 없다고 주장하는 것이었다. 물론 또한 하나님이 그분의 백성 이스라엘과 맺으신 특별한 관계를 부인하지도 않았다. 그 반대로 하나님은 다시 아모스를 통하여, 그 관계의 독특성, 그러므로 거기에 담긴 도덕적 의미를 주장하셨다.

> 내가 땅의 모든 족속 가운데
> > 너희만을 알았나니
> 그러므로 내가 너희 모든 죄악을
> > 너희에게 보응하리라. (암 3:2; 비교. 시 147:20)

출애굽 배후에도 이와 똑같은 특별한 관계가 있었다. 하나님은 그분의 백성을 이집트에서 구해 내시어, 아브라함과 이삭과 야곱에게 하신 언약을 성취하시고, 또 시내 산에서 그 언약의 갱신을 기대하셨다(출 2:24; 19:4-6). 하나님은 아람인들이나 블레셋인들과는 언약을 맺지 않으셨고, 그들 민족의 삶에 섭리적으로 역사하셔서 그들을 그분의 언약 백성으로 삼지도 않으셨다. 성경에서 '구원'과 '언약'은 항상 한 세트로 되어 있다. 그러므로 신약에서 출애굽은, 정치적으로 압제 받는 소수들에 대한 해방의 약속이 아니라, 우리가 그리스도에 의해 죄에서 구속 받는 것에 대한 이미지가 된다.

만약 신학적으로 그리스도 안에서 그리스도를 통해서 이루어지는 하나님의 구원에 관해 이야기하고 있지 않음이 분명하다면, **구원**이라는 단어를 정치적인 의미로 사용해도 이의가 없을 수 있다. 신약은 구약의 구원 약속들을 다룰 때 그것을 물리적인 측면보다는 도덕적인 측면에서 해석한다. 아마도 가장 두드러진 예는, 사가랴의 노래일 것이다. 그 노래에서 하나님이 일으키신 "구원의 뿔"은, 우리를 "우리 원수에게서…구원" 하신다고 예언자들을 통해서 하신 약속을 따른 것으로, "성결과 의로" 하나님을 섬기는 것과 관련이 있는 것으로 이해된다. 그리고 세례 요한은 "주 앞에 앞서 가서 그 길을 준비하여 주의 백성에게 그 죄 사함으로 말미암는 구원을 알게" 할 것이다(눅 1:67-79).

구원을 사회 정치적 용어로 정의할 수 있다고 주장하는 이들이 사용하는 또 다른 유명한 성경 구절은, 우리 주님이 나사렛 회당에서 이사야서에서 인용하신 것이다.

> 주의 성령이 내게 임하셨으니
> 이는 가난한 자에게 복음을 전하게 하시려고 내게 기름을 부으시고
> 나를 보내사 포로 된 자에게 자유를,
> 눈먼 자에게 다시 보게 함을 전파하며
> 눌린 자를 자유롭게 하고. (눅 4:18)

여기에 세 가지 범주의 사람, 곧 가난한 자, 포로 된 자, 눈먼 자가 언급된다. 해방신학은 여기서 문자적·물리적 조건을 염두에 두고 있다고 전제한다. 그러나 우리는 그렇게 쉽게 당연시할 수 있을까? 예수님이 사역하시는 동안 눈먼 자의 눈을 뜨게 하신 것은 사실이고, 분명 우리 그리스도인들은 오늘날 눈먼 자에게 긍휼의 마음을 가져야 한다. 그러나 그리스도께서 기적적으로 시력을 회복시키신 것은, 그분이 세상의 빛이시라는 표징이었다. 그것을 오늘날 우리에게 동일한 기적적인 치유를 행하라는 지시로 여길 수는 없다. 예수님은 또한 가난한 자들도 섬기셨고 부자들을 당황하게 만드는 말씀도 하셨다. 그러나 구약에서 '가난한 자'는 단지 경제적으로 어려운 사람만이 아니라, 하나님을 신뢰하며 그분께 소망을 둔 경건한 사람이었다. 팔복의 첫 번째 복에서, 물질적 가난을 하나님 나라를 받는 조건으로 삼는 것으로 이해할 수 없다. 우리가 복음을 불합리한 것으로 만들 작정이 아니라면 말이다. 그렇다면 포로 된 자와 눌린 자는 어떤가? 예수님이 문자 그대로 팔레스타인의 감옥들을 비우

셨다는 증거는 없다. 그 반대로 우리가 아는 어떤 죄수는 감옥에 그대로 있다가 처형당했다(세례 요한). 그러나 예수님은, 사람들을 죄와 사탄에게 영적으로 결박된 상태에서 구해 내셨고, 진리가 그분의 제자들을 자유롭게 할 것이라고 약속하셨다.

나를 오해하지 말기 바란다. 물질적 가난, 물리적으로 눈먼 것, 부당한 투옥은 다양한 수준으로 인간성을 말살시키는 조건들이다. 우리 그리스도인은 그런 이들에게 관심을 가져야 하며, 이런 식으로 고통당하는 이들을 구하기 위한 행동을 해야 한다. 그러나 나의 요지는, 이런 것들에서 구해 내는 것이 그리스도께서 우리에게 주시기 위해 죽고 부활하신 그 구원은 아니라는 것이다.

구원을 사회적 해방으로 해석하려는 시도와 관련된 해석학적 문제가 한 가지 더 있다. 그것은 신약에서 사도들이 종들에게 준 가르침과 관련이 있다. 사도들은 노예 제도를 직접적으로 공격하지는 않았지만 바울은 주인들을 향해 종들에게 "의와 공평"을 베풀어야 한다고 주장한다(골 4:1). 이는 혁명적인 주장이었다. 로마 제국에서는 종들에게 '의'라는 개념을 전혀 고려하지 않았기 때문이다. 실제로 이렇게 의를 요구한 것이 그 제도의 기반을 약화시켰고 결국 그것을 무너뜨렸다. 더 나아가, 바울은 비록 반란이나 시민 불복종이나 스스로 해방 운동을 하라고 선동하지는 않았지만, 자유를 얻을 수 있다면 그 기회를 이용하라고 권한다. 이렇듯 그는 노예 제도를 인간의 존엄성을 해치는 것이라 인식한다. 그는 "사람들의 종이 되지 말라"고 쓴다. 그러나 그런 다음 "주 안에서 부르심을 받은 자는 종이라도 주께 속한 자유인이요…형제들아 너희는 각각 부르심을 받은 그대로 하나님과 함께 거하라"라는 의미 있는 말을 덧붙인다(고전 7:20-24). 이러한 가르침이 중요하다는 사실은 분명히 해야 한다. 사회적인 자유를 얻을 수 있는 종들은 그렇게 해야 한다. 이것이 그들을 향한 하나님의 뜻이다. 그러나 그럴 수 없다면, 사회적 조건이 어떠하든 그들은 그리스도 안에서 여전히 자유로운 사람들임을 기억하게 하라! 그들이 노예 상태에 있다고 해서, 예수 그리스도 안에서 자유를 얻은 인간으로서 그들의 가장 깊은 자유를 억압할 수 없고, 하나님이 받아주신 이들로서 그들의 존엄성을 파괴할 수도 없다. 그들은 노예 상태에서도 '하나님과 함께' 할 수 있다. 아마 나는 종교는 마약이라는, '사람들에게 아편'이라는("종교는 사람들의 아편"이라는 마르크스의 경구를 떠올리며) 오래된 고발의 빌미를 주고 있는지도 모른다. 그러나 그러한 고발은 온당하지 않다. '하나님과 함께'라는 그 어구를 압제를 용납하는 일이나, 현 상황을 무비판적으로 묵인하는 것을 정당화하는 일에 사용하는 것은 절대 타당하지 않다. 오히려 이 어구가 모든 상황을 변화시킬 수 있다. 이는 우리에게 예수 그리스도께서 아주 억압적인 폭군도 없앨 수 없는 영혼의 내적인 자유를 주신다고 말하기 때문이다. 감옥에 있던 바울을 생각해 보라. 그가 자유롭지 않았는가?

지금까지 나는 대체로 소극적인 측면에서 말했다. 나는 성경으로부터, 그리스도께서 이루시려고 죽으시고 지금 세상에 제공하시는 그 '구원'은 심신의 치유도 아니고 사회 정치적 해방도 아니라고 주장하는 시도를 했다. 또 이렇게 재구성하려는 시도를 거부하면서도, 오해에 빠지지 않도록 조심하고자 했다. 이러한 소극적인 측면은 적극적인 측면과 균형을 맞추어야 한다. 첫째로, 하나님은 이 영역들, 즉 우리 몸과 사회에 관심이 아주 많으시다. 둘째, 언젠가는 몸과 사회 둘 다 구속 받을 것이다. 우리는 새로운 몸을 부여받고 새로운 사회에서 살 것이다. 셋째, 그렇게 되기까지 우리는 사랑 때문에 그 두 영역에서 일한다. 즉 육체적 건강을 증진시키고(치료와 예방 수단으로), 또 사람들에게 자유와 존엄과 의와 평화를 가져다줄 근본적으로 다른 사회 질서를 창조하는 일을 한다. 우리는 하나님께 그리고 따라서 우리에게도 이러한 일들의 중요성을 강조했지만, 그럼에도 불구하고 여전히 그것이 하나님이 지금 그리스도 안에서 인간에게 주시는 구원은 아니라고 주장해야 한다.

로잔 언약은 그 긴장을 분명히 표현한다.

> 우리는 하나님이 모든 사람의 창조주이자 심판자시라고 주장한다. 그러므로 우리는 인간 사회 어디서든 정의와 화해에 관심이 있으시고 사람을 모든 압박에서 해방시키는 데 관심이 있으신 하나님과 함께해야 한다. 인간은 하나님의 형상으로 지음 받았으므로, 인종, 종교, 피부색, 문화, 계급, 성, 나이에 상관없이 모든 사람이 타고난 존엄성을 지니고 있으며, 이 때문에 존중받고 섬김을 받아야 하며 착취당하지 말아야 한다.…사람과의 화해가 하나님과의 화해는 아니며, 또 사회적 행동이 전도가 아니며, 정치적 해방이 구원은 아닐지라도, 우리는 전도와 사회 정치적 참여가 둘 다 우리 그리스도인의 의무임을 인정한다. 둘 다 하나님과 인간에 대한 교리와, 이웃 사랑과, 예수 그리스도에 대한 순종의 필수적인 표현이기 때문이다. 구원의 메시지는 온갖 소외와 압제와 차별에 대한 심판의 메시지를 포함하기도 한다. 그러므로 우리는 악과 불의가 있는 곳 어디에서든 서슴없이 그것들을 고발해야 한다.[17]

구원과 개인의 자유

그렇다면 구원이란 무엇인가? 그것은 개인이 자유를 얻는 것이다. 우리가 보았듯이, 구원은 결국 신체적·정신적 건강을 증진시키는 결과를 낳는 것이 사실이다. 또 로잔 언약이 말하듯이, 광범위한 사회적 결과를 낳는 것도 사실이다. "우리가 주장하는 구원은 우리의 개인적 책임과 사회적 책임 전체에서 우리를 변화시켜야 한다."[18] 그럼에도 구원 자체, 그리스도께서 그분의 백성에게 주시는 그 구원은, 가장 추한 죄에서 벗어나는 것이고, 새로운 섬김의 삶으로 해방되는 것이며 그래서 결국 "하나님 자녀의 영광스러운 자유"에 도달하게 되는 것이다. 게오르크 포레(Georg Fohrer)는 게르하르트 키텔(Gerhard Kittel)의 『신약 신학 사전』(*Theological Dictionary of the New Testament*)에서, 구원과 관련된 어휘들은 일차적으로 소극적이며 어디에선가 구해지는 것을 강조한다고 명확히 말한다. 그래서 그리스 세계에서 구원은 무엇보다, 전쟁의 위험이든, 바다 혹은 유죄 판결이나 질병의 위험에서든, "신들이나 사람이 심각한 위험에서 다른 신이나 사람을 낚아채서 구해 내는 아주 역동적인 행위"였다.[19] 그래서 그리스 문헌에서, 의사, 철학자, 판사, 장군, 통치자, 특히 황제는 인간 '구원자'에 포함된다.

구약에서 구원을 나타내는 가장 흔한 동사는, 어떤 압제로 인한 좁음에 대비되는 넓음 혹은 널찍함이라는 기본 개념을 지닌다. 그래서 "제3자가 압제 받는 자들을 위해, 압제자에게 대항하여, 개입하여 구해 냄으로써" 어떤 투옥 상태에서 넓은 곳으로 구조되는 것을 나타냈다. 포레는 계속해서 이렇게 말한다. "그 개념은 자립도 아니고, 압제 받는 자들과 협력한다는 의미도 아니다. 그것은 그 도움이 없다면 압제 받는 자들을 잃을 그런 도움이다."[20] 포위군에게서 한 도시를 구해 낼 수도 있고, 다른 정권에게서 한 나라를 구해 낼 수도 있고, 불의에서 가난한 자를 구해 낼 수도 있고, 어떤 개인적인 재난에서 개인들을 구해 낼 수도 있다.

이 모든 것은 **하나님**의 구원을 이해하는 데 중요한 배경이다. 그분은 살아 계신 하나님이요 구세주시다. 우상들은 죽어 있어서 구원할 수 없다. 하나님은 그분의 백성을 구원하실 때 그들을 압제자에게서 구해 내실 뿐 아니라 그분 자신을 위해 구원하신다. 그분은 "내가 애굽 사람에게 어떻게 행하였음과 내가 어떻게 독수리 날개로 너희를 업어 내게로 인도하였음을 너희가 보았느니라"(출 19:4)라고 말씀하셨다. 이는 이미 언급했던 주제, 곧 '구원'과 '언약'이 한 세트라는 주제다. 또 하늘에서 그리스도께 드리는 찬양인 '새 노래'에서는 "일찍이 죽임을 당하사…사람들을 피로 사서 하나님께 드리시고"라고 선언한다(계 5:9).

이제 **자유**는 오늘날 인기 있는 단어다. 그러나 불행히도 자유에 관한 현대의 논의는 소극적이다. 사전들은 이 단어를 소극적으로 정의한다. 어떤 사전은 자유를, "방해, 제한, 갇힘, 탄압이 없는 것"이라고 말한다. 또 다른 사전은 자유로운 것이란, "종이 되지 않는 것, 감옥에 갇히지 않는 것, 제한 받지 않는 것, 억압 받지 않는 것, 방해받지 않는 것"이라고 말한다. 그리고 사전들에는 일반적인 용례들만 반영되어 있다. 그러나 우리는 자유를 소극적인 면에서만 정의해서는 안 된다. 실제로 자유에 대한 적극적인 이해를 강조한 것이, 현재 논의에 기독교가 독특하게 기여한 부분이다. 마이클 램지(Michael Ramsey)는 "우리는 **무엇으로부터** 자유로운 사람이 되고 싶은지 안다. 그런데 **무엇을 위해** 자유로운 사람이 되고 싶은지도 아는가?"라고 썼다. 그는 계속해서, "아주 분명하게 우리의 감정을 자극하는" 그러한 자유(즉, 박해, 독단적인 투옥, 인종 차별, 심한 기아와 가난으로부터의 자유)를 얻으려는 우리의 노력은 언제나, "사람이 자아에서 벗어나 하나님의 영광을 위해 자유로워지는, 더 급진적이고 혁명적인 면을 배경으로 두어야" 한다고 주장한다. 그는 계속해서 그러한 자유는 예수님에게서만 완벽하게 나타난다고 말한다. "그분은 누군가로부터 벗어나 누군가를 위해 자유로워지신다. 그분은 자아에서 벗어나 하나님을 위해 자유로워지신다."[21]

그러므로 이제 우리는 성경이 말하는 대로 세 단계 혹은 세 시제로 (과거, 현재, 미래) 신약의 구원 교리를 검토할 것이다. 각 경우에 소극적인 측면과 적극적인 측면이 서로 어떻게 보완되는지 살펴볼 것이다. '해방'은 구원을 나타내는 훌륭한 표현이다. 무엇보다 해방된 이들에게 주어지는 자유를 암시하기 때문이다.

심판에서 벗어나 아들 자격을 위해 얻는 자유

먼저 과거 시점에서 보면, '구원'은 죄에 대한 하나님의 의로운 심판에서 해방되는 것이다. 이는 그저 죄책감과 양심의 가책을 지니고 있다가 예수 그리스도 안에서 그 가책에서 벗어나는 것이 아니다. 오히려 우리가 실제로 객관적으로 하나님 앞에서 유죄 판결을 받았는데, 악한 감정과 꺼림칙한 마음을 갖게 했던 그 판결에 대해 아무런 대가 없이 감형을 받은 것이다. 복음이 "구원을 주시는 하나님의 능력"이라고 하는 이유는, 그 안에 "하나님의 의가 나타나기" 때문이며(즉, 불의한 자를 의롭다고 선언하시는 그분의 의로운 방식), 복음에서 이러한 하나님의 의가 나타나는 이유는, "하나님의 진노가 불의로 진리를 막는 사람들의 모든 경건하지 않음과 불의에 대하여 하늘로부터" 나타나기 때문이다. 로마서 1:16-18에서 이러한 논리적인 사고 전개는, 하나님의 능력과 하나님의 의와 하나님의 진노를 연결시킨다. 그분의 진노가 죄에 맞서 나타나기 때문에, 그분의 의가 복음에 나타나고, 그분의 능력이 복음을 통해 신자들에게 나타난다.

이러한 과거 시점에서 구원은, 유죄 선고와 반대 개념인 칭의와 동등하다. "그리스도 안"에 있는 사람은 모두 '세소스메노이'(sesōsmenoi, 엡 2:8), 즉 구원받은 사람들이다. 또한 '디카이오텐테스'(dikaiōthentes, 롬 5:1), 즉 의롭다 함을 받은 이들이다. 두 단어 모두 과거 시제의 분사들로, 그리스도를 믿는 믿음을 통해 이미 일어난 일을 가리킨다. 실제로 로마서 10:10은 명확하게 둘을 동일시한다. "사람이 마음으로 믿어 **의에 이르고** 입으로 시인하여 **구원에 이르느니라**." 이러한 칭의는 오직 그리스도의 화목 제사 때문에 가능해졌다(롬 3:24-26). "그리스도 예수 안에 있는 자에게는 결코 정죄함이 없[다]." 오직 하나님이 자기 아들을 "죄 있는 육신의 모양으로 보내어 육신에", 다시 말해, 예수께서 입으신 육신에 "죄를 정하[셨기]" 때문이다(롬 8:1-3). 물론 하나님의 진노는 인간의 진노와 같지 않고, 그리스도의 화목 제사는 이교도의 화목 제사와 같지 않다. 그러나 알맞지 않은 요소들(즉, 보잘것없는 인간의 제물로 달랠 수 있는, 복수심에 불타는 신들의 독단적인 진노라는 개념)을 다 제하고 나면, 하나님이 사랑으로 자신의 사랑하는 아들을 보내셔서 죄에 대한 거룩한 진노를 가라앉히는 성경의 화목 제사가 남는다(요일 2:2; 4:10).

그러나 사도들은 구원의 첫 단계를 펼쳐 보이면서, 하나님의 진노에 대한 화목 제사 이상으로 나아간다. 심지어 하나님이 죄인을 의롭다 하시는 것, 즉 그들을 하나님 보시기에 의로운 이들로 받아주시는 것 너머로 간다. 바울은 우리가 진노**에서 벗어나** 아들이 되기 **위해** 구원받는다는 사실을 강조한다. 하나님이 자기 아들을 보내신 것은, 우리를 구속하시기 위해서만이 아니라 우리를 그분의 가족으로 입양하기 위해서이기도 하다. 심판자가 우리 아버지가 되시고, 성령께서 친히 우리로 그분을 '아빠, 아버지'라고 부르게 하신다. 이렇듯 우리 영과 더불어 우리가 진실로 하나님의 자녀인 것을 증언하신다. 그러므로 우리는 더 이상 종이 아니라 자녀다(롬 8:14-17; 갈 4:4-7). 이제 우리는 자유로운 사람으로 자유롭게 살아간다.

자아에서 벗어나 섬김을 위해 얻는 자유

둘째, 이제 구원의 현재 시제로 가 보자. 신약에서 구원은 과거에 받은 선물이기도 하지만, 현재 진행되는 과정이기 때문이다. 만약 당신이 내게 구원받았는지 묻는다면, 그리고 내가 성경적으로 생각하고 대답한다면, 나는 정말로 "그렇다"고 하는 만큼 "아니다"라고도 대답할 수 있다. 그렇다. 나는 진실로 하나님의 완전한 은혜로 그분의 진노에서, 또 내 죄책과 유죄 선고에서 구원받았다. 그러나 아직 구원받지 못한 것이기도 하다. 죄가 여전히 내 안에 거하고 내 몸이 아직 구속 받지 못했기 때문이다. 그것이 신약에 자주 나오는 '지금'과 '아직 아니' 사이의 긴장이다.

신약에서 '소조'(*sōzō*)라는 동사가 부정 과거 시제와 완료 시제뿐 아니라, 가끔 현재 시제로도 사용된다는 것은 잘 알려져 있다. 그리스도인들은 '호이 소조메노이'(*hoi sōzomenoi*, '구원받는 이들')이다. 이는 부분적으로 우리 구원이 아직 완성 단계에 이르지 못했다고 여겨지기 때문이다. '호이 소조메노이'('구원받는 이들')는 '호이 아폴리메노이'(*hoi apollymenoi*, '멸망하는 이들')와 대조된다. 그들은 아직 멸망하지 않았으며 **우리는** 아직 새로운 창조 세계에 이르지 못했기 때문이다(비교. 고전 1:18; 고후 2:15; 행 2:47). 현재 시제가 나오는 또 다른 이유는, 칭의와 영화 사이 중간 기간에 성화라 불리는 과정, 즉 그리스도의 영에 의해 그리스도의 형상으로 "영광에서 영광에 이르[는]"(고후 3:18) 신자의 점진적인 변화가 있기 때문이다. 결국 우리가 하나님의 아들의 형상에 온전히 이르기까지 말이다(롬 8:29; 비교. 요일 3:2).

더 나아가, 우리가 그 형상으로 변화되어 가고 있는 예수 그리스도가 '두 번째 사람', '두 번째 아담'(롬 5장과 고전 15장), 새 인간성의 선구자이시므로, 그리스도 안에 있는 우리는 이 새 인간성을 함께 지닌 이들이다. 그리스도인이 된다는 것은, 진정한 의미에서 인간이 되는 것이다. 하나님께 반역하는 것보다 더 인간성이 말살되는 것이 없고, 하나님과 화해하고 그분과 사귐을 갖는 것보다 더 인간다운 것은 없기 때문이다. 그러나 구원이 인간다운 삶을 포함한다고 기쁘게 주장한다고 해서, 인간다운 삶(사람들을 현대 사회의 비인간화 과정에서 구해 내는 것)이 구원과 같다고 말하는 것은 전혀 아니다.

에큐메니컬의 주장은 이렇게 전개되는 것 같다. 즉 신약에 따르면, 구원이 사람을 인간답게 만드는 것이므로, 사람을 인간답게 만드는 것은 무엇이든 구원이다. 그러나 이런 식의 추론은 신학에서 그렇듯 논리적으로도 결함이 있다. 똑같이 이런 식으로도 말할 수 있을 것이다. "아스피린이 통증을 덜어 준다. 그러므로 통증을 덜어 주는 것은 무엇이든 아스피린이다."

현재 진행형 구원은 두 가지 놀라운 사도의 명령에 표현되어 있다. 바울은 빌립보인들에게, "너희 구원을 이루라"고 쓰면서(빌 2:12-13), 하나님이 그들 안에서 이루고 계신 구원을 날마다 살아 내면서 실제로 드러내 보이라고 요청한다. 반면 사도 베드로는 독자들이 "구원에 이르도록 자라[는]" 것이 필요함을 강조한다(벧전 2:2). 그는 바로 앞 절에서 모든 악독과 기만과 외식과 시기와 비방하는 말을 다 버리라고 말했으므로, 그는 이런 것들을 갓난아기 같은 것으로 여기는 것이 분명하며, 그가 '구원'에 이르도록 자라라고 할 때의 그 '구원'은 행동에서 그리스도를 닮는 것임이 분명하다.

    이 현재의 구원에서 우리는 또다시 적극적인 측면을 강조해야 한다. 우리는 자기 중심성의 속박에서 구원을 받아 섬길 수 있는 자유를 얻는다. 예수님은 우리를 죄의 종이라고 말씀하셨는데, 자신 안에 갇혀 있는 것보다 더 나쁜 노예 상태는 없다. 루터는 타락한 인간을 '자신을 향해 구부러진 인간'(*homo incurvatus in se*)이라 묘사했다. 예수 그리스도께서는 이 감옥에서 우리를 해방하신다. 그분은 만약 우리가 이기심으로 우리 삶에 매달려 우리 자신을 '구원'하겠다고 고집한다면, 우리 자신을 잃을 것이라고 경고하신다. 그 반대로, 섬김으로 그분과 다른 사람들에게 우리 자신을 내어 줌으로써 자신을 잃을 준비가 된다면 우리는 진정 우리 자신을 찾게 될 것이다(막 8:35). 우리가 죽을 때에만 우리는 살고, 우리가 섬길 때에만 우리는 자유롭다.

    이 현재의 구원, 우리가 자기 중심성의 족쇄에서 해방되어 섬김의 자유를 얻게 된 이 구원은, 보통 우리 생각보다 더 철저한 요구를 한다. 다시 로잔 언약에서 인용해 본다. "전도의 결과에는, 그리스도에 대한 순종과 그분의 교회에 속하는 것, 그리고 세상에서의 책임 있는 섬김이 포함된다."[22] 만일 우리가 진정으로 전통과 관습과 세상 문화의 속물적인 물질주의를 맹종하는 데서 구원받지 못한다면, 우리 제자도가 기득권층의 태도를 비판하고 모든 형태의 압제에 분개할 만큼 급진적이지 못하다면, 우리가 지금 자유롭게 사심 없이 그리스도와 교회와 사회에 헌신하지 못한다면, 우리는 거의 구원받았다고, 혹은 구원받는 과정 중에 있다고 주장할 수 없다. 구원과 하나님 나라는 동의어이며(비교. 막 10:23-27), 그 나라에서는 예수님의 권위가 절대적이다.

오늘날 그리스도인의 실패에 수치심을 느끼지 못한다면, 신약에 묘사된 대로 이 구원의 현재 단계를 온전히 파악하기란 불가능하다. 우리는 이미 값없이 받은 선물인 과거의 구원을 너무 기뻐하는 나머지, "구원에 이르도록 자라[라는]" 부르심과 동료 신자들과 하나님과 인류를 섬기는 데 전심으로 헌신하라는 부르심을 무시한다. 현재 '구원받고 있다'는 것이 의미하는 바를 숙고한다면, 우리는 교회 자체가 해방이 필요하다고 인정하게 된다. 바로 주 예수 그리스도의 제자를 향한 요구에 성실하지 못한 모습에서, 복음의 변화시키고 새롭게 하는 능력에 반하는 모습에서 해방되는 것이다.

부패에서 벗어나 영광을 위해 얻는 자유

셋째, 미래의 측면으로 가 보자. 선물이면서 계속되는 과정인 하나님의 구원은 또한 우리 소망의 대상이기도 하다. 우리는 구원받기를 소망하여 구원받았다. "구원의 소망"은 그리스도인 군사들이 쓰는 투구다(살전 5:8; 비교. 롬 8:24).

또 날마다 이 구원에 가까워진다. "우리의 구원이 처음 믿을 때보다 가까웠음이라"(롬 13:11; 비교. 벧전 1:5, 9). 그러나 우리는, 구스타보 구티에레스가 "종말론과 정치"라는 장에서 묘사한 유토피아의 비전 같은 것을 가지고 있지는 않다. 그 반대로 "우리는 인간이 땅 위에 유토피아를 건설할 수 있다는 생각은, 오만하고 자신감에 찬 꿈이라 여기며 이를 거부한다. 우리 그리스도인들은 하나님이 그분의 나라를 완성하시리라 확신하며, 그날을 고대하고, 의가 충만하고 하나님이 영원히 통치하실 새 하늘과 새 땅을 열망하며 고대한다."[23]

이 최종적인 구원은 어떤 모습일까? 우선, 그것은 다가올 진노에서 구원받는 것이다(롬 5:9; 살전 1:10; 5:9). 그뿐 아니라, "우리 몸의 속량"도 포함할 것이다. 우리 몸도 창조 세계처럼 "썩어짐의 종 노릇"을 하고 있기 때문이다. 그래서 창조 세계도 마치 고통을 겪는 것처럼 탄식하고, 우리도 속으로 탄식한다. 우리는 새로운 몸과(육체적 약함, 타락한 본성, 죽을 운명에서 해방될), 새로운 우주(압제가 없고 오직 공의만 있을)를 갈망한다. 신약은 또한 이러한 기대를 소극적인 표현보다는 적극적인 표현으로 묘사한다. 우리 내면의 탄식은, 우리가 "양자 될 것", 즉 우리의 아들됨이 온전히 드러날 때를 향한 갈망이다. 이와 마찬가지로 창조 세계도 "썩어짐의 종 노릇 한 데서 해방"될 뿐 아니라 "하나님의 영광의 자유에" 이르게 될 것이다(롬 8:18-25; 벧후 3:13을 보라).

나는 성경이, 개인의 구원의 각 단계에서 우리를 **구해 내는 것**(진노에서, 자아에서, 부패와 죽음에서)보다는 이러한 구해 냄이 가져올 **자유**에 더 강조점을 두고 있음을 보여 주려고 노력했다. 그것은, 우리 아버지이신 하나님과 함께 사는 자유, 다른 사람들을 섬기는 데 헌신하는 자유, 그리고 마지막으로 현재 우리 타락한 존재의 모든 한계가 제거되어 하나님과 서로에게 아무런 거리낌 없이 자유롭게 헌신할 때 누릴 '영광의 자유'다.

우리가 구원받았는가? 그렇다. 그래서 "우리가…즐거워"한다(롬 5:2-3, 11). 우리가 구원받았는가? 아니다. 그래서 이 몸으로 온 창조 세계와 함께 종말을 기다리며 "탄식"한다. 우리는 기뻐하고 또 탄식한다. 이것이 구원받았으며 구원받는 중이며, 동시에 아직 최종적으로 구원받지 못한 그리스도인들의 역설적 경험이다.

그래서 복음은 구원에 관한 좋은 소식이며, 우리는 바울처럼 복음을 부끄러워하지 않는다고 선언할 수 있어야 한다. 마이클 그린이 그의 철저한 연구서인 『구원의 의미』 끝 부분에서 제대로 말하듯이, 오늘날 세상에는 "여전히 구원에 대한 갈구가 있다."[24] 그리고 하나님의 복음은 여전히 믿는 이들을 구원에 이르게 하는 그분의 능력이다. 하나님은 여전히 예수 그리스도에 대한 선포인 '케리그마'를 통해 신자들을 구원하신다.

마지막으로 우리는 우리가 선포하는 내용을 드러내 보여야 한다. 힌두교 철학자이자 인도의 전직 대통령 라다크리슈난(Rhadakrishnan) 박사는, 그리스도인들에게 이렇게 말했다고 한다. "당신들은 예수 그리스도가 당신들의 구세주라고 주장하지만, 당신들은 다른 누구보다 '구원받은' 것같이 보이지 않는군요." 우리가 변화된 삶과 생활 방식으로 구원을 증명하지 못한다면, 우리의 구원 메시지는 다른 사람 귀에 들어가지 못한다. 이는 그 누구보다 복음 전도자에게 직접적으로 적용된다. 존 풀턴(John Poulton)은 이렇게 쓴다. "가장 효과적인 설교는 자신이 말하는 바를 구현해 내는 이들에게서 나온다. 그들이 곧 그들의 **메시지다**.…그리스도인들은…그들이 말하고 있는 바처럼 보여야 한다. **사람**은 말이나 사상으로 주로 소통하는 것이 아니다.…진정성이 사람들 마음 깊숙한 곳에 전달된다.…지금 소통되는 것은 기본적으로 인격적 진정성이다."[25] 그리고 그리스도인의 인격적 진정성은 진짜 구원의 경험이다.

8장
구원에 관한 고찰

크리스토퍼 라이트

존 스토트는 "기독교는 구원의 종교라 말하는 것이 전혀 과장이 아니다"라고 주장한다. 여기서 그가 '구원의 종교' 앞에 부정관사보다는 정관사를 붙일 수도 있었을 것이다. 그가 계속해서 말하는 대로, 성경의 하나님은 구원의 하나님이시기 때문이다. 구원하시는 하나님이라는 말보다, 성경 계시에서 자주 그리고 포괄적으로 하나님을 정의하는 다른 말은 없다. 신이라 주장하는 다른 누구도 그렇게 하지 못한다. 구속 받은 인류의 찬양대는 "구원하심이…우리 하나님…에게 있도다"라고 찬양한다(계 7:10). 다른 누구에게도 있지 않다고 말이다. 이는 성경적인 믿음에서 아주 독특한 것이어서, 스토트가 이 책에서 강조하며 할애한 분량보다 훨씬 더 강력하게 강조할 수 있다. 나는 『구원하심이 우리 하나님에게 있도다』(*Salvation Belongs to Our God*)라는 책에서(공교롭게도 스토트가 Global Christian Library 시리즈의 편집 고문이었을 때 그의 요청에 따라 쓴), 그 내용에 한 장 전체를 할애했다. 여기서도 스토트가 이 장 서두에서 한 강력한 주장을 더 자세히 설명하려 한다.[1]

구원은 성경의 하나님의 독특성과 유일성을 명확히 해 줄 뿐 아니라,

성경에 따르면 하나님의 **정체성** 자체를 명확히 해 준다. 구약 저자들은 때로 단순하게 "여호와는…**구원이시로다**"라고 말한다(예를 들어, 출 15:2; 신 32:15). 시편에서 우리는 야웨께서 무엇보다 구원하시는 하나님임을 본다. 히브리어 어근 '야샤'(*yasha*, '구원하다')는 시편에 136회 나온다(이는 구약 전체에서 이 단어가 사용된 경우의 총 40퍼센트에 달한다). 야웨는

> 나의 구원의 하나님, 또는 하나님 나의 구원자(시 18:46; 25:5; 51:14 등)
> 나의 구원의 뿔(시 18:2)
> 나의 구원의 바위 혹은 구원의 반석(시 89:26; 95:1)
> 나의 구원과 영광(시 62:6-7)
> 나의 구원자, 나의 하나님(시 42:5, 새번역)이시다.

신약으로 가 보면, 천사가 요셉에게 마리아의 아들을 여호수아(요수아, 예수아, 즉 헬라어 형태로 예수)라고 부르라고 지시하는 것을 보게 된다. "그가 자기 백성을 그들의 죄에서 구원할 자"이기 때문이다(마 1:21). 예수라는 이름이 '야웨는 구원이시다'라는 뜻이다. 신자들은 예수의 이름 앞에 절할 때, 하나님이 성경의 구원하시는 하나님이심을 선포한다. 바울은 특히 디도에게 보내는 짧은 편지에서 이 주제를 이야기한다. 디도서는 아주 놀라울 정도로 구원에 집중하고 있음을 보여 준다. 바울은 짧은 세 장이라는 지면에 "우리 구주 하나님" 혹은 "우리 구주 그리스도"라는 어구를 일곱 번이나 사용한다.

구약에서 야웨로, 신약성경에서 나사렛 예수로 계시된 하나님은, 무엇보다도 구원하시는 하나님이다. 이는 그분의 유일하심을 드러내는 독특한 표지이자, 그분의 정체성을 규정하는 표지다.

구원의 범위 – 구원에 무엇이 포함되는가?

명료함을 열정적으로 중시하는 스토트는 예리하게 정의 내리고 예리하게 구분한다. 스토트는 기독교의 구원을 병 고침으로, 혹은 1960년대와 1970년대 에큐메니컬 운동의 해방신학에서 크게 영향을 받아 (더 광범위하게) 경제적·정치적 압제에서 해방되는 것으로 급진적으로 재구성하여 표현하는 데 반발하여, 성경적 구원은 이 둘 다 아니라고 주장한다. 아니, 더 정확히 말하자면, 그는 육체적인 병 고침과 압제받는 이들을 위한 정의 둘 다 그 자체로 선한 일임을, 하나님이 원하시고 그리스도인들이 관심을 가져야 한다고 성경이 말하는 일임을 잘 알고 있었지만, 그 둘을 "하나님이 행하시고, 그리스도께서 성취하시고, 성령이 나타내시고, 복음이 제공하는"(그의 고전적인 어법을 인용한다면) 그 구원에 포함되는 것으로 보지 않았다.

정관사가 중요하다. 스토트는 세심하게 범위를 정해 놓은 자신의 정의를 거듭 주장한다(다음 각 항목의 강조체는 내가 덧붙였다).

"하나님이 그리스도를 통하여 인간에게 베푸시는 그 구원"

"지금 복음으로 말미암아 그리스도에 의해 인간에게 주어지는 그 구원"

"이런 것들이 하나님이 예수 그리스도 안에서 예수 그리스도를 통하여 세상에 주고 계시는 그 '구원'의 구성 요소는 아니다."

"이런 것들에서 구해 내는 것이 그리스도께서 우리에게 주시기 위해 죽고 부활하신 그 구원은 아니다."

"그리스도께서 이루시려고 죽으시고 지금 세상에 주시는 그 '구원'은 심신의 치유도 아니고 사회 정치적 해방도 아니다."

"그리스도께서 그분의 백성에게 주시는 그 구원"

그럼에도 스토트는 오해에 빠지지 않도록, 두 가지 다른 요지를 주장하고, 셋째 요지를 인정한다. 그러나 내게는 이렇게 균형을 잡으려는 요지들이 그의 전체 논지에 약간의 어려움과 갈등을 가져오는 것 같다.

우선, 그는 기독교 선교의 총체성에 관해 1장에서 주장한 내용에 따라, 그리스도인은 가난한 자들과 압제 받는 자들을 위해 치유 사역과 사회 정치적 활동에 관여**해야만 한다**고 주장한다. "우리는 사랑 때문에 그 두 영역에서 일한다. 즉 육체적 건강을 증진시키고(치료와 예방 수단으로), 또 사람들에게 자유와 존엄과 의와 평화를 가져다줄 근본적으로 다른 사회 질서를 창조하는 일을 한다." 따라서 "압제로부터의 해방과 새롭고 더 나은 사회 창조…"를 위해 일하는 것은, "그리스도인들이 이러한 영역들에서 섬기는 데 헌신하고 있다면, '하나님의 선교'에 포함될 수 있다"고 주장한다. 그러나 스토트의 마음에서는(적어도 그가 이 장에서 표현하는 것으로 보아), 그러한 사역이 하나님의 구원의 일부이거나 그 구원과 연결되지는 않는다. 내게는 이것이, 우리의 선교 신학과 구원 신학 사이에 이상한 괴리감을 낳는 듯 보인다. 성경은 그 둘을 아주 단단히 결합시키는 것 같은데 말이다. **우리의** 선교의 한 부분(사회적 측면, 스토트는 성경이 이를 분명하게 명하고 있다고 믿었다)을, 성경에 나오는 하나님의 **구원** 사역의 내용에서 분리하는 것은 이상해 보인다.

둘째로, 스토트는 물론 **궁극적으로**(종말론적으로) 하나님의 구원하시고 구속하시는 사역은 몸의 온전한 치유(모든 고통과 질병과 죽음이 끝나는 것과 함께)를 포함할 **것이고**, 새 창조에서의 정의와 평화의 온전한 확립(모든 압제와 폭력이 끝나는 것과 함께)을 포함할 **것임**을 잘 알았고, 그것을 여러 번 언급한다. 그는 "질병과 아픔과 죽음은 하나님이 언젠가 창조하실 새로운 육체와 새로운 세계에는 없으리라는 사실"을 전혀 부인하지 않는다. 반대로 그는 세 가지 적극적인 측면을 단언한다.

첫째로, 하나님은 이 영역들, 즉 우리 몸과 사회에 관심이 아주 많으시다. 둘째, 언젠가는 몸과 사회 둘 다 구속 받을 것이다. 우리는 새로운 몸을 부여받고 새로운 사회에서 살 것이다. 셋째, 그렇게 되기까지 우리는 사랑 때문에 그 두 영역에서 일한다. 즉 육체적 건강을 증진시키고(치료와 예방 수단으로), 또 사람들에게 자유와 존엄과 의와 평화를 가져다줄 근본적으로 다른 사회 질서를 창조하는 일을 한다.

그러므로 다시 조금 이상하게도, 성경적으로 말해서 구원이 이러한 놀라운 종말론적 복을 포함할 것임에도 불구하고, 이런 것들은 "지금 복음으로 말미암아 그리스도에 의해 인간에게 주어지는 그 구원"에 포함되지 **않는다**.

이러한 괴리(구원을 제시하는 전도와, 하나님을 기쁘시게 하고 하나님께 순종하는 것이지만 구원으로 연결되는 것은 아닌 사회 참여 사이의 괴리)가 바로, 로잔 언약에서 관련 조항의 구조를 결정했다.

우리는 하나님이 모든 사람의 창조주이자 심판자시라고 주장한다. 그러므로 우리는 인간 사회 어디서든 정의와 화해에 관심이 있으시고 사람을 모든 압박에서 해방시키는 데 관심이 있으신 하나님과 함께해야 한다. 인간은 하나님의 형상으로 지음 받았으므로, 인종, 종교, 피부색, 문화, 계급, 성, 나이에 상관없이 모든 사람이 타고난 존엄성을 지니고 있으며, 이 때문에 존중받고 섬김을 받아야 하며 착취당하지 말아야 한다.…사람과의 화해가 하나님과의 화해는 아니며, 또 사회적 행동이 전도가 아니며, 정치적 해방이 구원은 아닐지라도, 우리는 전도와 사회 정치적 참여가 둘 다 우리 그리스도인의 의무임을 인정한다. 둘 다 하나님과 인간에 대한 교리와, 이웃 사랑과, 예수 그리스도에 대한 순종의 필수적인 표현이기 때문이다. 구원의 메시지는 온갖 소외와 압제와 차별에 대한 심판의 메시지를 포함하기도 한다. 그러므로 우리는 악과 불의가 있는 곳 어디에서든 서슴없이 그것들을 고발해야 한다.[2]

이 단락에서 그리스도인의 사회 참여는, 하나님의 구원 사역과 관련이 있기보다는, 창조주 하나님에 대한 교리에 근거하고 있음이 분명하다. 그런데 마지막의 호기심을 끄는 문장에 이르면, '구원의 메시지'가 정확히 그 영역들에 적용되고 있다. 이는 아마도 스토트가 하나님의 구원이 결국 "어디서든 악과 불의"를 다 제거하시리라는 자신의 성경적 인식을 잊을 수 없었기 때문일 것이다.

   셋째로, 존 스토트가 양보한 내용은, 성경이 실제로 '구원하다'와 '구원'이라는 단어를, 치유와 정치적 해방을 포함하여 아주 폭넓고 다양하게 사용하고 있다는 것이다.[3] 그러나 그는 다시 한 번 "성경의 구원 교리"는 "질병, 익사, 심지어 죽음까지 포함해서 각종 육체적인 아픔에 대해 일종의 종합 보험 같은 것"과 동일시될 수 없다고 주장함으로써, 그 범위를 축소한다. 그러한 기적은 구원 자체가 아니라 "구원의 표징"이었다.

   우리는 이러한 설명에 어떻게 대응해야 할까? 스토트가 양 전선에서 성경적 구원의 의미를 보호하고 싶어 한 것은 아주 분명하고, 마땅히 그럴 만하다. 한편으로, 그는 죄와 악과 그 궁극적이고 영원한 결과라는 근본적인 문제는 건드리지 않고 전도와 그리스도를 통한 개인적인 거듭남의 필요를 위한 여지는 없는, 구원이 오로지 물질적·육체적·사회적, 정치적 '해방'으로 변질되지 않기를 바란다. 또 다른 한편으로, 성경이 새 창조 세계에 있으리라 말하는 구원의 궁극적인 모든 복을 현재 이 세상의 삶에 약속된 것으로 누릴 수 있다고 생각하는, 지나친 현재적 종말론에 저항하고 있다.

그러나 내가 보기에 동일한 목표, 즉 성경적 구원 개념을 온전히 보존하면서 육체적·정치적 해석을 피하는 더 좋은 방법은, 구원을 그 '내용'의 측면에서 '나누고'(신구약 아주 많은 부분에서 그 단어는 매우 풍성한 내용을 담고 있으며 모두 하나님의 구원 사역과 연관되어 있으므로), 그런 다음 어떤 부분들에 괄호를 치고 그것은 "하나님이 그리스도를 통하여 인간에게 베푸시는 그 구원"에 포함되지 않는다고 말하지 **않는** 것이다. 오히려 스토트 자신의 이차적인 본능을 따르는 편이 더 나을 것 같다. 즉 구원의 내용보다는 우리가 구원의 전체 내용을 경험하는 **시기**와 관련이 있다고 보는 것이다. 다시 말해, 온전한 성경적 구원(하나님의 사역이며 궁극적으로 그리스도를 통해 성취되는 **모든** 것) 안에, 우리가 지금 여기에서 **보장 받**을 수 있는 것과, 지금 여기에서 반드시 **경험하**지는 못할지 모르지만 새로운 창조 세계의 실재로 멋지게 축하할 것이 있음을 인식해야 한다. 말하자면, 우리는 구원의 현재적 영역과 종말론적 영역을 구분하여, 그리스도께서 이루셨고 복음이 제공하는 전체 '꾸러미' 속에서 둘 다 확보할 수 있다.

그렇다면 회개와 믿음으로 하나님께 돌아온 이들에게 정확히 무엇을 약속할 수 있을까? 성경은 죄인들이 회개하고 그리스도의 구원 사역을 믿으면 죄가 용서받았음을 알 수 있고, 마지막 날 하나님의 진노로부터 구원받을 것을 보장받을 수 있고, 영생의 선물을 받음을 확신할 수 있다고 계속해서 주장한다. **죄와 그 영원한 결과와 관련하여**, 하나님은 우리가 예수 그리스도의 십자가와 부활에 근거하여, 구원받았고, 구원받고 있으며, 구원받을 것이라고 보장하신다. 우리는 이를 자신 있게 신뢰할 수 있고 다른 사람들에게 약속할 수 있다. 하나님의 분명한 약속에 근거하여 말이다.

그렇다면 성경이 구원이라는 표현으로 말하는 다른 많은 것들, 육체적 병 고침, 해방, 위험과 죽음으로부터의 구조 등은 어떻게 되는 것인가? 이 모든 것이 이생에서 일어날 수 있다. 또 성경은 하나님이 이런 일을 하실 수 있고, 특별한 때와 장소에서 몇몇 사람에게 이런 일을 하심을 종종 보여 준다. 그러나 우리는 하나님이 구하거나 믿는 모든 사람에게 항상 그렇게 하시리라고 보장할 수 있는가?

어떤 그리스도인 사역자들은 그렇게 주장한다. 예를 들어, 당신을 지금 여기의 가난에서 구하셔서 부자로 만들어 주는 것이 **항상** 하나님의 뜻이라고, 당신을 지금 여기의 질병에서 구해 내어 건강하게 해 주는 것이 **항상** 하나님의 뜻이라고 주장한다. 믿음을 가지라, 충분한 믿음, 올바른 믿음을 가지라, 그러면 하나님의 구원의 모든 혜택이 지금 여기에서 당신의 것이 될 것이다. 스토트는 이 장에서 번영 복음의 가르침을 언급하지는 않지만, 그가 그것을 왜곡된 신앙으로 보고 비난했을 것임에 틀림없다.

그렇다면 믿음은, 성경이 구원이라는 단어로 표현하는 모든 구원을 보장하는가? 히브리서 11장에 따르면 그렇지 않다. 이 장에는 수많은 구약의 인물들이 믿음을 보임으로 하나님이 구원하신 일들의 목록이 있다. 그 모두에게 공통된 것이 믿음이었다. 히브리서 11:32-35에 따르면, 그들 중 다수가 물질적, 육체적, 군사적으로 하나님의 구원을 경험했다

(기드온, 바락, 삼손, 입다, 다윗, 사무엘과 선지자들이 그 실례로 제시된다).

그러나 **다른 사람들은** 이렇게 즉각적인 구원을 경험하지 **못했다**. 오히려 "심한 고문을 받되 구차히 풀려나기를 원하지 아니하였으며…조롱과 채찍질뿐 아니라 결박과 옥에 갇히는 시련도 받았으며 돌로 치는 것과 톱으로 켜는 것과…칼로 죽임을 당하고 양과 염소의 가죽을 입고 유리하여 궁핍과 환난과 학대를 받았으니…그들이 광야와 산과 동굴과 토굴에 유리"하였다(히 11:35-38). 그렇다면 저자는 많은 의미에서의 구원이 그들이 이 땅에 사는 동안 전혀 오지 않았다고 말하고 있다. 그러나 "이 사람들은 **모두** 믿음으로 말미암아 훌륭한 사람이라는 평판은 받았[다]"(새번역).

이 구절은 믿음의 필연적인 산물로 즉각적인 건강과 부가 온다는 거짓되고 과장된 모든 주장을 밀어낸다. 이들의 운명이 달라진 것은 믿음이 있느냐 없느냐 때문이 아니라, 하나님이 신비롭게 일하시기 때문이다. 우리는 하나님이 확실하게 약속하시는 것을 약속할 수 있다(회개하고 그분을 믿는 이들에게 주시는 영원한 구원과, **새로운 창조** 세계에서 모든 질병과 죽음과 압제로부터 구원받는 것). 그러나 하나님이 약속하시지 않는 것(이생에서 모든 문제나 고통에서 벗어나는 것)을 약속해서는 안 된다. 이생에서 우리가 사랑의 수고, 긍휼, 중재, 정의 추구로써(부분적이고 임시적인 노력이더라도) 선교적 참여를 하는 것을 통해 하나님이 치유와 정의를 가져다주시지만, 그것은 하나님이 새로운 창조 세계에서 구속하신 백성들에게 그리스도를 통해 성취하신 궁극적인 구원을 기대하게 하는 첫 열매들이다.

스토트는 성경에 근거하여 구원을 이해할 때 시간에 따른 차이를 잘 인식하고 있다. 구원의 과거, 현재, 미래 시제에 관해서다. 그는 이 장의 주요한 부분인 "구원과 개인의 자유"에서 이를 아주 효과적으로 적용한다. 소제목이 보여 주듯, 그의 강조점은 개별 신자가 누리는 구원의 복과 혜택에 있다. 그러나 이 장에서 충분히 설명되지 않은 구원의 다른 영역이 있다. 곧 구원의 집합적이고 우주적(혹은 창조적) 영역이다. 아마도 이는 단순한 간과가 아닐 것이다. 스토트는 나중에 쓴 작품에서 둘 다에 대해 할 말이 아주 많았기 때문이다. 그리고 우리는 내가 서론에서 제시한 요점을 기억해야 한다. 이 책은 다섯 번의 강의에 기초한 것으로 그 안에서 모든 것을 다 말할 수는 없다. 교회와 사회에서 구원의 모습과, 새로운 창조 세계에서 구원의 궁극적인 완성을 비롯하여 성경적 구원의 광범위한 영역들에 관한 존 스토트의 더 폭넓고 무르익은 성찰을 보려면, 『그리스도의 십자가』와 『시대를 사는 그리스도인』을 읽는 데 시간을 투자하는 것이 아주 유익할 것이다.[4]

더 최근의 복음주의적 사고와 글들은, 구원의 모든 시제(과거, 현재, 미래)와 모든 영역에서(개인, 사회, 창조 세계), 이러한 성경적 구원의 온전한 개념을 충분하게 다시 담아냈다. 확신하건대, 스토트는 아래의 주 5항에 언급된 책들이 성경의 균형과 소망을 가득 품고 강조하는 바에 박수갈채를 보낼 것이다. 그들도 존 스토트가 그랬듯, 구원은 오직 하나님이 이루신 것으로 성경을 통해 우리에게 계시되었다는 사실과(이스라엘의 유일하신 분 야웨가 하나님의 아들, 나사렛 예수, 메시아 안에서 구현하신), 하나님은 그 구원을 오직 예수 그리스도의 성육신과 죽음과 부활을 통해 이루셨다는 사실을 헌신적으로 주장한다는 중요한 이유 때문이다. 이 예수님의 성육신과 죽음과 부활이 바로, 창조 세계에서 새로운 창조 세계로 확장되는 하나님의 구원 사역을 다루는 위대한 성경 내러티브의 중심이 된다.[5]

구원의 해석학 – 우리는 구약을 어떻게 사용해야 하는가?

1975년에 이 책을 쓸 때 존 스토트는, 남미의 해방신학에 대응한 가장 초기의 영국 복음주의자 가운데 하나였다. 당시는 구스타보 구티에레스의 영향력 있는 책 『해방신학』의 번역으로, 영어권에서 해방신학이 갑자기 부상한 때였다.[6] 스토트의 반응은 독특하다. 먼저, 그는 아주 세심하고 철저하게 그 책을 확실히 연구했다. 둘째, 긍정적이라 할 수 있는 점과, 복음주의자들이 지지하고 배워야 한다고 생각한 것에 대해서는 찬사를 보내려 한다. 그러나 그런 다음 셋째로, 구티에레스가 성경적으로 타당한 정도를 훨씬 넘어섰다고 여겨지는 부분들, 혹은 구별해야 하는 범주들을 혼란스럽게 한 부분들에 대해서는 예리한 성경적 비평을 한다. 그 후 몇 년 동안 어떤 사람들은 다양한 맛을 보며 해방신학과 교류하는 도전을 받아들였다. 일부 내용은 다른 것들보다 복음주의와 더 잘 맞았다.[7]

스토트는 이 장에서, 구티에레스 등이 주창한 것과 같은 해방신학과의 논쟁에서 그의 주안점은 해석학, 즉 그들이 성경을 다루는 방식에 있다고 주장한다. 특히 스토트는 그들의 구약 본문 사용에 이의를 제기하며, 특별히 출애굽 내러티브를 두드러지게 사용한 것을 언급한다. 그는 성경 전체가, 또 특히 그 이야기가 "모든 형태의 압제가 하나님께 혐오스러운 것"임을 보여 준다는 사실, 그리고 그리스도인들이 그것을 드러내고 저항하는 일의 최선두에 서 있어야 한다는 사실을 전폭적으로 인정하지만, 해방신학의 출애굽 사용에 대해서는 양 전선에서 반대한다. 먼저 소극적으로는 "이러한 성경의 내러티브를 압제 받는 모든 사람에게 적용할 수 있는지, 또 그것을 하나님이 모든 압제 받는 자들을 향해 뜻하시거나 약속하신 해방으로 여길 수 있는지" 질문하고, "분명 그 대답은 '그렇지 않다'임에 틀림없다"고 말한다. 그리고 적극적으로, 신약은 출애굽을 "정치적으로 압제 받는 소수들에 대한 해방의 약속이 아니라, 우리가 그리스도에 의해 죄에서 구속 받는 것에 대한 이미지"로 변화시킨다고 주장한다.

나는 이 두 논지에 한편으로는 동의하고 또 한편으로는 동의하지 않는다.

첫째 논지에 대해, 하나님이 이스라엘을 위해 행하신 일이라는 역사적 사실을, 하나님이 타락한 세상 역사에서 압제 받는 모든 집단에게 똑같이 하시리라는 기대나 약속으로 바꿀 수 없다는 데 동의한다. 그러한 주장은 왜곡된 형태의 '현재적 종말론'으로 이를 것이다. 이는 육체적 치유와 물질적 번영이 지금 여기에서 보장된다고 약속하는 번영 복음에서 볼 수 있는 것이다. 그럼에도 불구하고 우리는 다른 개념들을 통해 이런 생각의 균형을 잡아야 한다.

먼저, 이스라엘이 출애굽의 하나님이 '그 일을 다시 행하실' 수 있고 행하실 것이라는 엄청난 기대를 하고 있었음은 분명하다. 개인적인 차원(시편은 압제에서 구원해 달라고 하나님께 자주 호소하고 있으므로)뿐 아니라, 국가적인 차원(예언서들에서 강력한 '새 출애굽'이라는 주제를 볼 수 있다)에서도 그렇다. 그러나 그에 더하여 우리는, 이스라엘이 **모든 족속에게** 복을 주시고 언약 관계를 확장하시려는 하나님의 궁극적인 목적을 위해 지음 받았다는 사실을 잊어서는 안 된다. 물론 이것은 현재에 보장된 것이나 당면한 지정학적 의제가 아니라 종말론적 소망이다. 그럼에도 이는 출애굽 내러티브가 단순히 혹은 오직 '이스라엘만을 위한'(분명 그것이 하나님의 백성으로서 그들의 독특한 정체성의 한 영역임에도) 기능만 있는 것이 아니라 **예증**의 목적도 있다는 뜻이다. 이스라엘을 위해 이를 행하신 하나님은 사실 가장 포괄적인 의미에서 이방인과 압제 받는 이들을 사랑하시는 것이 그 특징인 분이다(신 10:17-19).

다시 말해, 해방신학자들이 이 내러티브에서 하나님의 우선순위와 관심사의 예증을 본 것은 틀리지 않았다. 성경 내러티브로부터 가난한 자들을 위한 사회 참여로 가는 것, 즉 압제에서의 해방과 정의를 추구하는 참여로 가는 것은 성경적인 근거가 있는 해석학적 경로다. 그러나 스토트 등은 해방신학이 불의에 이의를 제기하는 인간 행동을 **구원** 자체와 **동일시할** 때에는—그러면서 사람들이 예수 그리스도를 통해 하나님과 관계를 맺는 것은 포함시키지 않는다면—타당한 불평을 드러낸다. 출애굽은 구약에서 하나님의 **구속**의 아주 주요한 행위로 거듭 묘사된다. 구약의 이스라엘에서는 '구속자'이신 하나님을 이야기하면 '출애굽'을 떠올린다. 그러나 출애굽의 목적은 단지 이스라엘을 이집트에서 데리고 나오는 것(오로지 지리적·정치적 의미에서의 '자유')만이 아니라, 그들을 시내 산으로 데리고 가서 하나님과의 언약 관계 속으로 들어가게 하시고, 하나님이 그들에게 주실 땅에서 구속 받은 자로서 언약에 순종하며 살아 내게 하는 것이었다. 이 때문에 단지 출애굽을 사회 정치적으로만 사용하는 것은, 비록 그 이야기의 한 요소 때문이지만, 성경의 용례에서도 심각한 결함이 있는 것이다.

둘째 논지에 대해서 보자면, 신약이 출애굽 내러티브를 그리스도께서 십자가와 부활로 이루신 일을 이해하는 방편으로 사용한다는 것은 분명한 사실이다. 이는 성경에서 말하는 구원 자체의 내러티브적 속성의 특징이다. 즉, 복음서들에서 가장 중심이 되는 구원 이야기는 하나님이 이스라엘의 이전 역사에서 행하신 모든 것을 모아 '재현해 내고'(바울이 "**성경대로** 그리스도께서 우리 죄를 위하여 죽으시고…**성경대로** 사흘 만에 다시 살아나사"라고 말할 때 의미하는 바의 일부, 고전 15:3-4), 또 요한계시록 21-22장에서는 다시 한 번 구약에 크게 의지하여 새 창조 세계의 절정을 내다본다. 그러나 출애굽은 단지 미래에 일어날 영적 구속의 '이미지'인 것만은 아니다. 그 자체가 하나의 실제, 하나님이 실제로 사람들을 영적인 압제뿐 아니라 정치적·경제적·사회적 압제, 진짜 압제에서 구해 내신 일이다. 그리고 구약은 계속해서 출애굽 전체를 구속을 표현할 때 사용한다.

그러므로 내가 보기에는, 그 온전한 성경적 의미, 죄에서의 구속이라는 **영적인** 이해로 축소하고 예증적 힘이 있는 다른 영역들을 간과해서는 안 될 것 같다. 물론 그것을 그저 사회 정치적 영역으로 축소시키고 고유한 영적 의미를 간과해서도 안 된다. 둘 다 너무 극단적이어서 결국 구원(과 선교)을 성경적으로 온전히 이해하려 할 때 출애굽 내러티브의 역할을 왜곡하게 된다. 나는 이에 대해 내 책 『하나님의 선교』에서 한 장 전체를 할애하여 훨씬 자세히 이야기하고, 그 모든 영역에 충분한 가치를 부여하는 출애굽에 대한 통합적 이해를 호소하며 마무리지었다.[8]

구원 이야기—다른 이야기들이 그 길을 준비할 수 있는가?

우리는 앞에서 성경에 나오는 구원의 내러티브적 속성을 강조했다. 다시 말해, 성경에서 구원은 어떤 공식이나 기술이나 마술이 아니다. 구원은 항상 하나님이, 예수 그리스도가 중심이고 절정인 일련의 약속과 사건들을 통해 역사 속에서 이루신 일로 묘사된다. 그리고 이는 또 다른 요점으로 이어진다. 우리는 여기서 그 요점을 다루겠지만, 사실 그것은 종교간 대화에 관한 스토트의 장과도 관련이 있다.

성경이 말하는 구원의 이러한 내러티브적 속성은, 그 유일성의 중심에 있다. 성경은 구원을 이야기할 때, 다른 종교도 다 믿는 어떤 공통된 것을 그저 다른 방식으로 이야기하지 않는다. 성경에서는 구원이라는 말을 꺼내면, 한 이야기, 다른 어떤 이야기도 아닌 이 이야기를 해야 한다. 다른 구원 개념들은 모두 잘못된 장소에서 출발한다. 즉, 구원이란 신들이나 구루의 도움은 일체 없이 우리가 결국 우리 힘으로 도달하고자 소망하는 것이라는 것이다. 그러나 성경에서 하나님은 구원의 **객체**가 아니라 **주체**시다. 하나님이 행하신다. 하나님이 이루신다. 하나님이 적극적인 주체시다. 우리는 하나님이 우리에게 구원을 주시도록 설득하거나 조종하기 위해 애쓸 필요가 없다. 또 성경에 따르면, 하나님은 이 내러티브 역사에 기록된 사건들을 통해서 구원을 이루신다.

성경에서 구원은, 역사적 사건들이 '일어난 것'에 근거를 둔다. 이는 하나님이 인간과 창조 세계를 구원하시려고 행하신 것이다. 그것은 **과거**에 이미 하나님이 하신 일이며, 그 결과 **미래**에 어떤 결과들이 보증되는 것이다. 그리고 이 때문에 우리는 **현재** 변화된 삶을 산다. 다른 종교들은 **이런 이야기를 하지 않기 때문에** 구원하지 못한다. 그러므로 그들은 사람들을 그 이야기에, 그 이야기의 위대한 주체이신 구세주와 '연결할' 수 없다. 그들에게는 복음이 없다. 그들은 좋은 소식의 유일한 구성 요소인 그 이야기를 알지 못하기 때문이다.

구원의 범위—누가 포함될까?

스토트가 구원에 관한 그의 장에서 씨름하지는 않았지만 나중에 다룬

한 가지 이슈는, 구원의 범위 아니 더 정확히 구원의 한계에 관한 질문이다. 그는 이 장에서 하나님이 그리스도에 대한 복음을 통해 사람들에게 주시는 구원에 관해 많이 이야기했다. 그러나 그 제안을 한 번도 듣지 못한 사람은 어떻게 되는가? 다시 말해 전도를 받지 못한 사람의 운명은 어떻게 되는가?

스토트의 『시대를 사는 그리스도인』에는 "예수 그리스도의 유일성"이라는 제목의 장이 있다. 여기서 그는 예수만이 주님이요 구세주라는 것이 무슨 뜻인지, 여전히 명확하게 설명한다. 그런데 끝 부분에서 그는 독자들이 바로 앞과 같은 질문을 할지도 모른다고 예상한다. 그는 그에 대한 답을 시도하면서, "우리는 확신과 불가지론을 겸비할 필요가 있다. 즉 우리가 아는 것(성경이 분명하게 가르치고 있기 때문에)이 있고 모르는 것(성경이 분명하게 말하고 있지 않거나 심지어 침묵하고 있기 때문에)이 있다"고 말한다.

그런 다음 "우리가 성경으로부터 아는 것"을 말한다. 곧 사람이 스스로를 구원할 가능성은 없다는 것이다. 예수 그리스도가 유일한 구세주라는 것이다. "그리고 구원은 하나님의 은혜로만, 그리스도의 십자가라는 근거에서만, 믿음으로만 얻게 되는 것"이라는 사실이다. 그런 다음 계속해서 이렇게 말한다.

그러나 우리가 알지 못하는 것은, 사람들이 하나님께 자비를 부르짖고 구원을 받기 위해 정확히 얼마만큼 복음에 대한 지식과 이해가 필요한가 하는 것이다. 구약의 사람들은 비록 그리스도에 대해 거의 알지 못했고 기대하지도 않았지만 분명 '믿음으로 말미암아 은혜로 의롭다 함을 받았다.' 아마 오늘날에도 이와 비슷한 입장에 있는 사람들이 있을 것이다. 그들은 자신들이 하나님 앞에서 사악한 죄인이라는 것과, 그분의 은총을 입기 위해 아무것도 할 수 없다는 것을 알고 절망에 빠져, 그들을 구원해 줄 것이라고 희미하게 인식하고 있는 하나님을 부른다. 만일 오늘날 많은 복음주의 그리스도인들이 머뭇거리며 믿는 것처럼 하나님이 그러한 사람들을 구원해 주신다면, 그들의 구원은 여전히 은혜에 의해, 오직 그리스도를 통해서만, 오직 믿음에 의해서만 이루어지는 것이다.⁹

이로 보건대, 스토트는 '비제한주의적 배타주의자'(이것이 그리 끔찍한 단어 조합이 아니라면!)라 부를 수 있는 사람들 가운데 하나라고 하는 것이 합리적인 것 같다. 다시 말해, 그는 구원이 다른 어디에도 없고 오직 예수 그리스도 안에서 예수 그리스도를 통해서만 있다는 것과, 구원이 회개와 믿음을 통해서만 받는 하나님의 선물임을 분명히 했다. 그러나 구원이, 궁극적으로 땅에서 사는 동안 복음에 대한 이해할 만한 설명을 듣고 예수 그리스도를 믿은 사람들에게만 제한되느냐에 대해 교조적이 되지 않으려 했다. 오히려 전도를 받았든 아니든 모든 사람의 운명을 겸손하게 가장 정의롭고 가장 자비로우신 하나님의 손에 맡겨 드리는 이들과 손을 잡았다. 스토트가 이러한 가능성을 표현하는 데 얼마나 신중했는지는 "아마…만일…머뭇거리며"라는 단어들에서 분명히 드러난다.

구원의 범위와 전도를 받지 못한 이들의 운명에 관한 이러한 논쟁은 복음주의 그리스도인과 선교학자들 사이에서 계속되고 있다. 주 10항에서 양진영의 몇몇 중요한 작품들을 소개하였다.¹⁰

이 문제에서 나의 입장은 내 책, 『예수의 유일성』과 『구원하심이 우리 하나님에게 있도다』에 표현되어 있다. 두 책 다 존 스토트가 읽고 추천했으므로 나는 그가 아래에서 대략 설명하는 논거에 동의하리라 확신한다. 그러나 그와 나 둘 다 이러한 입장을 지나치게 교조적이지 않게 표현하고 싶었다. 또 비록 구원이 복음을 듣고 그러한 선포를 통해 알게 된 예수님을 의식적으로 믿는 이들에게만 **유일하고 배타적으로** 가능하다는 생각을 견지한 이들에게 동의하지 않는다 해도, 그들에 대한 존경심을 가지고 우리 입장을 표현하고 싶었다.

이 땅에 사는 동안 그리스도에 대해 듣지 못했다 해도 어떤 회개와 믿음으로 하나님을 신뢰하는 이들을 하나님이 **그리스도로 말미암아** 구원하시리라는 견해를 지지하며, 몇 가지 주장이 제시된다. 하나는 구약의 신자들과 연관짓는 주장이다. 구약에는 우리가 분명 '구원받았다'고 여길 신자들이 있다. 그러나 그들은 그때 아직 역사적인 나사렛 예수를 알지 못했다. 그들은 실제로 그리스도에 **의해**(그 죽음이 모든 인간 역사에 효력이 있다) 구원받았지만 그리스도를 **아는 것**을 통해서(나사렛 예수의 삶과 죽음과 부활 이야기, 즉 신약의 복음을 안다는 의미에서)는 아니다.

또 구약에서 언약 족속의 신자들은 특별한 위치에 있다는 결론에 이른다 해도, 구약은 또한 하나님이 라합(수 2장), 룻(룻 1:16-17), 사르밧의 과부(왕상 17:24), 나아만(왕하 5:15-18) 같은 '회심자들'과, 니느웨 사람들 같이 회개한 죄인들(요나서), 즉 언약 족속에 속하지 **않은** 다른 사람들도 자비롭게 대하셨다고 묘사한다. 그들은 모두 이스라엘의 증거를 통해 만난 하나님을 믿게 됨으로써 구원받은 공동체에 합류했으므로, 그들이 들은 것이 신약의 복음과 같은 것은 아닐지라도 그들이 어느 정도는 '전도를 받은 이들'이라고 할 수 있다.

또한 에녹같이, 이스라엘 역사에서 구현된 구속의 계시가 시작되기 훨씬 이전에, 즉 아브라함 훨씬 이전에 살았던 이들 중에 구원받은 이들도 있다. 에녹의 믿음은 신약에서 본으로 떠받들어진다. 따라서 이런 질문을 할 수 있다. 에녹과 유사한, 즉 하나님이 존재하심을 믿고 진지하게 그분을 찾는 상황에 있는 사람들이 여전히 있었고 또 있는가? 그리고 만약 그렇다면, 하나님이 그들을 같은 방식으로, 같은 이유로(그들의 믿음), 같은 근거, 곧 그리스도의 죽음으로 구원하시지 않을까? 그렇다면 성경이 그리스도 이전 시대의 사람들이 실제로 그리스도를 알지 못해도—**역사적으로** 그 일이 불가능했기 때문에—그리스도에 의해 구원받는 것이 가능했다고 말한다면, 오늘날 **지리**적인 문제나 다른 장애물 때문에 그리스도를 알지 못한다 해도 그리스도에 의해 구원받는 것이 마찬가지로 가능하지 않을까?

요한계시록은 "**각** 나라와 족속과 백성과 방언에서 아무도 능히 셀 수 없는 큰 무리가" 구원의 노래를 부를 것이라고 말한다(계 7:9, 강조체는 덧붙인 것). 이러한 표현은 일반적인 의미나, 대략적인 의미로 여길 수 있다. 그러나 이를 조금 더 의도적인 의미로 받아들인다면, 이는 하나님이 역사 내내 인류의 **모든** 인종, 문화, 언어를 가진 사람들을 구원하시리라고 단언하는 것이다. 그것이 요한계시록 7:9이 말하려는 바라면, 구속 받은 이들의 최종 숫자에는 오순절 이후 수세기 동안 기독교 선교사들에 의해 명백하게 복음을 들은 이들보다 분명 훨씬 많은 이들이 포함될 것이다. 신약 시대 훨씬 전에 지구상에서 많은 족속과 언어들이 사라졌기 때문이다.

우리는 성경이 말하는 것과 말하지 **않는** 것에 대해 아주 조심해야 한다. 우선, 이는 믿든 말든 어떻게 살든 모든 사람이 구원받으리라는 보편 구원론이 아니다. 그것은 분명 성경과 모순된다. 오히려 이 견해는 우리가 하나님의 은혜로만 구원받으며, 회개하고 하나님의 자비를 믿음으로써만 받아들여진다고 말한다.

둘째, 이 견해는 어떤 신앙을 가진 사람이든 그들의 선함과 진실함으로 구원받는다고 말하지 않는다. 정확히 그 반대다. 결국 구원받는 모든 사람은 하나님의 은혜로 구원받는다. 복음의 핵심은, 자신이 죄인임을 알고 죄와 자아에서 돌이켜 하나님께로 향하는 죄인들을 하나님이 구원하신다는 것이다.

셋째, 이 견해는 다른 신앙을 가진 사람들이 그들의 신앙 체계를 통해 구원받을 수 있다거나, 다른 종교들이 구원에 이르게 하는 잠정적인 길이라고 말하지 않는다. 신약은 그리스도 안에서 그리스도를 통하지 않는 구원을 이야기하지 않는다.

내 의견을 말하자면, 은혜로우신 하나님의 구원하시는 주권이, 교회가 복음 전도에 순종하느냐에 제한을 받는다고 여기는 것은 주제넘은 짓 같다. 다시 말해, 나는 사람들이 오로지 배타적으로 그리스도를 통해서만 구원받을 수 있음과, 하나님이 구원을 주시는 통상적인 방법은 그리스도를 아는 이들이 아직 그리스도를 모르는 이들에게 증언하여 그들이 회개하고 믿음에 이르도록 하는 것이라고 강력하게 인정하지만, 그리스도인이 복음 이야기를 알아듣기 쉽게 설명하며 그들에게 다가갈 때까지는 하나님이 어떤 식으로든 인간 역사 속에서 어느 때 어느 누구라도 구원하실 수 없다거나 구원하려 하지 않으신다고 말할 수는 없다.

그러한 신학적 제한을 고집하는 견해는, 결국 하나님의 선택이 우리에 의해 복음을 들은 이들의 부분 집합일 것이라는 의미다. 즉 이렇게 말할 수 있을 것이다. 복음을 들은 사람들만 구원받을 수 있고 복음을 듣지 못한 이들은 실제로 구원받지 못한다. 따라서 (하나님에 의해) 구원받는 전체 수는 (우리에 의해) 복음을 들은 전체 수보다 적을 것이다. 그리고 이는 하나님의 은혜의 역사를 인간의 전도 사역의 한계로 제한하는 듯 보인다.

내가 보기에 성경은 그 반대가 맞다는 근거를 제시해 주는 것 같다. 즉, 그리스도인의 명확한 전도에 반응할 이들은, 최종적으로 택함 받고 구속 받는 이들의 부분집합일 것이다. 하나님은 주권적인 은혜로, 역사의 어느 순간에든 땅끝까지 사람들에게 다가가시고 그들을 만나기 위해 일하신다. 기독교 선교 역사에는, 기독교 선교사들이 도착하기 전에 하나님을 경험했거나, 하나님의 어떤 계시 혹은 하나님의 구원하시는 은혜를 경험한 사람들, 그래서 예수님에 관한 소식을 두 팔 벌려 환영한 사람들을 만난 예들이 아주 많다. 구약이 우리에게 기대하게 하는 일들이, 타문화 선교 역사에서 그대로 나타난다.

교회가 복음을 들고 다가가지 못한 이들(혹은 교회가 그들에게 이르기 전에 죽은 이들)을 하나님이 주권적인 은혜로 구원하실 가능성이 있다고 해서, 교회의 선교와 전도의 의무가 덜어지지는 않는다. 만약 하나님이 은혜의 주권 안에서 그러나 인간의 전도 활동과는 별개로, 어떤 사람의 마음속에서 회개와 믿음의 반응을 일으키셔서 그들로 그리스도를 통한 최종적인 구원에 이르게 하신다면, 이는 우리가 지금 혹은 새 창조 세계에서 그들을 만날 때 기뻐할 일일 것이다. 그러나 성경의 선택 교리가 그렇듯, 이것도 대위임령에 불순종할 타당한 이유를 주지는 못한다. 이미 그것이 복음 전도 의욕을 꺾는다는 비난을 받고 있긴 하지만 말이다. 우리의 지평에서, 사람들이 구원받고 있다고 확신할 수 있는 유일한 길은, 우리의 증언에 충실하여 사람들이 그리스도께 회개와 믿음으로 반응하는 것을 보는 것이다.

9장
회심

존 스토트

선교는 하나님이 그분의 백성을 세상에 보내시며 하라고 하시는 사랑의 섬김이다. 선교에는 전도는 물론 사회 참여도 포함된다. 둘 다 각각 그 자체로 진정한 사랑의 표현이며, 하나를 정당화하기 위해 다른 하나가 필요하지 않다. 그러나 끔찍한 인간성의 상실로 인해, 전도는 지속적인 긴급성을 지닌다. 전도의 본질은, 복음을 신실하게 선포하는 것이다. 듣기가 선포에 선행해야 하듯이, 대화는 전도에 꼭 필요한 예비 단계이며, 전도의 목표인 구원은 그리스도를 통해 개인이 자유를 얻는 것이다. 물론 구원에는 하나님이 만물을 새롭게 하실 종말론적 '영광의 자유'를 기대하는, 피할 수 없는 사회적 함의가 있다. 이제 다섯째로 볼 단어는 **회심**이다. 이는 복음이 요구하는 응답, 그것 없이는 구원을 받을 수 없는 응답을 뜻한다.

'회심'에 대한 오늘날의 혐오감

그러나 회심은 오늘날 인기 없는 또 하나의 단어다. 이렇게 인기가 없는 한 가지 이유는, 일부 전도자들이 간혹 오만한 제국주의의 인상을 준 탓이다. 전도가 '세력 확대'나, '전리품을 위한 사냥'이나, 숫자 자랑 정도로 전락한다면, 당연히 **회심**이라는 말은 평판이 나빠질 것이다.

그렇게 비정상적인 형태의 전도에 대해서는 **개종주의**(proselytism)라는 용어를 쓰는 편이 나을 것 같다. 전도와 개종주의는 단연코 동일한 활동이 아니기 때문이다. 사실 두 단어 모두 만족할 만한 정의는 찾기가 어렵다. 그래서 레슬리 뉴비긴 주교는 이렇게 썼다. "할 수 있는 유일한 구분은, 전도는 우리가 하는 것이고 개종은 그들이 하는 것이라 결론 내리고 싶다."[1]

세계교회협의회는 개종주의에 대해 다음과 같이 말함으로써 유용하게 구분했다.

> 개종주의란…증언이 타락한 것이다. 외견상의 회심을 일으키기 위해 감언이설, 뇌물 수수, 과도한 압박, 위협이 교묘하게 혹은 공공연히 사용될 때 증언은 타락한다. 또 그리스도의 영광보다 우리 교회의 성공을 더 중시할 때 타락한다.…개인 혹은 단체의 이기주의가 우리가 관심을 가지는 모든 영혼을 향한 사랑의 자리를 차지할 때 증언은 타락한다. 그리스도인의 증언이 그렇게 타락한다는 것은, 성령의 능력에 대한 신뢰가 없다는 뜻이고, 인간 본성에 대한 존중이 없다는 뜻이고, 복음의 참된 특징에 대한 인식이 없다는 뜻이다.[2]

로잔 언약에도 비슷한 문구가 있다. 로잔 언약은, 우리가 "복음에 대한 반응에만 몰두하여 우리 메시지를 타협하고, 강압적 기교를 통하여 청중을 교묘히 조종하고, 통계에 지나치게 집착하거나 부정직하게 활용할 때"마다 "세속성"의 죄를 짓는다고 고백한다.[3]

강압과 부적절한 승리주의 정신에 대항하여, 후켄데이크(J. C. Hoekendijk)가 주장하는 정반대의 자질을 환영할 수 있을 것이다. "전도란 공손한 겸손과 기대하는 소망으로 씨를 뿌리고 기다리는 것이다. 겸손으로 기다리는 까닭은 우리가 뿌리는 씨가 죽어야 하기 때문이고, 소망으로 기다리는 까닭은 하나님이 씨를 활성화시키셔서 적절한 줄기를 주시기를 기대하기 때문이다."[4]

잘못된 형태의 전도도 회심에 불리한 혐오를 일으키지만, 또 다른 이유는 종교적 상대주의와 보편구원론의 인기다. 상대주의는 어떤 종교도 궁극성을 갖지 않는다고 선언하는 반면, 보편구원론은 어떤 인간도 잃지 않는다고 선언한다. 일부 보편구원론 신학에 따르면, 보편적 구원은 예수 그리스도께서 이미 성취하셨다. 인류 전체는 이미 그리스도에 의해 하나님과 화목하게 되었다. 그것이 사실이라면, 전도의 유일한 역할은 이 복음을 모르는 이들에게 복음을 숙지시키는 것이고, 회심은 사람들이 자신의 참된 지위와 정체성을 인식하는 것 외에 다른 어떤 변화도 뜻하지 않을 것이다.

그러나 성경은 이런 견해를 지지하지 않는다. 하나님이 십자가를 통해 객관적이고 결정적인 무언가를 하셨다고 설명하는 것이 사실이다. 그래서 "그[하나님]가 그리스도로 말미암아 우리를 자기와 화목하게" 하셨고, "하나님께서 그리스도 안에 계시사 세상을 자기와 화목하게" 하셨다(고후 5:18-19). 그러나 이는 모든 인간이 실제로 하나님과 화목하게 되었다는 뜻이 아니다. 현재로서는 하나님이 우리에게 화목하게 하는 사역과 메시지를 맡기신다. 그리고 이 사역과 메시지는 사람들에게 그들이 이미 하나님과 화목하게 되었다고 알려 주는 것이 아니라, 그리스도를 대신하여 사람들에게 "하나님과 화해하십시오"라고 간청하는 것이다. 그 메시지를 듣는 이들이 이미 하나님과 화목하게 되었는데 단지 그 사실을 모르는 거라면, 그러한 호소가 어떤 타당성이 있겠는가? 우리는 하나님이 그리스도 안에서 그리스도를 통해 화목하게 하신 사역을, 오늘날 사람들이 하나님과 화목하게 될 필요가 없다는 식으로 설명해서는 결코 안 된다. 제임스 데니(James Denny)가 표현했듯이, "그리스도께서는 이미 십자가 위에서 그 사역을 완수하셨으므로, 우리에게 호소하실 수 있고, 우리가 그에 응답하여 그 화목하게 하심을 받아들이게 하실 수 있다."[5]

그러므로 이것을 참으로 성경적으로 이해하려면 우리는 두 진리를 함께 취해야 한다. 하나는 하나님이 "그리스도 안에서" 세상을 자기와 화목하게 하셨다는 것이고, 또 다른 하나는 우리가 그 화목하게 하심을 받아들이려면 "그리스도 안"에 있어야 한다는 것이다(고후 5:18-21; 비교. 고후 5:17; 롬 5:11).

더 나아가 우리의 엄중한 임무는, 복음 선포와 호소를 듣는 이들에게 그들이 '멸망하고 있다'고 선언하는 것이다. 우리가 그들에게 예수님에 관한 복음을 선포하는 까닭은, 그들이 이미 구원받았기 때문이 아니라, 그들을 멸망에서 구원하기 위함이다. 우리의 책임은, 하나님이 예수 그리스도를 통해 회개하고 믿는 이들에게 평화를 약속하신다는 의미에서 '평화를 전하는' 것이다. 여전히 하나님께 반역하고 있는 이들에게 듣기 좋은 말을 하듯 평화를 전하는 것, "평화가 없는데 평화, 평화"라고 말하듯이 평화를 전하는 것은, 예수 그리스도의 진정한 전도자가 아닌 거짓 예언자의 말이다. 복음은 약속을 할 뿐 아니라 경고도 발하고, 죄를 사할 뿐 아니라 죄를 그대로 두기도 한다(요 20:23). 사도 바울은 "너희는 선지자들을 통하여 말씀하신 것이 너희에게 미칠까 삼가라. 일렀으되 보라, 멸시하는 사람들아 너희는 놀라고 멸망하라"라고 경고했다(행 13:40-

41). **멸망**은 끔찍한 단어다. 지옥도 마찬가지다. 우리는 하늘나라의 정확한 성격에 대해 그리하듯, 지옥의 정확한 **성격**에 대해서도 어떤 겸허하고 겸손한 불가지론을 유지해야 할 것 같다. 그러나 지옥이 끔찍하고 영원한 **실재**라는 사실에 대해서는 아주 분명하고 확고해야 한다. 지옥의 실상을 말할 때 적합하지 않은 태도는 독단이 아니다. 오히려 경박하고 경솔한 태도다. 어찌 눈물 없이 지옥에 대해 생각할 수 있을까?

회심과 거듭남

또 복음에 대한 어떤 응답이 꼭 필요하다면, 그것은 회심이다. 이는 무엇을 뜻하는가? 신약에서 동사 '에피스트레포'(*epistrephō*)는 일반적으로 중간태나 수동태이며, 이 때문에 여섯 번 '회심되다'(be converted)로 번역된다(예를 들어, 행 3:19, '죄 없이 함을 받으라'). 그러나 동시에 이 동사는 능동적 의미를 가지고 '돌아서다'(turn)를 뜻하기도 한다. 평범하고 일반적인 문맥에서 사용될 때 그 첫째 의미는 '돌이키다'이다. 예를 들면, 예수님이 자기 옷에 손을 댄 사람을 보시려고 무리 가운데서 돌이키셨던 경우다(막 5:30). 그 동사의 또 다른 의미는 '돌아오다'로, 이는 받아지지 않은 인사가 인사를 한 사람에게로 되돌아오는 경우(마 10:13), 혹은 귀신이 떠났던 집으로 돌아가려고 했던 경우(마 12:44)에 사용되었다. 그러나 되돌아온다는 의미로 더 일반적으로 사용되는 동사는 '히포스트레포'(*hypostrephō*)로, 베들레헴 목자들이 자기들의 양에게로, 예수님의 가족이 나사렛으로 돌아간 경우에 사용되었다(눅 2:20, 39).

같은 동사가 신학적으로 사용될 때에도, 그 기본적인 의미가 변하지 않는 것은 분명하다. 이 동사는 여전히 한 방향에서 다른 방향으로 돌이키는 것, 한 장소에서 다른 장소로 돌아오는 것을 의미한다. 따라서 그리스도인들은 "우상을 버리고 하나님께로 돌아[오는]" 이들로(살전 1:9; 비교. 행 14:15), 또 "양과 같이 길을 잃었더니 이제는 너희 영혼의 목자와 감독 되신 이에게 돌아[온]" 이들로(벧전 2:25) 묘사될 수 있다. 우상과 죄에서 돌아서는 것을 일반적으로 '회개'라 부르고, 하나님과 그리스도께로 돌아서는 것을 '믿음'이라 부르므로, 우리는 '회개+믿음=회심'이라는 흥미로운 성경적 등식에 도달한다.

그렇다면 회심과 거듭남은 어떤 관계인가? 분명 둘 다 동전의 양면처럼 다른 하나에 속해 있다. 우리는 회심한 이들은 모두 거듭나며 거듭난 이들은 모두 회심한 것이라고, 어떤 모순의 여지없이 주장할 수 있다. 하나 없이 다른 하나를 예상하거나 경험하는 것은 상상할 수 없다. 그럼에도 이 둘은 신학적으로 구분해야 한다. 세 가지 다른 점을 언급할 수 있다.

첫째, 거듭남은 하나님이 하시는 일인 반면 회심은 인간이 하는 것이다. 거듭남은 새로운 탄생, 즉 '위로부터'(anōthen) 나는 것, '성령으로' 나는 것이다. 이는 죽은 자들에게 생명을 불어넣으시는 성령의 독특한 사역이다. 반면 회심은 우리가 회개하고 믿을 때 하는 것이다. 회개와 믿음 둘 다 분명 하나님의 선물이고, 우리는 그분의 은혜 없이 회개하거나 믿을 수 없다(예를 들어, 행 11:18; 18:27). 그럼에도 불구하고 하나님이 은혜로 하시는 일은, 우리를 어둠과 속박에서 자유롭게 하시는 것이며 그로 인해 우리로 회개하고 믿을 수 있게 하시는 것이다. 나는 어느 것이 먼저인지에 대한 질문은 크게 고심할 필요가 있다고 생각지는 않는다. 성경은 거듭남에도 우선순위를 부여하는 것 같고 회심에도 우선순위를 부여하는 것 같다. 실제로 중요한 진리는 둘은 뗄 수 없다는 것이다.

둘째로, 거듭남은 무의식적인 반면, 회심은 보통 의식적이다. 물론 회심이 항상 **기억할 수 있는** 의식적인 행위인 것은 아니다. 기독교 가정에서 자란 많은 이들은 아주 어렸을 때부터 하나님을 사랑하고 예수님을 믿어서, 그들이 믿지 않은 기간이나 처음 믿었던 순간을 기억할 수 없기 때문이다. 그런 사람들에게 우리는, 회심한 상태로 살아가는 것이 어떤 기억되는 회심의 순간보다 훨씬 중요하다고 말해 주어야 한다. 그러나 성인들의 경우, 우상을 버리고 하나님께로 돌아가는 일과 죄에서 돌이켜 그리스도께로 가는 일은, 회개하고 믿은 의식적인 행동이다. 그러나 거듭남은 무의식적으로 일어난다. 물론 우리는 그 결과를, 확신, 해방, 하나님과의 사귐, 사랑, 기쁨, 평화의 형태로 의식적으로 누릴 것이다. 그러나 사실 죽음에서 생명으로 가는 길은 실제로 느낄 수 있는 경험이 아니다. 사실 우리 주님께서 니고데모에게 이렇게 말씀하실 때 그것을 설명하신 것 같다. "바람이 임의로 불매 네가 그 소리는 들어도 어디서 와서 어디로 가는지 알지 못하나니 성령으로 난 사람도 다 그러하니라"(요 3:8). 거듭나는 것 자체는 신비로운 일이다. 그러나 그 결과는 명백하다. 육체적인 탄생에 비유하면 도움이 될지 모르겠다. 우리는 태어나는 과정을 의식하지 못했다. 우리의 자의식은 그 이후에 생겼다. 그러나 우리가 스스로 살아 있음을 의식한다는 사실이, 과거 어느 시점에 실제로 태어났다는 증거다! 마찬가지로 우리가 다시 태어남을 알 수 있는 이유는, 우리가 그 일이 일어났던 순간을 의식적으로 알기 때문이 아니라, 현재 우리의 영적인 삶이—그리스도인으로서의 자의식으로, 혹은 오히려 하나님에 대한 의식으로 감지하는—영적인 출생에서 비롯된 것이 분명함을 알기 때문이다.

거듭남과 회심의 셋째 차이는, 거듭남은 하나님의 즉각적이고 완성된 사역인 반면, 우리가 '회심'이라 부르는, 회개와 믿음으로 돌아오는 일은 사건이라기보다는 과정이라는 것이다. 거듭남이 갑작스럽게 일어난다는 사실에는 의심의 여지가 있을 수 없다. 출생의 유비가 이를 분명히 해 준다. 앞서 몇 달의 임신 기간이 있고 성장 기간이 뒤따르긴 하지만, 출생 자체는 결정적인 사건이다. 살아 있거나 죽거나 둘 중 하나이듯이, 태어나거나 태어나지 않거나 둘 중 하나다. 더 나아가 출생은 완료된 경험이다. 일단 태어나면 자궁에서 나온 순간부터 절대 다시 태어날 수 없다. 거듭나는 것도 마찬가지다. 거듭남은 마치 한 사람이 다른 사람보다 더 거듭날 수 있다는 듯이, 단계로 되는 일이 아니다. 우리는 실제로 어느 정도 거룩할 수 있고, 어느 정도 순종적일 수 있고, 어느 정도 그리스도와 우리 하늘 아버지를 닮을 수 있다. 이를 다른 사람과 비교할 수도 있고, 제자도의 변화하는 여정과도 비교할 수 있다. 그러나 더 거듭나거나 덜 거듭나거나 할 수는 없다. 더 태어나거나 덜 태어나거나 할 수 없듯이.

그러나 수많은 회심에는 명백한 점진성이 있다. 양심이 불편해지기 시작하고 회개의 필요성을 깨닫기 시작한다. 성경이 그들의 눈을 열기 시작하고, 예수 그리스도 안에서 그들에게 필요한 구세주를 보기 시작한다. 그러고 나면 싸움, 즉 반쯤 저항하고 반쯤 굴복하는 시기에 들어갈 것이다. 그들은 '거의 설득당한' 아그립바나, 믿기도 하고 믿지 않기도 한, 간질병 소년의 아버지같이 될 것이다. 심지어 역사상 극적인 회심의 가장 두드러진 예로 여겨지는 다소의 사울도, 실제로는 그런 유형이 아니었다. 우리는 그가 다마스쿠스로 가는 길에 예수 그리스도를 처음 만났다고 생각해서는 안 된다. 그는 분명 얼마 전부터 예수님의 "가시채를 뒷발질"하고 있었기 때문이다.

분명 많은 이들의 경험에서, 회심이라는 돌이킴이 완료되는 때, 희미한 믿음이 구원하는 믿음이 되는 때가 있다. 더욱이 이 순간을 자각하는 이들도 때때로 있다. 그러나 성령은 온화한 영이시다. 많은 경우 그분은 사람들을 자기 중심성에서 그리스도께로 돌아오게 하시는 일을 천천히 하신다. 그리고 그렇다 해도, 우리가 마땅히 '회심한 그리스도인'이라 일컬어질 수 있는 때가 지나도, 그분의 일은 끝나지 않는다. 거듭남은 자라날 수 없어도, 회심의 구성 요소인 회개와 믿음은 자랄 수 있고 자라야 하기 때문이다. 우리는 더 깊은 회개와 더 강한 믿음이 필요하다. 회심은 시작일 뿐이다. 우리 앞에는 그리스도 안에서 성장하는, 그리스도의 형상으로 변화해 가는 평생의 삶이 있다.

이렇게 회심 자체뿐 아니라 거듭남과의 관계에서도 회심을 정의해 보았다. 이제 이 급진적인 변화가 품고 있는 뜻을 탐구해 보자.

회심과 회개

먼저, 회심과 그리스도의 주되심을 생각해 보자. 우리는 전도에 관한 장에서, 회개와 믿음은 복음이 요구하는 한 쌍임을 보았고, 이미 이 장에서 그 둘이 함께 회심을 구성하는 요소임을 언급했다. 그런데 우리 주님(예를 들어, 막 1:15; 눅 13:3, 5)과 사도들(예를 들어, 행 2:38; 3:19; 17:30)의 메시지에서 중요하게 부각되고 있음에도, 유감스럽게도 오늘날의 많은 전도 설교에서 빠뜨리는 요소가 바로 회개다.

오늘날 회개를 선포할 때 필요한 것은, 진실성과 현실주의다. 전도에는 늘 진실성이 있어야 한다. 간혹 우리는 회심자를 얻으려는 열망 때문에 회개 요청을 하지 않는다. 그러나 고의적으로 메시지에서 이 측면을 숨기는 것은 근시안적이고 부정직한 일이다. 예수님은 제자도의 대가를 얼버무리고 넘어가지 않으셨다. 오히려 제자가 되려는 이들에게 "먼저 앉아 비용을 계산해 보라"고 요청하셨다. 예수님은 그들에게 그분을 따르려면 자기를 부인하고 자기 십자가를 지고 죽으라고 요구하셨기 때문이다. 통계 숫자를 위해 정직을 버린 번드르르한 '결단주의'는 다른 사상자들, 우리 어리석음으로 인한 희생자를 낳을 수밖에 없다. 우리는 그리스도 안에 있는 새 생명은, 새로운 태도, 새로운 야망, 새로운 기준이 반드시 따를 것이라고 가르쳐야 한다. 기독교의 회심은 옛것을 버리고 그 자리에 새것을 가져오는 것이기 때문이다(고후 5:17).

회개와 그리스도의 주되심을 선포할 때 진실성 외에도 현실주의가 필요하다. 마치 회심이 실생활 밖의 어떤 신비로운 진공 상태에서 일어날 수 있다는 듯, 모호한 말로 회개를 요청하는 것으로는 충분하지 않다. 세례 요한이 회개의 세례를 선포했을 때, 그는 사람들의 반응에 "회개에 합당한 열매를" 맺어야 한다고 주장했다. 그리고 거기서 그치지 않았다. 그는 구체적인 문제들로 나아갔다. 부자는 잉여 재산을 궁핍한 이들과 나누어야 했다. 세리들은 갈취하는 대신 정직해야 했다. 군인들은 권력으로 사람들을 강탈하지 말고 급료에 만족해야 했다(눅 3:8, 10-14). 예수님도 분명 똑같이 하셨다. 삭개오에게 제자가 된다는 것은 그의 부당 이득을 반환하는 것을 포함하는 일임을 아주 분명히 하셨던 것이다. 삭개오는 재산의 절반을 가난한 이들에게 준다. 아마도 누구에게서 강탈했는지 대부분은 추적할 수 없었기 때문일 것이다. 우리 역시 회개와 회심과 예수 그리스도의 주되심이 오늘날 어떤 의미를 지니는지 현실적이고 구체적인 용어로 자세히 설명할 필요가 있다.

회심과 교회

둘째로 회심에 함의된 바는 교회에 속하는 것이다. 그런데 몇몇 영향력 있는 이들이, 회심자들이 반드시 교회에 소속되어야 하는 것은 아니라는 의미로 목소리를 드높였다. 예를 들어, 인도의 기독교 신학자 토머스(M. M. Thomas) 박사는, 그가 "교회 밖에서 그리스도를 중심으로 모인 단체"라 부른 공동체와, 인도의 상황에서 "힌두교의 종교 공동체 내에서 그리스도를 중심으로 모인 믿음과 윤리 단체"를 지지했다. 그는 "그리스도께로의 회심"이 반드시 "기독교 공동체로의 회심"을 의미해서는 안 된다는 말을 덧붙임으로써 자신의 입장을 자세히 설명했다. 대신 회심자들은 "그들이 사는 사회, 문화, 종교 안에서, 그 안에서부터 구조와 가치관을 변화시키는, 그리스도를 중심으로 한 믿음의 단체를" 구축하고자 해야 한다는 것이다. 그의 입장에서 이는 심지어 세례를 거부하는 것을 포함할 수도 있었다. 세례는 "일차적으로 그리스도와 연합되는 것이 아니라 사회-정치-종교 공동체로 개종된다는 표지"가 되었기 때문이다. 힌두교에서 회심한 사람을 강제로 "사회적·법적·종교적 의미에서의 힌두 공동체에서" 분리시켜서는 안 된다.[6]

토머스 박사의 제안이 아무리 혁명적으로 들려도, 내가 보기에 우리는 그 말에 공감하며 응답해야 할 것 같다. 그 주장의 배경에는, 절망적이게도 인도 등지에서 소위 '공동체주의'가 발달한 상황이 있다. 기독교 공동체가, 비기독교 사회 전체로 소금과 빛으로 흩어지는 대신, 그 사회와 고립되어 독특한 문화적 독립체로 일어난 것이다. 이러한 문화적 문제에 대해서는 나중에 더 이야기할 것이다.

토머스 박사의 입장을 이해할 수 있는 둘째 이유는, 회심자들이 속하리라 기대되는 교회의 상태와 관련이 있다. 인도뿐 아니라 다른 모든 지역의 교회들에 좋지 못한 모습들이 아주 많다. 분열이 있고, 진실성이 없고, 권력을 추구하고, 심지어 타락과 부도덕이 있다. 교회에 깊이 환멸을 느끼고 왜 '밖에' 있는 사람을 그 안으로 데려가려 해야 하는지 의아할 정도다. 그러나 이로 보아 확실히 우리 그리스도인의 의무는, 교회를 피하거나 포기하는 것이 아닌 교회의 갱신을 추구하는 것이다. 당연히 하나님의 계시를 완전히 버리지 않는다면, 그것은 여전히 하나님의 교회이기 때문이다. 지독한 파벌, 부도덕의 용인, 무질서한 공예배, 불확실한 교리가 있었던 고린도 교회에 대해, 바울은 그 모든 상황에도 불구하고 "고린도에 있는 하나님의 교회"라 불렀다(고전 1:2).

    우리는 이러한 현대적인 논의에서부터, 성경으로, 또 성경의 일관된 증언으로 돌아가야 한다. 성경은, 역사적 과정을 거치는 내내 하나님이 자신을 위하여 한 백성을 부르셨고 여전히 부르고 계신다고 말한다. 그리고 그 백성은 여전히 세상에 몸담고 있지만, 그 신념과 기준에서 세상과는 구별되어야 하는 백성이다. 에베소서에 따르면 이 구속 받은 공동체는 복음에도 중요하지만 역사에도 중요하다. 뿐만 아니라, 하나님의 백성이 성령 충만한 그리스도의 몸이 되었던 오순절로부터 사도들은 회심자들이 거기에 합류하기를 기대했다. 바로 그날 베드로가 그들에게 요청한 것은, 마치 그들의 회심이 개인주의적 과정일 수 있다는 듯이 회심하고 믿으라는 것이 아니라, 세례를 받고 "패역한 세대에서 구원을 받[고]" 성령의 새로운 공동체에 '더해지라'는 것이었다(행 2:40-47). 따라서 한 공동체에서 다른 공동체로의 어떤 이동을(이동이 어떤 의미인지는 뒤에서 의미를 한정할 것이다) 처음부터 염두에 두었다. 신약에서 세례는 분명, 회심자들을 예배하고 가르치고 섬기는 교회 공동체 안에 들어가게 했다.

실제로 어떤 '인간 공동체'는 명백히 교회 밖에 존재하고, 오늘날 서구의 비인격화된 테크노크라시(과학 기술 분야 전문가들이 많은 권력을 행사하는 정치 및 사회 체제-역주) 안에서 수백만 명이 그러한 공동체를 찾고 있지만, 우리는 '기독교 공동체'는 종류가 다른 것이라고 주장해야 한다. 기독교 공동체는 하나님의 백성과의 사귐뿐 아니라 하나님과의 사귐을 포함하므로, 근본적으로 초자연적인 특성을 지닌다. 사람들에게 회심한 다음 교회에 속하라고 요구하는 기독교 회중은, "우리 주 예수 그리스도의 은혜와 하나님의 사랑과 성령의 사귐을" 가시적으로 드러내야 한다.

회심과 사회

셋째, 우리는 회심과 사회적 책임의 관계에 대해 검토해야 한다. 개인의 회심은 사회적 행동으로 이어진다. 아니 이어져야 한다. 이는 예수 그리스도께 회심한 사람은 교회에서뿐 아니라 세상 속에서 살아가고, 교회만이 아니라 세상에 대해서도 책임을 지니기 때문이다. 교회들이 그 구성원을 '교회 중심'으로 만들려 하는 경향으로 인해, 오늘날 많은 그리스도인이 회심하고 교회에 속하기를 경계하는 것은 이해할 만하다고 생각한다. 회심은 회심자를 세상 밖으로 끌어내는 대신 세상 **속으로 돌려보**내야 한다. 같은 사람을 같은 세상으로 보내지만, 그는 이제 새로운 신념과 새로운 기준을 가진 새로운 사람이다. 예수님의 첫 명령이 '오라!'였다면, 두 번째 명령은 '가라!'였다. 즉 우리는 우리가 나온 세상 속으로 돌아가야 한다. 그리스도의 대사로 돌아가야 한다.

역설적이게도 회심에는, 세상(죄를 짓고 하나님께 반역한 세상)에서 돌아서는 것과, 세상 속으로 향해 돌아서는 것이 함께 있다. 우리는 궁극적으로 세상을 구속하시려는 하나님의 뜻을 성경을 통해 소망하고 알기 때문이다. 대주교 마이클 램지는 목회자로 안수 받는 이들을 대상으로 한 강연에서, 늘 그렇듯 간결하게 여러 선택지를 요약했다.

> 저는 대략 세 가지 대조되는 방식이 있다고 생각합니다. 사회적 상황을 보지 않고 회심의 복음을 선포할 수 있습니다. 또는 그리스도께로 회심한다는 사실을 빠뜨린 사회적 복음을 선포할 수 있습니다. 여러분은 지혜를 가지고, 자신의 존재와 자신이 하는 모든 일의 주님이신 예수께로 회심하는 사람은 모든 관계 안에 있는 총체적인 인간임을 분명히 알고, 회심의 복음을 선포하기 바랍니다.[7]

그리스도께 헌신하는 것은, 세상에 헌신하는 것을 포함한다. 그분이 바로 그 세상으로 들어오셨고 그 세상을 위해 오셨기 때문이다.

나는 1973년 10월 다르에스살람(Dar es Salaam) 대학교에서 선교에 대한 강의를 하러 가서, 줄리어스 니에레레(Julius Nyerere) 대통령을 잠시 접견할 특권을 얻었다. 우리는 탄자니아의 국가 발전을 위해 그리스도인이 어느 정도로 참여해야 하는지에 관한 이야기를 나누었다. 그때 니에레레 대통령은 이렇게 강조하며 말했다. "나는 참여합니다. 그리스도인은 모두 참여해야 합니다. 나는 가끔 '헌신된 그리스도인'이라고 자처하는 사람들에게 무엇에 헌신하고 있냐고 질문합니다. 그리스도께서는 사람들에게 헌신하셨습니다. 우리도 그래야 합니다."

회심과 문화

넷째로, 회심과 인간 문화에 관한 질문으로 가 보자. 우리는 이미 교회에 속하는 일에 관해 논의할 때 이에 대해 간단히 언급했다. 지금은 다음과 같은 식으로 다루어 보려 한다. 어떤 사람들은 회심을 커다란 격변이 전혀 아니라는 듯, 또 회심자의 생활방식에 어떤 변화가 있다 해도 거의 없다는 듯이 회심을 생각하고 이야기한다. 또 어떤 사람들은 그러한 철저한 변화에 대해, 사실상 회심자를 소위 그가 전에 속했던 문화의 오염에서 소독하는 것이라 생각하는 것 같다. 그러나 회심은 우리가 물려받은 모든 문화를 자동으로 거부하는 것이 아니다. 회심은 회개를 포함하고 회개는 이전 것을 거부하는 것이 맞다. 그러나 그렇다고 해서 회심이 회심자에게, 이전 문화에서 바로 빠져나와 완전히 구별된 기독교 하위문화로 들어가라고 요구하지는 않는다. 간혹 우리는 그들이 진짜 세계에서 완전히 철수하기를 기대하는 것 같다.

서양에서든 동양에서든 꼭 필요한 것이, 성경과 문화를 구별하는 법을 배우는 것이다. 문화에서 본질적으로 악한 것이므로 그리스도를 위해 거부해야만 하는 것과, 선한 것 혹은 선악과 상관없는 것이므로 유지해도 되는 것, 변화시키고 풍성하게 만들어야 할 것을 구분하는 법을 배워야 한다. 서양에서 회심은 때로 시대에 뒤떨어진 과거로 들어가는 것처럼 보이기도 한다.

> 우리 회중은 모든 새로운 구성원에게 회심뿐 아니라 문화적인 면에서의 변화를 요구한다. 그는 지금의 어떤 행동들을 버려야 하고, 회중 대다수 가운데 널리 퍼진 더 낡은 양식들을 받아들여야 한다. 새로운 그리스도인은 오래

된 찬송을 배워야 하고, 그 찬송들을 환영해야 한다. 그는 설교의 어휘를 배워야 한다. 또 정치적으로 다소 보수적인 견해를 공유해야 한다. 다소 구식의 옷을 입어야 한다.…간단히 말해, 그는 두 세대 전으로 후퇴하여, 소위 고통스러운 문화적 할례를 받아야 한다.[8]

다수 세계에서도, 또 비기독교 종교가 문화를 지배하는 국가 어디에서든, 그리스도인들은 유지할 것과 거부할 것을 분별하는 깊은 지혜가 필요하다. 수많은 경우 새로운 회심자들은 그들의 이전 문화에 대한 아주 부정적인 태도를 수용한다. 이는 몇 가지 심각한 결과를 낳을 수 있다. 자신이 양육 받은 사회에서 완전히 떨어져 나온 그리스도인은 뿌리를 잃고 불안해 할 수 있고, 심지어 관습적인 규제가 없어지면서 도덕적 방종에 빠질 수도 있다. 급기야 기독교 '공동체주의'를 발전시키기도 한다. 이는 삶을 살아가는 데 새로운 안정감을 주지만, 이전의 친구와 친척들을 그들과 단절시킨다. 또 그들의 반대를 불러일으킬지도 모른다. 그리스도인들이 전통 사회의 기본 구조를 흔드는 것으로 보일 때, 그들은 위험한 광신도로 여겨지고, 사납고 비이성적인 적대감을 유발한다.

   교회 초창기부터 이러한 예들이 있었다. 유대인들은 스데반이 "이 나사렛 예수가…모세가 우리에게 전하여 준 규례"를 고칠 것이라고 가르쳤다는 이유로 고소했고, 빌립보의 상인들은 바울과 실라가 "로마 사람인 우리가 받지도 못하고 행하지도 못할 풍속을" 전했기 때문에 "우리 성을 심히 요란하게" 한 그들을 고소했다(행 6:14; 16:20-21). 두 경우 다, 비록 하나는 배경이 유대이고 다른 하나는 로마지만, 그 이슈는 옛 관습을 버리는 것이든 새로운 관습을 도입하는 것이든, '관습'에 관련된 것이었다. 문화는 관습으로 이루어져 있고, 사람들은 자신의 관습이 도전받으면 위협을 느낀다. 물론 어떤 의미에서 예수 그리스도는 항상 평화를 교란시키는 분이었다. 그분은 물려받은 모든 관습, 관례, 전통에 도전하시고, 삶 전체가 그분의 감독과 판단 아래 들어가야 한다고 주장하시기 때문이다. 그러나 인습 타파주의자가 되는 것, 또 과거의 문화가 낡았다거나 회심 이전 삶의 일부였다는 것 외에 이렇다 할 이유 없이 그 문화를 무너뜨리는 것이, 그리스도인으로 충성하는 데 필수 요소는 아니다. 인간이 양면적이므로 문화도 양면적이다. 로잔 언약이 표현했듯이, "사람은 하나님의 피조물이기 때문에, 인류 문화의 일부는 아주 아름답고 선하다. 그러나 인간의 타락으로 인해 그 전부가 죄로 물들었고 어떤 것은 악마적이다."[9] 그러므로 "문화는 항상 성경을 기준으로 검토하고 판단해야 하고", 우리에게는 문화를 평가할 분별력이 필요하다.

이슬람 배경에서 글을 쓴 케네스 크래그 주교가 회심과 문화의 관계를 잘 요약해 준다.

> 사람들을 교회 안으로 들어오게 하는 세례는, 그들이 믿음으로 초자연적인 그리스도의 공동체 안으로 병합되었다는 뜻이다. 그러나 제대로 이해하면, 그것은 새 신자에게서 문화를 빼앗는 것이 아니라, 그를 교회에 속하게 하는 것이다. 그렇게 '교회에 속하게' 되면, 그 영향력이 확장됨에 따라, 그 환경의 모든 영역과 독창적으로 관계를 맺는다. 새로운 그리스도인은 그리스도 앞에서 자신의 옛 환경에 대한 책임을 갖게 되고, 새로운 진리로 자신의 옛 환경에 대한 책임을 갖게 된다. 그러나 그가 세례로 인해 '외국으로 나가는 것'은 아니다. 그리스도와 양립 가능한 것들은 다 세례받은 그와 함께 있다. 회심은 '이민'이 아니다. 그것은 이전의 인종과 언어와 전통의 틀 안에서 보편적인 그리스도의 의미를 개인적으로 발견하는 것이다.[10]

회심과 성령

다섯째로 살펴보아야 할 회심의 마지막 측면은, 회심과 성령의 역사의 관계다. 내 생각에 이는 결론으로 알맞은 항목인 것 같다. 지금까지 내가 쓴 대부분은 지나치게 인간 중심적이고 인간적 확신인 듯하다. 나는 선교란 **우리가** 하기 위해 세상 속으로 보냄 받는 것이라고 주장했다. 전도할 때 **우리가** 선포하고, 대화할 때 **우리가** 듣는다. 구원은 우리 친구들이 받기를 **우리가** 바라는 것이다. 그리고 회심은 우리가 그리스도께로 돌이킬 때나 우리가 다른 사람들을 그리스도께로 돌아오게 할 때나, (심지어 신약성경에서도) **우리가** 하는 것이라 묘사된다. 그래서 사도행전에서는 사람들이 "주께로 돌아오니라"라고 말하고(예를 들어, 행 9:35; 11:21), 예수님도 우리가 하나님 나라에 들어가려면 "돌이켜" 어린 아이들같이 자신을 낮추어야 한다고 말씀하셨다(마 18:3-4). 또 세례 요한은 "이스라엘 자손을 주 곧 그들의 하나님께로 많이 돌아오게" 할 것이었고(눅 1:16), 사도 바울은 수많은 이방인들을 "어둠에서 빛으로, 사탄의 권세에서 하나님께로 돌아오게" 할 것이었다(행 26:17-18;. 비교, 행 26:20과 약 5:19-20). 그러나 인간의 활동에 대한 이 모든 표현은, 결국 선교가 인간의 일이며 회심이 인간의 업적이라는 뜻으로 쓰이면, 심각하게 호도하는 것이다.

그러나 우리는 바로 그런 인상을 줄 때가 많다. 이러한 실용적인 시대에 교회는 쉽게 세상의 세계관에 빠져, 전도에 성공하는 열쇠는 업무 능률이라 생각한다. 그래서 혼자서 할 수 있는 전도 지침서를 발간하고, 교회의 방법론을 만든다. 그렇다. 나 자신도 효율성을 믿고, 그리스도인들이 왜 비능률을 과시해야 하는지 이유를 찾을 수 없다! 그러나 그와 동시에 우리는 절대로 전도를, 그저 혹은 심지어 주로 배워야 할 기술이나 암기해야 할 공식으로 폄하해서는 안 된다. 어떤 사람들은 교회의 전도 사역이 전산화될 때를, 모든 일을 사람 대신 기계가 할 때를, 세계 복음화가 인간 기술의 궁극적인 승리가 될 때를 기쁘게 기대하는 것 같다!

현대의 위풍당당하고 자신감에 찬 분위기와는 대조적으로, 사도들은 성령의 능력에 겸손히 의지하는 모습이 뚜렷하게 두드러져 보인다. 그들은 사람들이 죄와 허물로 죽어 있으며, 영적 진리를 보지 못하고, 죄와 사탄의 종이라고 믿었다(우리도 그들처럼 믿어야 한다). 따라서 그들은 스스로 '돌아설' 수 없고 스스로 구원할 수 없다. 우리 중 누구도 다른 사람들을 '돌이키거나' 구원할 수 없다. 성령만이 그들의 눈을 여시고, 그들의 어둠을 밝히시고, 그들을 속박에서 해방시키시고, 그들을 하나님께로 돌아오게 하고, 죽음에서 생명에 이르게 하실 수 있다. 신약은 분명 회개와 믿음을 인간의 의무라고 분명하게 선언한다(행 2:38; 16:31; 17:30). 그러나 우리가 보았듯이, 그것들은 하나님의 선물이기도 하다(예를 들어, 행 11:18; 엡 2:8; 빌 1:29). 또 이러한 모순이 아무리 당황스럽다 해도, 우리의 인간 중심적 세계에서는 그렇게 주장하는 것이 꼭 필요하며 그래서 우리는 하나님 앞에서 스스로를 낮출 수 있다.

우리는 모두 현대의 심리적 기법들의 발전에 익숙하다. 광고에서(공공연한 광고든, 또 알지 못하는 사이에 영향을 미치는 광고든), 정부 선전에서, 고의적인 집단 히스테리 유인책에서, '세뇌'라는 인격을 향한 가장 사악한 공격에서 그러한 것들을 볼 수 있다. 그러나 그리스도인은 전도는 전적으로 다른 종류의 행동임을 분명히 해야 한다. 우리는 사람들이 하나님 나라에 들어가도록 강요하려는 노력을 거부해야 한다. 바로 그러한 시도가 인간 존엄성에 대한 모욕이며, 성령의 특권을 강탈하는 죄다. 그것은 또한 비생산적이기도 하다. 비합법적인 수단(바울이 고후 4:2에서 "숨은 부끄러움의 일"이라 불렀던 것)을 이용한 전도의 불가피한 결과 중 하나는, '조작된' 회심의 당사자들이 교회에서 새어나가는 것이다.

그렇다면 이제 전도에 필요한 성령의 사역에 대해 부당한 추론을 끌어내지 않도록, 경고의 말을 몇 마디 덧붙일 필요가 있다. 성령을 신뢰하는 것으로 정당화할 수 없는 네 가지 결론을 간단하게 이야기해 보겠다.

첫째로, 성령을 신뢰하는 일이 조잡한 준비에 대한 변명이 되지는 않는다. 어떤 사람은 이렇게 주장한다. "나는 설교 전에 준비할 필요가 없습니다. 성령님이 내게 말씀을 주시도록 성령님을 의지할 겁니다. 예수님은 우리가 말해야 할 때 우리에게 말씀을 주실 거라고 약속하셨습니다." 이런 말은 그럴듯하게 들리지만, 언젠가는 우리가 성경을 잘못 인용하는 것이 마귀의 방식임을 깨닫게 될 것이다. 예수님은 선포할 때가 아닌 박해의 때에 대해, 교회의 강단이 아닌 법정의 피고인석에 대해 말씀하셨다. 성령을 신뢰하라는 것은 우리를 성가신 준비에서 해방시켜 주려는 의도가 아니다. 실제로 우리가 갑자기 이야기를 하도록 요청받았는데 준비할 시간이 없었다면 성령께서는 우리에게 할 말을 알려 주실 수 있다. 그러나 그분은 우리가 연구할 때에도 우리의 생각을 명료하게 해 주시고 지도하신다. 실제로 경험에 따르면 그분은 강단보다는 그런 자리에서 일을 더 잘하신다.

둘째로, 성령을 신뢰한다고 해서 일반적인 반지성주의를 정당화할 수는 없다. 바울이 "설득력 있는 지혜의 말"을 버렸다는 것은, 교리적인 설교나 지성을 버렸다는 것이 아니라, 세상의 대중적인 지혜와 그리스 사람들의 화려한 미사여구를 버렸다는 뜻이었다. 그는 세상의 지혜와는 대조적으로 십자가의 어리석은 메시지에 충실하기로 결단했고, 화려한 미사여구와 대조적으로 인간의 약함 가운데서 "성령의 나타나심과 능력"

에 의지했다(고전 2:4). 그러나 바울은 반지성주의자가 아니었다. 그의 설교들은 교리적 내용과 논증으로 가득했다. 그와 그의 동료 사도들은 그저 복음을 주는 전령이 아니었다. 그들은 사건을 변호하는 변호사였다. 볼프하르트 판넨베르크(Wolfhart Pannenberg)는 이렇게 썼다.

> 설득력 없는 메시지는 성령께 호소하는 것만으로는 설득력을 얻을 수 없다.…그리스도인의 메시지에서 설득력은 그 내용에서만 나올 수 있다. 그렇지 않은 경우, 성령께 호소하는 것은 설교자에게 전혀 도움이 되지 않는다.…논증과 성령의 역사는 서로 경쟁하지 않는다. 바울은 성령을 의지하면서도 전혀 생각하거나 논증하는 수고를 아끼지 않았다.[11]

셋째로, 성령을 신뢰한다고 해서 부적절성을 정당화할 수는 없다. 어떤 사람들은 짐짓 경건하게, 성령이 소통의 문제에 대한 완벽하고 만족할 만한 해결책이며, 실제로 그분이 임재하여 역사하신다면 소통에는 문제가 없어진다고 말한다. 도대체 이런 말은 무슨 뜻인가? 지금 우리는 우리가 하고 싶은 대로 모호하고 혼란스럽고 상관없는 말을 하는데, 성령이 모든 것을 분명하게 해 주실 것인가? 우리의 게으름을 합리화하려고 성령을 이용하는 것은 경건보다는 신성모독에 더 가깝다. 물론 성령이 **없다면** 우리의 모든 설명은 헛되다. 그러나 이 말은 성령과 **함께해도** 그 설명이 헛되다는 말은 아니다. 성령은 그것들을 통해 일하기로 하시기 때문이다. 단, 성령을 신뢰하는 일이 성경을 연구하고 동시대를 연구하는 짐을 덜어 주는 평계로 이용되어서는 안 된다.

넷째로, 성령을 신뢰한다고 해서 우리 개성을 억제하는 것이 정당화되지는 않는다. 어떤 사람들은 만약 성령이 모든 것을 장악하신다면, 자신을 완전히 제거해야 한다고 생각하는 것 같다. 그러나 이것이 어떤 성령의 교리인가? 성경의 영감을 제대로 이해하면 이러한 실수를 하지 않을 수 있다. 우리가 '영감'이라 부르는 과정에서 성령은 인간 저자들의 개성을 억누르지 않으셨다. 먼저 적합하게 만드시고 그다음 충분히 활용하셨기 때문이다. 현대의 그리스도인 전달자들이 비슷한 영감을 받았다고 주장할 수는 없다 해도, 그들은 동일한 성령께서 그들의 개성을 없애고 싶어 하지 않으신다고 확신할 것이다.

우리에게 금지된 것은, 온갖 수사학에 대한 애착, 결과를 내려는 온갖 작위적인 시도, 인위적인 행동과 위선과 연기, 의식적으로 몸짓과 찡그린 표정을 만들어 내려고 거울 앞에 서는 것, 그리고 자기 선전과 자기 의존이다. 우리는 더 적극적으로 우리 자신이 되어야 하고, 자연스러워야 하고, 하나님이 우리에게 주신 은사들을 개발하고 발휘해야 하며, 그와 동시에 우리 자신이 아니라 우리를 통해 일하러 오신 성령을 신뢰해야 한다.

기독교 역사를 지나오면서 교회는 한 극단에서 다른 극단을 오간 것 같다. 어떤 때에는 아주 세속적으로 마치 전도가 그저 업무 능률과 인간의 기술의 문제인 양, 자기 확신의 극단으로 간다. 또 다른 때에는, 너무 내세적이 되어, 전도가 전적으로 성령의 사역이며 우리는 어떤 기여도 할 것이 없는 듯이 자기 비하의 반대 극단으로 간다. 그러나 사람들을 통해 다른 사람들을 회심시키도록 일하시는 성령의 뜻을 진정 성경적으로 이해하면, 우리는 이 자기 의존과 자기 비하의 두 극단, 자만과 게으름의 두 극단에서 벗어날 것이다.

대신 성경이 우리에게 요구하는 것은, 겸손과 인간성을 적절하게 조합하라는 것이다. 그것은 하나님만이 눈먼 자의 눈을 뜨게 하시고 죽은 자를 살리실 수 있음을 인정하고 하나님을 하나님 되게 하는 겸손과, 하나님이 우리에게 주신 은사를 발휘하고 우리 자신을 그분 손에 있는 의의 도구로 하나님께 바치는 인간성이다. 내 생각에 현대의 기독교 선교에는, 성령의 능력에 의지하는 가운데 겸손과 인간성을 이렇게 건강하게 융합하는 것보다 더 필요한 것은 없을 것 같다.

10장
회심에 관한 고찰

크리스토퍼 라이트

"그가 죽었으나…지금도 말하느니라"(히 11:4). 유명한 기독교 설교자나 저술가의 묘비에서 볼 수 있는 이 말은, 존 스토트에게도 적용할 수 있다.[1] 나는 이 작은 책의 여러 장들을 읽고 또 읽으면서, 그가 짧은 단락에 혹은 심지어 지나가는 말로 예측했던 여러 이슈들이, 이후 수십 년 동안 기독교 신학자들, 특히 선교학자들이 벌인 토론에서 그들의 마음을 사로잡았던 이슈였다는 사실에 거듭 놀랐다. 이 장에서는 그중 세 가지가 두드러진다.

회심과 '내부자 운동'

스토트는 "회심과 교회"라는 단락에서 자신보다 몇 살 위인 유명한 인도 학자 토머스의 말을 인용한다.[2]

> 예를 들어, 토머스(M. M. Thomas) 박사는, 그가 "교회 밖에서 그리스도를 중심으로 모인 단체"라 부르는 공동체와, 인도의 상황에서 "힌두교의 종교 공

동체 내에서 그리스도를 중심으로 모인 믿음과 윤리 단체"를 지지했다. 그는 "그리스도께로의 회심"이 반드시 "기독교 공동체로의 회심"을 의미해서는 안 된다는 말을 덧붙임으로써 자신의 입장을 자세히 설명했다. 대신 회심자들은 "그들이 사는 사회, 문화, 종교 안에서, 그 안에서부터 그 구조와 가치관을 변화시키는, 그리스도를 중심으로 한 믿음의 단체를" 구축하고자 해야 한다는 것이다.…힌두교에서 회심한 사람을 강제로 "사회적·법적·종교적 의미에서의 힌두 공동체에서" 분리시켜서는 안 된다.

사실 토머스가 '지지한' 일은, 최근 몇 십 년 동안 힌두 문화권의 인도뿐 아니라 이슬람 국가 대부분에서도 엄청난 규모로 일어나고 있다. 그 현상은 '내부자 운동'이라 지칭되기에 이르렀다. 이는, 예수님을 구세주와 주로 믿지만, 그들의 이전 신앙 공동체와 주변 신앙 공동체 '내부에' 계속 남아 있거나, 어떻게든 가시적으로는 공식적인 기독교 교회에 합류하는 식으로(혹은 전통적인 이미지로 교회를 세우거나) 공동체를 떠나지는 않는 사람들의 운동이다. 당연히 이는 기독교 선교 신학자들과 선교사들 사이에서 상당한 논란을 불러일으킨 사태다.

비록 스토트가 여러 면에서 토머스와 의견이 다른 것이 분명하지만(그의 다른 글에서도 그렇게 말했다), 이 주장에 대한 그의 첫 반응이 적대적이지 않다는 사실은 놀랍다. 그는 "토머스 박사의 제안이 아무리 혁명적으로 들려도, 내가 보기에 우리는 그 말에 공감하며 반응해야 할 것 같다"고 쓴다. 그는 그의 '공감'의 이유를 두 가지로 제시한다. 첫째로, 회심자들을 그들의 문화적 환경에서 빼내어 기독교 교회와 공동체로 들어가게 함으로써, 실제로 더 넓은 사회에서 고립되고 소금과 빛으로서의 영향력을 거의 행사하지 못하게 된 '절망적인' 결과들이 있었기 때문이다. 둘째, 회심자들이 합류하게 되는 교회의 '매력적이지 못한' 특성 때문이다. 이러한 안타까운 현실에 더해, 확실하게 덧붙일 수 있는 다른 것들도 있다. 몇몇 나라들에서는 **그리스도인**이라는 단어가, 십자군과 식민주의, 그리고 기독교가 선교사들과 제국주의자들이 강요한 낯선 '서양 종교'라는 느낌을 포함한 각종 역사적 앙금과 관련이 있다(그럴 만한가 아닌가는 요점을 벗어난 것이다. 실제로 많은 이들에게 그러한 인식이 있다). 그리스도인이라는 단어 자체는 **별명**으로 시작되었고 신약에서 세 번만 나오므로, 이제 논쟁은 왜 예수님을 믿게 된 이들이 곧바로 비뚤어진 가설과 편견과 적대감에 노출되는 그 이름을 쓰도록 **요구 받아야** 하는가로 나아간다. 우리는 진짜 '십자가에 대한 불쾌감'—제자도의 대가 자체—과, 종교적·문화적·제도적 현상으로서 역사적으로 모욕적으로 기독교에 첨가된 것들을 구분해야 한다는 것이다.

'내부자 운동'에 대한 논란은 몇 가지 핵심 질문을 구체화한다. 예수님을 믿는다고 고백하면서도 그들을 둘러싼 문화의 종교와 관계를 계속 유지하는 사람들이, 실제로 예수 그리스도의 유일성을 부인하는 일종의 혼합주의에 연루되어 있지는 않은가? 그러나 만약 다른 대안(그리스도를 공적으로 고백하고 가족과 공동체의 종교 관행을 완벽하게 버리는)이 결국 거절과 추방, 심지어 죽음(가끔 그런 것처럼)으로 귀결된다면 그것이 더 나쁜 결과가 아닌가? 혹은 그 반대로, 신약에 따르면 순교를 포함하여 그러한 일들이 그리스도를 고백할 때 예상되는 대가가 아닌가?

선교학계에서는, 내부자 운동을 단순히 원하시는 곳에서 원하시는 방식대로 일하시는 하나님의 영의 주권을 겸허히 수용하는 것으로 인식해야 하느냐(심지어 '외부자들'이 보는 데서), 혹은 그러한 내부자 운동을 실제로 선교 전략으로 육성하고 격려해야 하느냐 아니면 복음에 대한 배신이자 사람들의 진정한 구원에 심각한 위협으로 여겨 적극적으로 말려야 하느냐를 놓고, 논란이 아주 격렬했다.[3] 그리고 우리 중 몇몇에게는 또 다른 질문이 생긴다. 서구에 사는 우리, 세계에서 가장 혼합주의적 형태의 기독교와 함께 살고 숨 쉬는 우리가 무슨 권리로, 하나님이 일하시는 전혀 다른 문화에서 무엇을 그리스도를 향한 '진정한' 충성으로 '인정하고' 무엇을 그렇게 인정할 수 없는지 지시하는가? 왜 우리는 운영하고 전략을 세우고자 하는 습관적인 충동에 못 이겨, 이름표와 분류 체계와 기준을 제공해야 하는가?

그러나 여기서 나의 요지는, 전체적인 선교학적 논란을 조사하는 것이 아니라, 그저 스토트가 회심이 무엇을 뜻해야 **하는지** 성찰하면서 그것을 어떻게 기대하는지, 그리고 회심이 무엇을 뜻해서는 **안 되는지**를 보여 주는 것이다. 나는 스토트가, 더 참되게 토착적인 인도의 신앙 표현을 향한 토머스의 요청에 '공감'했음에도 불구하고, 혼합주의의 위험을 엄히 경계했고, 그리스도께 새로이 회심한 이들이 '내부에' 있더라도 그리스도 안에서 성장해야 하고, 성경 전체의 독특한 진리와 유일한 구속 이야기를 배워야 하고, 예수님을 따르는 이들의 공동체로서 그들의 정체성을 확신해야 한다는 데 관심을 기울였다고 확신한다. 비록 그 모든 일이 어떻든 그들이 낯설어 하는 문화인 제도적인 기독교와 전통적인 교회 구조의 개입 없이 일어나야 하지만 말이다. 나는 이 선교학적 이슈에 대해 스토트와 논의할 기회를 갖지 못했지만, 그가 그 특유의 균형과 분별로 그 이슈를 다루었으리라 상상할 수 있다. 그는 다양한 종교 배경에서 온 많은 사람들이 예수님을 따르는 이들이 되고 있는(그럼으로써 제도적인 교회가 없거나 허용되지 않는 곳에서도 그분의 교회의 구성원이 되는) 것을 보고 하나님의 영의 분명한 사역에 큰 격려를 받는 한편, 그와 동시에 성경에서 분명히 드러나듯, 그러한 제자도가 살아 계신 하나님을 향한 예배와 우상숭배적 전제들—의심 없이 수용한 주변의 문화적 세계관에서 끌어낸—을 혼합하는 위험에 빠지지 않도록 보호받기를 간절히 바랄 것이다.

나는 그가 케이프타운 서약 전문을 읽어 달라고 하면서 그 내용에 기꺼이 동의했음을 알고 있으므로, 그가 그 문제에 관한 조항에(어쩔 수 없이 간단한) 동의할 것이라 예상한다. 그 내용은 IIC항 "타종교인들 가운데서 그리스도의 사랑으로 살아가기"에 들어 있으며 아래와 같다.

사랑은 제자도의 다양성을 존중한다

소위 '내부자 운동'이 여러 종교들 내에서 나타나고 있다. 이들은 예수님을 그들의 하나님이자 구세주로 따르는 그룹이다. 이들은 예수님과 성경을 중심으로 한 교제, 가르침, 예배, 기도를 위해 소그룹으로 함께 모이지만, 사회적·문화적으로 계속해서 그들이 태어난 사회 안에서 살아가며 그들의 종교적 의무를 준수하기도 한다. 이는 복잡한 현상이며, 이에 어떻게 대응해야 하는지 수많은 의견 차이가 있다. 어떤 사람들은 이러한 운동을 추천한다. 반면 혼합주의의 위험을 경고하는 이들도 있다. 그러나 혼합주의는 우리가 우리 문화 안에서 신앙을 표현할 때 어디에서든 나타나는 위험이다. 우리는 하나님이 우리가 예상치 못한 방법이나 익숙하지 않은 방법으로 일하시는 것을 볼 때 (i) 성급하게 그것을 새로운 선교 전략으로 분류하여 장려하거나 (ii) 상황에 민감하게 귀 기울이지 않고 성급하게 비난하는 경향을 피해야 한다.

A. 우리는, 안디옥에 도착하여 "하나님의 은혜를 보고 기뻐하여 모든 사람에게…주와 함께 머물러 있으라"고 권한[행 11:20-24] 바나바의 심정으로, 이 이슈에 관심이 있는 모든 사람에게 호소한다.

i. 사도의 결정과 실천을 주요 지침으로 삼는다. "이방인 중에서 하나님께로 돌아오는 자들을 괴롭게 하지 말고"[행 15:19].

　ii. 다양한 시각을 인정하며 겸손과 인내와 친절을 보이며, 귀에 거슬리는 소리와 상호 비난 없이 대화를 나눈다[롬 14:1-3].[4]

회심, 교회, 복음

스토트는 여전히 '회심과 교회' 단락에서, 교회로 방향을 돌려, 교회는 건물이나 제도가 아니라 한 백성, 실제로 하나님이 자신을 위해 부르셨으며 여전히 부르시고 창조하시는 그 백성임을 상기시킨다. 스토트는 구약의 어느 부분이라고 언급하지는 않지만, 성경의 "일관된 증언"과 "역사적 과정"을 언급함으로써 하나님의 백성이 성경 이야기 전체를 관통하며 신구약의 모든 시대에 걸쳐 이어져 있었음을 우리에게 이해시키려는 의도가 확실하다. 그런 다음 그는, 놀라울 정도로 압축적이고 '함축적인' 문장으로 "에베소서에 따르면 이 구속 받은 공동체는 복음에도 중요하지만 역사에도 중요하다"고 덧붙인다.

　물론 그는 옳았을 뿐 아니라, 최근 복음주의 신학에서 더 첨예한 관심사가 된 두 가지에 대한 인식이 점점 커지리라 예상한다. 그것은 곧 교회는 그 존재 자체로 복음의 필수 요소라는 것과, 교회는 본질상 선교적이라는 것이다(이것이 교회가 '역사에'도 중요한 이유다). 혹은 전문적인 용어로, 우리는 교회론을 구원론과 분리해서는 안 되며, 선교학과 교회론을 분리해서도 안 된다.

　그런데 왜 에베소서를 지목했을까? 가장 직접적인 이유는 당시에 에베소서가 그의 큰 관심사였기 때문이다. 1979년 그는 에베소서 주해인

『하나님의 새로운 사회』(God's New Society)를 출판했을 때, 서문에서 이렇게 말한다. "지난 5년 넘는 기간 나는 에베소서 본문을 연구하며, 그 메시지에 빠져 있었고, 그 영향을 느끼며, 에베소서 꿈을 꾸었다."[5] 그러므로 앞에서 인용한 그의 문장이 에베소서 3장에 대한 그의 주해의 두 소제목에 반영되어 있는 것은 놀랄 일이 아니다. 그는 "에베소서 3장 전반부가 가르치는 주요한 교훈은 교회가 성경의 중심이라는 것이다"라고 말한 후에, 어떻게 "교회가 역사의 중심에 있으며" "교회가 복음의 중심에 있는지" 개략적으로 서술한다.

역사에 관해 말하자면, 바울은 하나님의 영원한 목적, 역사와 영원 모두에 속해 있는 하나님의 계획, 유대인과 이방인이 화해한 다국적 공동체의 창조, "국경선이 없고, 온 세계가 그리스도의 소유라고 주장하는" 공동체, "그분의 새로운 사회, 그분의 새 창조의 시작"을 이야기한다. 이는 교회에 대한 선교적 이해다. 온 창조 세계를 그리스도 아래서 통일시키시려는 하나님의 궁극적인 선교에 교회가 필수적인 것이라고 보기 때문이다(엡 1:10).

복음에 관해 말하자면, 바울은 1장에 나오는 우주적 통합이라는 하나님의 목적이 유대인과 이방인 사이의 인종적 화해라는 결과를 낳았다고 주장했다(엡 2:11-3:11). 또 그는 그것을 십자가를 통해 그리스도께서 평화를 이루신 것으로(엡 2:14-18), 또 복음 자체의 '비밀'이 실현된 것으로(엡 3:3-6) 본다. 복음은 하나님이 하신 일에 대한 좋은 소식, 그분이 화해의 공동체, 즉 그리스도 안에서 하나님과 화해하고 서로 화해한 공동체를 창조하셨다는 사실을 포함하는 좋은 소식이다.

바울이 전파한 측량할 수 없는 그리스도의 풍성함에 대한 좋은 소식은, 그리스도가 죽으셨다가 다시 사신 것이 나와 같은 죄인들을 구원하시기 위한 것만이 아니라(물론 그분이 구원하셨지만) 또한 새로운 인류를 만들어 내기 위함이라는 것이다. 우리를 죄에서 구속할 뿐 아니라 또한 하나님의 가족으로 입양하기 위한 것이며, 우리를 하나님과 화해시킬 뿐 아니라 서로와 화해시키기 위한 것이다. 그래서 교회는 복음의 필수적인 부분이다. 복음은 새로운 삶뿐 아니라 새로운 사회에 대한 좋은 소식이다.[6]

이렇게 교회를 복음과 선교의 중심으로 인식하는 모습은, 바울의 글 다른 부분에서도 볼 수 있다. 바울은 골로새서 1:15-20에서, 창조와 구속과 유업을 통해 "만물 곧 땅에 있는 것들이나 하늘에 있는 것들" 위에 계시게 된 그리스도의 우월성을 살피면서, 그리스도가 머리 되신 몸인 교회를 포함시킨다. 바울은 고린도 교회의 온갖 잘못에도 불구하고, 고린도에 있는 신자들의 공동체를, 사도의 복음의 진리와 진정성을 드러내 보이는 "그리스도의 편지"로 여긴다(고후 3:2-3). 또 그들이 (이방인으로서) "그리스도의 복음을 진실히 믿고 복종"하여, 예루살렘에서 기근으로 고통 받는 가난한 이들을 위해(유대인 신자들) 헌금한 것을 칭찬한다(고후 9:13). 그리고 갈라디아에 있는 이방인 신자들에게는, 그들이 메시아 예수를 믿음으로 아브라함의 자손에 속하게 되었다는 것, 그 자체가 하나님이 아브라함에게 하신 약속에 신실하심을 실제적으로 보여 주는 것임을 확실히 해 줄 수 있었다. 바울은 그것을 명백한 복음 언어로 표현한다. "하나님이 이방을 믿음으로 말미암아 의로 정하실 것을 성경이 미리 알고 먼저 아브라함에게 복음을 전하되 모든 이방인이 너로 말미암아 복을 받으리라 하였느니라"(갈 3:8).

바울은, 복음(하나님이 세상에 약속하신 좋은 소식)이 창세기에서 시작되었고 지금 교회에서 가시화된다고 보았다. 그리고 그것은 땅에서만 가시화되는 것도 아니다. 에베소서 3장에서 바울에 따르면, (문맥상, 십자가를 통해 유대인과 이방인이 화해한 새로운 인류로서의 교회를 뜻하는) 교회는 하나님이 영적 권세들이 있는 온 우주를 향해, "그리스도의 비밀"의 진리와 하나님이 위대한 구속 사명을 성취하셨음을 드러내시는 그분의 진열장이다. "이는 이제 교회로 말미암아 하늘에 있는 통치자들과 권세들에게 하나님의 각종 지혜를 알게 하려 하심이니 곧 영원부터 우리 주 그리스도 예수 안에서 예정하신 뜻대로 하신 것이라"(엡 3:10-11).

그리고 바울이 자주 계속 주장하듯이, 교회가 복음의 중심이므로, 교회가 함께 살고 사랑하며 예배하며 어떻게 **행동하는가**가 세상에서 교회의 증언과 선교에 중요한 부분이다. 교회는 메시지를 전달하는 우체부일 뿐 아니라, 그 자체가 메시지의 구현이다(타락한 세상에서 아무리 불완전하더라도).

교회의 이러한 복음 중심적, 선교 중심적 속성은 최근 출간된 책들에 담겨 있다. 예를 들어, 라이트(N. T. Wright)의 저작에서 아주 분명히 나타난다(너무 분명해서 그는 간혹 구원론을 교회론으로 **대신**한다고 비난을 받는다. 나는 아주 잘못된 비난이라 생각한다).[7] 또한 가장 최근에 나온 『하나님 나라의 비밀』(*Kingdom Conspiracy*)을 비롯한 여러 글들에서 스캇 맥나이트(Scot McKnight)의 주요한 관심사이기도 하다.[8] 내 책 『하나님의 백성의 선교』도 창세기로부터 성경 전체를 관통하며 하나님의 백성의 역사적 연속성과, 또 그들이(우리가) 성경적 복음의 좋은 소식을 구현하는 백성이 되도록, 우리 선교의 본질인 말과 행동으로 복음을 증언하는—역사 내에서 우리의 존재 이유인—백성이 되도록 지음 받았음을 강조한다.[9] 그리고 이미 레슬리 뉴비긴의 작품에서는, '최근' 많은 인기 있는 선교학적 주제들과 같이, 복음과 선교에 교회가 중요하다는 이러한 이해를 예견했다. 그는 "복음을 믿을 만하다고 여기는 일이 어떻게 가능한가? 십자가에 달린 한 사람이 인간사의 결정권을 가진 권세를 대표한다는 사실을 믿게 되는 일이 어떻게 가능한가? 나는 유일한 대답, 복음의 유일한 해석은 그것을 믿고 그대로 사는 사람들로 이루어진 회중이라고 제안한다"라는 강력하고 선교적인 표현으로, "복음의 해석으로서의 회중"을 이야기했다.[10]

앞에서도 말했듯이, 스토트는 1970년대에 이 주제를 마음 깊이 품고 있었는데, 그것은 1974년 로잔 언약에도 분명히 드러난다. 다음 내용은 제6항 "교회와 전도"에서 발췌한 것이다. "교회는 하나님의 우주적 목적의 바로 중심에 있으며, 하나님이 정하신 복음 전파 수단이다. 그러나 십자가를 선포하는 교회 자체가 십자가의 흔적을 지녀야 한다." 이는 윤리적 명령으로 이어진다. 이는 바울이 복음을 직설법으로 설명하다가, 그것이 복음을 믿고 순종하는 이들의 특징이 되어야 한다는 명령법으로 옮겨 가는 방식을 떠올리게 한다. "교회가 만일 복음을 배반하거나, 하나님에 대한 산 믿음이 없거나, 사람에 대한 진정한 사랑이 없거나, 사업 추진과 재정을 포함한 모든 일에서 철저한 정직성이 없다면, [교회는] 오히려 전도의 걸림돌이 된다."[11]

이러한 교회, 선교, 윤리 영역의 통합은, 로잔 운동에도 똑같이 계속 살아 있다. 케이프타운 서약의 **교회**에 관한 항목(I.9, "우리는 하나님의 백성을 사랑한다")이, 선교와 관련한 교회의 역할과 그로 인한 윤리적 요구 사항으로 신속하게 옮겨 가고, **선교**에 관한 항목(I.10, "우리는 하나님의 선교를 사랑한다")이, 교회의 정체성 및 역할과 세상에서 교회의 삶의 질로 신속하게 옮겨 가는 모습은 흥미롭다. 교회학과 선교학은 뗄 수 없다.

하나님의 백성은, 모든 세대와 모든 족속 가운데서, 하나님이 그리스도 안에서 그분의 소유 된 백성으로 사랑하시고 택하시고 부르시고 구원하시고 거룩하게 하셔서, 새 창조 세계의 시민으로 그리스도의 영광을 함께 누리게 하시는 이들이다. 하나님이 영원부터 영원까지, 또 우리 격변의 반역의 역사 내내 사랑하신 이들인 우리는 서로 사랑하라는 명령을 받는다. "하나님이 우리를 그토록 사랑하셨으므로 우리도 서로 사랑해야 한다." 그리고 그렇게 함으로써 "하나님을 닮은 자가 되어야 하고…그리스도께서 우리를 사랑하사 우리를 위해 자신을 주신 것처럼 사랑의 삶을 살아야 한다." 하나님의 가족 안에서 서로 사랑하는 것은 단지 바람직한 선택이 아니라, 피할 수 없는 명령이다. 그 사랑이 복음에 순종한다는 첫째 증거이며, 우리가 그리스도의 주 되심에 순복한다는 꼭 필요한 표현이며, 세계 선교의 강력한 원동력이다[살후 2:13-14; 요일 4:11; 엡 5:2; 살전 1:3; 4:9-10; 요 13:35].

A) **사랑은 일치를 요구한다.** 예수님이 제자들에게 서로 사랑하라고 하신 명령은, 그들이 하나가 되게 해 달라고 하신 예수님의 기도와 연결된다. 그 명령과 기도 둘 다 선교적이다. "모든 사람이 너희가 내 제자인 줄 알리라", "세상으로 아버지께서 나를 보내신 것을 믿게 하옵소서"[요 13:34-35; 17:21]. 복음 진리의 가장 강력하고 확실한 표지는, 기독교 신자들이 세상의 뿌리 깊은 분열의 장벽들, 즉 인종, 피부색, 성별, 사회 계층, 경제적 특권, 정치적 제휴를 넘어서 사랑으로 하나가 되는 것이다. 그러나 그리스도인들이 그들 가운데서 세상과 똑같은 분열을 일으키고 확대하는 것처럼 우리의 증거를 망치는 일은 없다. 우리는 온 대륙에 걸쳐 그리스도의 몸 안에서 새로운 전 세계적 동반자 관계를 긴급히 추구한다. 그것은 가부장주의나 건강하지 않은 의존이 아닌, 서로 간에 깊은 사랑과 복종 그리고 감격적인 경제적 나눔에 기반한 것이어야 한다. 또 우리는 우리가 복음 안에서 하나 되었음을 보여 주

기 위해서만이 아니라, 온 세상에서 그리스도의 이름과 하나님의 선교를 위해 이를 추구한다.[12]

선교에 관한 항목은, 하나님의 선교를 "하나님과 성경, 교회, 인간 역사, 궁극적인 미래에 대한 우리의 이해에서 중심이 되는 것"으로 요약한 후에 다음과 같이 이어진다.

하나님의 선교에 참여하기. 하나님은 그분의 백성을 부르셔서 그분의 선교를 함께 하게 하신다. 모든 족속으로 이루어진 교회는 메시아 예수를 통해 구약의 하나님 백성들과 연속선상에 있다. 그들과 함께 우리는, 아브라함을 통해 부르심을 받고 모든 족속에게 복과 빛이 되라는 위임을 받았다. 그들과 함께 우리는, 죄와 고통의 세상에서 거룩과 긍휼과 정의의 공동체가 되도록, 율법과 예언자들을 통해 빚어지고 가르침을 받아야 한다. 우리는 예수 그리스도의 십자가와 부활을 통해 구속 받았고, 성령의 능력을 받아 하나님이 그리스도 안에서 하신 일들을 증언한다. 교회는 영원토록 하나님을 예배하고 하나님께 영광을 돌리기 위해, 역사 속에서 하나님의 변화시키시는 선교에 참여하기 위해 존재한다. 우리의 선교는 전적으로 하나님의 선교로부터 나오고, 그 중심인 십자가의 구속의 승리에 근거한다. 우리는 이 백성에 속해 있고, 그 믿음을 고백하며, 그 선교에 함께한다.[13]

스토트의 이 장의 주제와 관련하여 덧붙이자면, 이들은 회심자들이 회개하고 예수 그리스도를 믿고 그분에게 순종하는 제자들이 될 때, 그 속으로 접붙임 되는 백성이라고 할 수 있다. 그 '교회'는 그들 주변 문화와 역사적 상황과 잘 맞을 수도, 맞지 않을 수도 있다.

회심, 문화, 상황화

스토트의 이 장에서 '회심과 문화'라는 단락은, 교회 역사 속에 깊이 뿌리박혀 있는 이슈들(이는 또한 구약으로 바로 거슬러 올라간다는 뜻이다), 계속해서 선교 신학자들과 전략가들과 실무자들이 머리와 마음과 손을 쓰고 있는 이슈들을 언급한다.

기독교 선교 역사에서(현대뿐만이 아니라, 예수회 선교 단체들은 인도와 중국에서 이 문제와 씨름했다) '상황화' 논쟁(혹은 로마 가톨릭 교회에서 부르듯이 '문화화')이 두드러졌던 것을 볼 때, 하나님의 백성과 그들이 어쩔 수 없이 그 안에서 살아가는 문화의 관계는(문화 없는 인간 삶은 없다) 성경 자체에서도 논쟁점임을 기억할 만하다. 신약은 예수님의 첫 제자들이 그들 신앙의 주장과 도전들을, 1세기 유대교, 그리고 그다음 그리스와 로마 문화와 연결시키려고 열심히 노력했음을 보여 준다. 그런데 구약에서도 이스라엘은 성공적으로 독특성을 유지하는가 하면, 심히 비참하게 굴복하며 적응하기도 하는 아주 인간적으로 복잡한 모습으로, 계속되는 주변 문화들(고대 메소포타미아, 이집트, 가나안, 바빌로니아, 페르시아, 그리스)의 도전에 직면했다. 토라와 예언서들의 메시지 상당 부분은, 이러한 분투를 이해해야 더 선명해진다. 그것은 본래 선교적 분투였다. 그것은 그들이 민족들 사이에서 한 민족으로(문화들 가운데서 한 문화로), 하나님이 **그렇게** 창조하시고 부르신 독특한('거룩한') 백성으로 살 것인가 하는 것이었다. 이것이 우리가 신명기로 알고 있는 위대한 '설교'의 주요한 요지다.[14]

그렇다면 회심이 무엇을 의미하든, 그것은 문화 **내에서**, 문화와의 역동적이고 피할 수 없는 교전 가운데서 일어나야만 한다. 그 현상 자체와 관련하여 사용되는 성경의 표현을 조사해 보면 분명히 그렇다. 이스라엘에게 계속해서 '돌아서라'고(그 동사의 모든 의미에서—다른 신들에게서 돌이키는 것, 살아 계신 하나님께로 되돌아가는 것 등등) 호소하는 구약에서도 그렇고, 신약에서 세례 요한과 예수님이 동포 유대인들에게 "회개하고 복음을 믿으라"고 말하는 하나님 나라의 명령법에서나, 바울이 이교도 다신교도들에게 "우상을 버리고…살아 계시고 참되신 하나님을 섬기라"고 (살전 1:9) 호소할 때에도 그렇다.[15]

「국제 선교 연구 회보」(International Bullentin of Missionary Research)라는 잡지의 한 호에서는 "그리스도인의 회심과 선교"라는 제목으로, 회심과 문화의 이러한 상호 작용을 다소 깊게 탐구했다. 앤드류 월스(Andrew Walls)는 1세기 유대교에서 개종주의로 알려진 것과, 바울과 다른 사도들이 이방인들 가운데서 행한 기독교 전도와 회심의 성격의 중요한 차이를 탐구했다.[16] 나는 신구약 성경에서 회심이라는 주제를 조사하며, 회심은 모든 다른 신들을 철저히 물리치는 것과, 윤리적 변화와, 여러 족속의 복과 연관된 중요한 선교적 함의를 포함하고 있음을 주목하였다.[17]

스토트는 그 주제를 다루는 부분에서 중요한 말을 하는데, 이는 다시 인용할 만하다.

> 회심은 우리가 물려받은 모든 문화를 자동적으로 거부하는 것이 아니다. 회심은 회개를 포함하고 회개는 이전 것을 거부하는 것이 맞다. 그러나 그렇다고 해서 회심이 회심자에게, 이전 문화에서 바로 빠져나와 완전히 구별된 기독교 하위문화로 들어가라고 요구하지는 않는다…
>
> 자신이 양육 받은 사회에서 완전히 떨어져 나온 그리스도인들은 뿌리를

잃고 불안해 할 수 있고, 심지어 관습적인 규제가 없어지면서 도덕적 방종에 빠질 수도 있다. 급기야 기독교 '공동체주의'를 발전시키기도 한다. 이는 삶을 살아가는 데 새로운 안정감을 주지만, 이전의 친구와 친척들을 그들과 단절시킨다. 또 그들의 반대를 불러일으킬지도 모른다. 그리스도인들이 전통 사회의 기본 구조를 흔드는 것으로 보일 때, 그들은 위험한 광신도로 여겨지고, 사납고 비이성적인 적대감을 유발한다.

앞에서 보았듯이, 이는 '내부자 운동' 논란에 대한 솔직한 의견이다. 물론 스토트는 이러한 간단한 관찰을 어떤 의미에서든 아주 복잡한 이슈에 대한 결론으로 여기지 않을 것이다. 그러나 이는 그가 '내부자 운동'이 극복하려 하는 어떤 종류의 문제들을 인식하고 있었음을 보여 준다. 신학에 관심이 있고 선교에 헌신한 관찰자들에게 아무리 논란이 되더라도 말이다. 그는 이렇게 쓴다.

우리는 성경과 문화를 구별하는 법을 배우는 일이 꼭 필요하다. 문화에서 본질적으로 악한 것이므로 그리스도를 위해 거부해야만 하는 것과, 선한 것 혹은 선악과 상관없는 것이므로 유지해도 되는 것, 변화시키고 풍성하게 만들어야 할 것들을 구분하는 법을 배워야 한다.…

인습 타파주의자가 되는 것, 또 과거의 문화가 낡았다거나 회심 이전 삶의 일부였다는 것 외에 이렇다 할 이유 없이 과거의 문화를 무너뜨리는 것이, 그리스도인으로 충성하는 데 필수 요소는 아니다. 인간이 양면적이므로 문화도 양면적이다. 로잔 언약이 표현했듯이, "사람은 하나님의 피조물이기 때문에, 인류 문화의 일부는 아주 아름답고 선하다. 그러나 인간의 타락으로 인해 그 전부가 죄로 물들었고 어떤 것은 악마적이다." 그러므로 "문화는 항상 성경을 기준으로 검토하고 판단해야 하고", 우리에게는 문화를 평가할 분별력이 필요하다.

내가 방금 말했듯이, 그러한 분별의 과정은 성경 자체에서 분명히 드러난다. 나는 내 초창기 책에서(스토트의 이 책 1975년 판을 읽고 영향을 받은 것이 확실한 책), 구약이 이스라엘과 주변 문화의 복잡한 관계를 어떻게 증언하는지 탐구했다. 그 내용을 보면, 앞에 인용한 스토트의 첫 단락이 떠오를 것이다. 우리는 이스라엘의 반응이(특히 토라에서 분명히 드러난다), 전적인 '배척과 금지'에서 '조건부 관용'을 거쳐(예를 들어, 일부다처제, 이혼, 노예 제도) '비판적 인정'에까지(예를 들어, 친족과 가족 결속력과 생존 능력의 중요성) 걸쳐 있었음을 관찰할 수 있다.[18]

스토트는 1974년 로잔 대회와 1975년 이 책의 출판 직후 복음과 문화라는 이 긴급한 이슈에 관한 협의회를 위해, 그의 생각, 소집 권한, 협의회 의장으로서의 타의 추종을 불허하는 역량, 글 쓰는 능력을 쏟아부었다. 그 회의는 1978년 1월 버뮤다의 윌로우뱅크에서 열렸고, "복음과 문화에 관한 윌로우뱅크 신학협의회 보고서"를 만들어 냈다. 이 보고서는, 여전히 아주 분명한 정의, 구분, 신학적 성찰, 실제적인 권고를 제시하는, 36쪽짜리 뛰어난 문서다. 그 문서는 다음과 같이 시작한다.

복음을 전하는 과정은, 그 복음이 나온 문화 또는 그 복음이 선포될 지역의 문화와 분리될 수 없다. 이러한 사실은 1974년 7월에 열린 로잔 세계복음화 대회의 중대한 관심사였다. 그래서 로잔 위원회의 신학과 교육 분과는 이 주제를 논의하기 위해 1978년 1월에 협의회를 소집했다. 이 협의회에서는 6개 대륙으로부터 33명의 신학자, 인류학자, 언어학자, 선교사, 목사들이 함께 모여 '복음과 문화'에 대해 연구했다. 로잔 위원회의 전략 실행 분과와 공동으로 발기한 이 협의회는, 다음의 네 가지 목표를 설정했다.

1. 복음과 문화의 상호 관계성에 대한 우리의 이해를 심화시킨다. 이는 특히 하나님의 계시와, 우리가 그 계시를 이해하고 전달하는 일, 그리고 복음을 듣는 자들이 회심, 교회, 생활 방식으로 보이는 반응과 관련이 있다.
2. 타문화권에 복음을 전달할 때의 결과를 비판적인 시각으로 돌아본다.
3. 복음을 더 적절하게 전달하는 데 필요한 도구를 알아본다.
4. 이 협의회에서 얻은 결과를 교회와 선교 단체의 그리스도인 지도자들과 나눈다.

이전에는 '선교지'여서 선교사가 떠난 후 자신들의 토착 문화와의 교전이라는 이슈로 씨름하던 여러 나라의 수많은 선교 단체와 교회들이, 로잔의 특별 보고서들 중 가장 초기의 문서인 이 문서에서 아주 유용한 지침을 얻었다.[19]

복음, 선교, 문화의 관계와 상황화에 관한 문헌은, 수많은 학회와 협의회가 관련 이슈를 해결하기 위해 모이면서 1970년대 이후로 꾸준히 늘어났다. 다음의 주20항에는 조금 선별한 목록, 훨씬 광범위한 참고 도서들이 실려 있는 일부 목록을 맛보기로 실었다.[20]

그러나 우리는 존 스토트의 결론을 들어 보아야 한다. 종종 그렇듯이, 그는 각종 인간적인 문제, 전략, 도전, 의도를 숙고한 뒤에, 겸손히 하나님 앞으로 오라는 요청으로 돌아왔다. 우리에게 선교가 어떤 의미든지, 우리가 함께하도록 부르심 받은 일은 하나님의 선교다. 어떤 구원을 포함하든지, 구원하시는 분은 하나님뿐이다. 어떤 회심을 포함하든지,

돌아오게 하시는 분은 하나님이다.

현대의 위풍당당하고 자신감에 찬 분위기와는 대조적으로, 사도들은 성령의 능력에 겸손히 의지하는 모습이 뚜렷하게 두드러져 보인다. 그들은 사람들이 죄와 허물로 죽어 있으며, 영적 진리를 보지 못하고, 죄와 사탄의 종이라고 믿었다(우리도 그들처럼 믿어야 한다). 따라서 그들은 스스로 '돌아설' 수 없고 스스로 구원할 수 없다. 우리 중 누구도 다른 사람들을 '돌이키거나' 구원할 수 없다. 성령만이 그들의 눈을 여시고, 그들의 어둠을 밝히시고, 그들을 속박에서 해방시키시고, 그들을 하나님께로 돌아오게 하고, 죽음에서 생명에 이르게 하실 수 있다. 신약은 분명 회개와 믿음을 인간의 의무라고 분명하게 선언한다(행 2:38; 16:31; 17:30). 그러나 우리가 보았듯이, 그것들은 하나님의 선물이기도 하다(예를 들어, 행 11:18; 엡 2:8; 빌 1:29). 또 이러한 모순이 아무리 당황스럽다 해도, 우리의 인간 중심적 세계에서는 그렇게 주장하는 것이 꼭 필요하며 그래서 우리는 하나님 앞에서 스스로를 낮출 수 있다.

주

1장 선교

1 로잔 언약, 제5항.
2 W. A. Visser't Hooft, in *The Uppsala 68 Report*, ed. Norman Goodall (Geneva: WCC, 1968), pp. 317-318.
3 로잔 언약, 제6항.

2장 선교에 관한 고찰

1 나는 다음 책의 "보내고 보냄 받는 백성"이라는 장에서 이 영역을 조금 더 자세히 탐구하였다. Christopher J. H. Wright, *The Mission of God's People: A Biblical Theology of the Church's Mission* (Grand Rapids: Zondervan, 2010), pp. 201-221. 『하나님 백성의 선교』(IVP).
2 케이프타운 서약(Cape Town Commitment), I.10. 성경 구절은 선언문 자체에 있는 것이다.
3 존 스토트와 함께 있을 때 내가 이 **선교적**이라는 단어를 처음 사용하자 그가 좀 미심쩍은 표정으로 보던 기억이 난다. 그는 아주 살짝 눈썹을 치켜 올리며 "정말 그런 단어가 있나요?"라고 물었다. 그는 사전을 열심히 찾아보는 사람이었다. 솔직히 말해서 그 단어는 비교적 최근에 새로 만들어진 말이다(2008년에 *Christianity Today* 지에서 그 단어를 겨우 십 년 된 것으로 언급했다). 나는 [내가 *The Mission of God: Unlocking the Bible's Grand Narrative* (Downers Grove, IL: InterVarsity Press, 2006, 『하나님의 선교』, IVP), pp. 22-25에서 설명했듯이], **선교사**(missionary)는 너무 부담이 되고, **선교학적**(missiological)이라는 단어는 선교에 관한 신학적 성찰을 가리키기 때문에, 그 단어가 필요하다고 설명했다. **선교적**이라는 단어는, 선교에 관련된, 혹은 선교에

기여하는, 혹은 선교에 적용되는, 또는 선교의 특징을 가진 속성 혹은 영역을 뜻한다.

4 J. Andrew Kirk, *What Is Mission? Theological Explorations* (London: Darton, Longman & Todd, 1999), p. 20. '성경을…선교에 관한 책'이라는 구절은 당연히 의문을 제기한다. 다시 말해서, 그것은 '누구의 선교인가?'라는 질문에 대한 답을 전제한다. 선교의 정의를 내릴 때 하나님을 언급하며 시작할 때에만, 성경 전체가 '선교에 관한' 것이라고 말할 수 있거나, '선교사들이 선교사들을 위해 쓴' 책이라는 개념이 의미가 통할 수 있다. '선교사들이 선교사들을 위해 쓴'이라는 어구는, 성경 저자들이 현대의 선교사들처럼 교회의 보냄을 받았다는 의미가 아니라, 그들이 어떤 의미에서는 성경 정경으로 수집된 글들에 임한 하나님의 감동이라는 그분의 뜻을 포함하여 **하나님**의 목적을 위해 하나님의 위임을 받았다는 의미에서, 참일 수 있다. Kirk의 표현은 우리가 성경 자체를 하나님의 작품으로, 하나님의 증언으로, 하나님의 선교로 볼 때에만 이해가 된다.

5 David Bosch, *Transforming Mission: Paradigm Shifts in Theology of Mission* (Maryknoll, NY: Orbis, 1991), p. 494. 『변화하는 선교』(CLC). Bosch 책의 모든 장과 관련한 핵심 신학적 본문들은 모은 아주 유용한 책으로는, Norman E. Thomas, ed., *Classic Texts in Mission and World Christianity: A Reader's Companion to David Bosch's Transforming Mission* (Maryknoll, NY: Orbis, 1995)이 있다.

6 *The Mission of God*은 2001년 내가 올네이션즈를 떠나, 존 스토트가 창립한 랭햄 파트너십의 대표가 된 이후에 썼다고 덧붙이는 것이 적절할 것 같다. 그 결과로, 그 책의 대부분은 스토트가 집필을 하러 가곤 했던 웨일스의 혹세스에서 썼다. 우리는 종종 그곳에서 함께했다. 스토트는 그 작업에 상당한 관심을 보였고, 계속 나를 격려했으며, 종종 이런저런 주제나 성경 본문에 관한 토론도 했다. 나는 그 책이 스토트 자신이 성경을 암암리에 선교적으로 읽은 궤적과 잘 맞는다고 생각한다(그는 **선교적**이라는 새로운 용어를 별로 환영하지는 않았음에도 불구하고!).

7 실제로 선교를 그저 교회의 한 활동이 아니라, 삼위일체의 목적과 행동으로 보는—고전적으로 알려진 대로 '하나님의 선교'로—방향으로의 변화는, 에큐메니컬 운동 내에서는 훨씬 더 거슬러 올라가 1952년 독일 빌링겐에서 열린 국제 선교 회의로 간다. 그리고 훨씬 더 일찍, 유명한 영국의 구약학자 H. H. Rowley는, 심지어 *Israel's Mission to the World* (London: SCM Press, 1939)와 *The Missionary Message of the Old Testament* (London: Carey, 1944)에서, 성경 본문을 선교적 시각에서 읽는 것에 관심을 갖기도 했다.

8 Lesslie Newbigin, *Trinitarian Doctrine for Today' Mission* (London: Edinburgh House, 1963; repr., Carlisle, UK: Paternoster, 1998), 『레슬리 뉴비긴의 삼위일체적 선교』(도서출판바울); *The Open Secret: An Introduction to the Theology of Mission (*Grand Rapids: Eerdmans, 1978), 『오픈 시크릿』(복있는사람); *Foolishness to the Greeks: Gospel and Western Culture* (Grand Rapids: Eerdmans, 1986), 『헬

라인에게는 미련한 것이요』(IVP); *The Gospel in a Pluralist Society* (Grand Rapids: Eerdmans, 1989), 『다원주의 사회에서의 복음』(IVP); *Truth to Tell: The Gospel as Public Truth* (London: SPCK, 1991), 『복음, 공공의 진리를 말하다』(SFC출판부).

9 Gospel and Our Culture의 홈페이지 gocn.org를 보라. 다양한 학자들(나를 포함하여)이 사용하고 있는 '선교적 해석학'이라는 어구의 다양한 의미에 관한 아주 유용한 조사 연구가 이 사이트에 제공되어 있다. George R. Hunsberger의 글, "Proposals for a Missional Hermeneutic: Mapping the Conversation", January 28, 2009, www.gocn.org/resources/newsletters/2009/01/gospel-and-our-culture. Newbigin House of Studies 웹사이트 newbiginhouse.org를 보라.

10 Michael W. Goheen, *Introducing Christian Mission Today: Scripture, History and Issues* (Downers Grove, IL: InterVarsity Press, 2014)를 보라. 이는 Goheen의 이전 작품 Craig G. Bartholomew and Michael W. Goheen, *The Drama of Scripture: Finding our Place in the Biblical Story* (Grand Rapids: Eerdmans, 2004, 『성경은 드라마다』, IVP)를 기반으로 한 것이다. Scott W. Sunquist, *Understanding Christian Mission: Participation in Suffering and Glory* (Grand Rapids: Baker, 2013)를 보라.

11 스토트는 전도에 관한 그의 이전 책 *Our Guilty Silence: The Gospel, the Church and the World* (London: Hodder & Stoughton, 1967; repr., Leicester, UK: InterVarsity Press, 1997, 『존 스토트의 복음 전도』, IVP), p. 77에서, 사회에서 교회의 실제적이고 사랑이 담긴 섬김의 사역을 지역 교회 전도를 실천하는 방법의(그리고 그는 그의 교회가 그렇게 실천했다고 확신했다) 아주 중요한 영역으로 언급한다. 그러나 그 책에서는, 신학적으로 그리고 선교에서, 전도와 사회적 행동이 어떻게 관련되는지에 관한 질문을 직접적으로 다루지는 않는다. 그는 나중에, *Christ the Controversialist: A Study in Some Essentials of Evangelical Religion* (London: Tyndale, 1970), pp. 185-189, 『논쟁자 그리스도』(성서유니온); rev. ed., *Christ in Conflict* (Downers Grove, IL: InterVarsity Press, 2013), pp. 175-181에서, 복음주의자들이 세상에서 물러서는 일과 에큐메니컬 운동들이 사회 정치적 행동을 전도와 동일시하는 현상을 피하게 하려는, 이 책에서와 동일한 관심을 가지고 그 주제를 간단하게 다룬다. 그 이슈는 1974년 로잔 대회에서와 그 이후에 주요한 것으로 부상했다.

12 그들의 상황과 헌신을 주의 깊게 듣고 이해하려 노력한 스토트가 그들에게 어떤 인상을 남겼는지에 대해서는, Christopher J. H. Wright, ed., *Portraits of a Radical Disciple* (Downers Grove, IL: InterVarsity Press, 2011), pp. 112-118, 119-121에 나오는 그들의 기고문에 직접 나온다.

13 로잔 언약, 제5항.

14 Kevin DeYoung and Greg Gilbert, *What Is the Mission of the Church? Making*

Sense of Social Justice, Shalom and the Great Commission (Wheaton, IL: Crossway, 2011), p. 59. 나는 스토트에 대한 그들의 비판이 어느 정도는 부당하게 그를 오해한 것이라 생각하지만, 그것은 다른 데서 다룰 것이다.

15 그 외에도, 스토트가 그가 속한 교회인 런던 랭햄 플레이스의 올소울즈 교회에서, 복음 중심의 총체적인 선교 모델을 구축한 것을 덧붙일 수 있을 것이다. 이 교회는 여전히 그러한 특징을 보이는 사역을 하고 있다. 스토트는 다양한 지역 교회 전도 방식을 개척하여 열매를 맺었을 뿐 아니라, 가난한 자들과 노숙자들을 위한 사역을 시작하는 동시에, 평신도 그리스도인이 직업 안에서 또 직업을 통하여 사역과 선교를 하도록 구비시키는 일의 중요성을 강조했다. 그러한 포괄적인 선교적 의제와 관련하여 올소울즈 교회의 전반적인 생활과 사역의 체계적인 구조에 관한 아주 흥미로운 자세한 내용들은 *Our Guilty Silence*에 기록되어 있다.

16 그 회의에서 나온 보고서 전문은 Lausanne Occasional Paper 21, www.lausanne.org/content/lop/lop-21에서 볼 수 있다. 또 이 보고서는, 1974년에서 1989년 사이에 나온 다른 주요한 로잔 문서들과 함께, John Stott, ed., *Making Christ Known: Historic Mission Documents from the Lausanne Movement 1974-1989* (Grand Rapids: Eerdmans, 1997), pp. 165-213에서도 볼 수 있다.

17 마닐라 선언, 제4항, "The Gospel and Social Responsibility", www.lausanne.org/content/manifesto/the-manila-manifesto.

18 Michael W. Goheen, *Introducing Christian Mission Today*, (Downers Grove, IL: InterVarsity Press, 2014), pp. 82-83; Lesslie Newbigin, *One Body, One Gospel, One World: The Christian Mission Today* (London: International Missionary Council, 1958), pp. 43-44에서 인용. David Bosch 역시 Newbigin의 구분을 호의적으로 취했다. *Transforming Mission* (Maryknoll: Orbis, 1991), pp. 372-373.

19 John R. W. Stott, *The Contemporary Christian* (Downers Grove, IL: InterVarsity Press, 1992), pp. 337-355. 『시대를 사는 그리스도인』(IVP).

20 일찍이 1983년에 나는, 나의 초창기 소책자인 *The Use of the Bible in Social Ethics* (Cambridge, UK: Grove Books, 1983)에서, 선교에 관한 그러한 개념을 목표로 노력하고 있었다. 나는 이렇게 썼다. "교회의 사회적 과업과 전도의 과업은 교회의 단일한 선교의 떼어놓을 수 없는 부분으로 보아야 한다. 한편으로, 온전한 성경의 복음에 충실한 전도는, 인간의 제도의 사회적 성격, 사회 생활과 관계라는 영역에 미친 죄의 영향, 그 영역에 지대한 영향을 미치는 회개와 회심을 향한 도전을 포함해야 한다.…다른 한편으로(그리고 이는 이 사안에서 더 경시되는 측면이다), 기독교 사회 윤리는 성경 전체의 기반, 동기, 그 활동 목표에 진실하다면, 전도의 영역을 피할 수 없다.…정확히 이러한 통일되고 통합된 [이해가] 예수님의 공적 사역의 특징이었다. 그것은 곧 사회적으

로 효과적인 전도, 복음 전도적으로 효과적인 사회적 행동이었다. 선교에 관한 온전히 성경적인 이해는 둘 다를 포괄할 뿐 아니라 사실 성경적 사고에서는 각각이 필수적으로 다른 하나를 포함한다고 볼 수 있다면, 그리스도인의 모임에서 전도와 사회적 행동이 대립된다는 추측성 주장들로 인한 논쟁을 해결하느라 얼마나 시간을 낭비하고 성과 없는 시간을 보냈는가?"(pp. 21-22)

21 Micah Declaration on Integral Mission, September 27, 2001, www.micahnetwork.org/integral-mission. 이 내용은 로잔 언약과 함께 케이프타운 서약 I.10.b에 인용된다.

22 케이프타운 서약, I.10.b.

23 나는 그 이후, 통합된 선교에 대한 이 바퀴 이미지를 Martin Alphonse가 사용했음을 알게 되었다. 그는 중심이 바퀴살을 통해 테두리와 연결된 수레바퀴를 생각하고 있었다. 그에게 '중심'은 예수 그리스도의 인격과 주되심—대위임령 서두에서 인정하는 것—이었다. Martin Alphonse, "Mission on the Move: A Biblical Exposition of the Great Commission", in C. V. Mathew, ed., *Integral Mission: The Way Forward; Essays in Honour of Dr. Saphir P. Athyal* (Tiruvalla, India: CSS Press, 2006), pp. 143-156를 보라. 또한 Tetsunao Yamamori and C. René Padilla, eds., *The Local Church, Agent of Transformation: An Ecclesiology of Integral Mission* (Buenos Aires: Ediciones Kairos, 2004)에 있는 흥미로운 글 모음을 보라.

24 케이프타운 서약, IID.1.e(강조체는 덧붙인 것).

25 로잔 신학 분과는 2010년 케이프타운 회의를 준비하면서, 그 몇 년 전에 익숙했던 구호인 "온 세상에 온전한 복음을 전하는 온 교회"(The whole church taking the whole gospel to the whole world)의 각 어구를 탐구한 세계 복음주의 연맹(WEA) 신학 위원회와 공동으로 세 번의 협의회를 열었다. 그 보고서들은 *Evangelical Review of Theology*의 세 번에 걸친 특별호에 게재되었다: vol. 33, no. 1 (2009); vol. 34, no. 1 (2010); vol. 34, no. 3 (2010). 세 번의 협의회에서 나온 보고서 전문은 www.lausanne.org/content/twg-three-wholes에서 온라인으로도 읽을 수 있다.

26 예를 들어, "Holistic Ministry: Reflections from the Theological Commission of the World Evangelical Alliance", October 2008, www.worldevangelicals.org/tc/statements/holistic-ministry.htm을 보라.

27 원래 국제 복음주의 선교 신학자 협회(International Fellowship of Evangelical Mission Theologians)를 나타내는 INFEMIT는 1987년 케냐에서 공식 출범하여, 당시 3분의2 세계로 알려진 곳에서 일어난 대륙의 선교 운동들을 결속시켰다. 그 홈페이지 http://infemit.org/를 보라. 이 협회는 OCMS(Oxford Centre for Mission Studies)의 사역을 관장하고, Regnum Books를 통해 책을 출판한다. 예를 들어, René Padilla, "What Is Integral Mission", http://lareddelcamino.net/en/images/

Articles/what%20is%20integral%20mission%20cr%20padilla.pdf를 보라. 전 세계 복음주의권 내에서의 총체적 선교 운동의 역사와 현재의 위상은 Brian Woolnough and Wonsuk Ma, eds., *Holistic Mission: God's Plan for God's People* (Oxford: Regnum, 2010)에서 아주 자세히 조사했다. 이전의 심포지엄에서는, 선교의 총체적 성격을 성찰하기 위해 주로 수많은 인도 학자들을 모았다. Mathew, ed., *Integral Mission*, foreword by John Stott를 보라.

28 Dean Flemming, *Recovering the Full Mission of God: A Biblical Perspective on Being, Doing and Telling* (Downers Grove, IL: InterVarsity Press, 2013); Goheen, *Introducing Christian Mission Today*; Sunquist, *Understanding Christian Mission*; Samuel Escobar, *The New Global Mission: The Gospel from Everywhere to Everyone* (Downers Grove, IL: InterVarsity Press, 2003); René Padilla, *Mission Between the Times: Essays on the Kingdom* (Grand Rapids: Eerdmans, 1985); Rosemary Dowsett, *The Great Commission* (London: Monarch, 2001); John Dickson, *The Best Kept Secret of Christian Mission: Promoting the Gospel with More Than Our Lips* (Grand Rapids: Zondervan, 2010); Vinay Samuel and Chris Sugden, eds., *Mission as Transformation: A Theology of the Whole Gospel* (Oxford: Regnum, 2000)을 보라.

29 이메일로 다음의 요청을 받고 어리둥절했던 때가 기억난다. 내가 '우선성 주장자'인지 '총체론자'인지 공표하고, 또 어떤 스펙트럼에서 나의 위치를 명시해 달라는 것이었다. 나는 다른 누군가가 만든 틀에 따라 나 자신을 분류하는 것을 정중하게 사양했다.

30 Goheen, *Introducing Christian Mission Today*, p. 232, "Holistic Mission: Witness in Life, Word and Deed"라는 장에서.

31 Sunquist, *Understanding Christian Mission*, p. 320, "Witnessing Community: Evangelism and Christian Mission"이라는 장에서.

32 마닐라 선언, 제4항, "복음과 사회적 책임."

33 아우사블 연구소 홈페이지 http://ausable.org, 아 호샤 홈페이지 arocha.org를 보라.

34 "On the Care of Creation," Evangelical Environmental Network, accessed April 24, 2015, http://creationcare.org/creation-care-resources/evangelical-declaration-on-the-care-of-creation/.

35 다음은 몇 가지 예다. 후반부의 작품들에는 이 분야에 대한 더 깊은 탐구를 위한 상당한 참고 문헌 자료가 실려 있다. Loren Wilkinson, ed., *Earthkeeping in the Nineties: Stewardship of Creation*, rev. ed. (Grand Rapids: Zondervan, 1991); Ron Elsdon, *Green House Theology: Biblical Perspectives on Caring for Creation* (London: Monarch, 1992); R. J. Berry, *The Care of Creation: Focusing Concern and Action* (Downers Grove, IL: InterVarsity Press, 2000); Edward

R. Brown, *Our Father's World: Mobilizing the Church to Care for Creation* (Downers Grove, IL: InterVarsity Press, 2006); Ian Hore-Lacy, *Responsible Dominion; A Christian Approach to Sustainable Development* (Vancouver: Regent College Publishing, 2006); Dave Bookless, *Planetwise: Dare to Care for God's World* (Leicester, UK: Inter-Varsity Press, 2008); Dave Bookless, *God Doesn't Do Waste: Redeeming the Whole of Life* (Leicester, UK: Inter-Varsity Press, 2010); Noah J. Toly and Daniel I. Block, *Keeping God's Earth: The Global Environment in Biblical Perspective* (Downers Grove, IL: InterVarsity Press, 2010); Lowell Bliss, *Environmental Missions: Planting Churches and Trees* (Pasadena, CA: William Carey, 2013); John Stott, *Issues Facing Christians Today*, 4th ed., rev. and updated by Roy McCloughry (Grand Rapids: Zondervan, 2006), pp. 135-160, 『현대 사회 문제와 그리스도인의 책임』(IVP); Wright, *Mission of God*, pp. 397-420; *Mission of God's People*, pp. 48-62, 267-270.

36 John Stott, *The Radical Disciple: Wholehearted Christian Living* (Leicester, UK: Inter-Varsity Press, 2010), pp. 55-65. 『제자도』(IVP).

37 케이프타운 서약, I.7.a-b. 성경 참고 구절은 원문에 있는 것이다. 2010년 케이프타운 대회 이후로 이제 로잔 운동 역시, Creation Care Network를 후원하고 있다. 이 단체는 2012년 국제 회의 이후 "Jamaica Call to Action"을 만들어 내었다. www.lausanne.org/content/statement/creation-care-call-to-action을 보라.

38 John Stott, *The Contemporary Christian* (Downers Grove, IL: Inter-Varsity Press, 1992), pp. 140-142(강조체는 원문 그대로).

39 "About LICC", London Institute for Contemporary Christianity, accessed April 24, 2015, www.licc.org.uk/about-licc.

40 Mark Greene, *Thank God It's Monday: Ministry in the Workplace* (Bletchley, UK: Scripture Union, 2009); *The Great Divide* (London: LICC, 2010); *Fruitfulness on the Frontline: Making a Difference Where You Are* (Leicester, UK: Inter-Varsity Press, 2014). 물론 다른 많은 이들도 '일상적인 일'을 성경적, 선교적으로 이해하는 책을 썼다. 그중 뛰어난 책들로는 다음과 같은 것들이 있다. Paul Stevens, *The Other Six Days: Vocation, Work and Ministry in Biblical Perspective* (Grand Rapids: Eerdmans, 2000), 『21세기를 위한 평신도 신학』(IVP); Timothy Keller, *Every Good Endeavour: Connecting Your Work to God's Plan for the World* (London: Hodder & Stoughton, 2012), 『일과 영성』(도서출판 두란노).

41 케이프타운 서약, II.A.3.

3장 전도

1 로잔 언약, 제6항.

2 앞의 글, 제9항.

3 J. I. Packer, *Evangelism and the Sovereignty of God* (Downers Grove, IL: InterVarsity Press, 2008), p. 45. 『복음 전도와 하나님의 주권』(생명의말씀사).

4 W. A. Visser't Hooft, "Evangelism in the Neo-pagan Situation", *International Review of Mission* 63, no. 249(1974): p. 84.

5 C. H. Dodd, *The Apostolic Preaching and Its Developments* (London: Hodder & Stoughton, 1936).

6 앞의 책, p. 31.

7 앞의 책, pp. 16, 30.

8 René Padilla, in J. D. Douglas, ed., *Let the Earth Hear His Voice* (Minneapolis: Worldwide Publications, 1975), pp. 128-129.

9 Samuel Escobar, in Douglas, ed., *Let the Earth Hear His Voice*, p. 308.

10 로잔 언약, 제4항.

4장 전도에 관한 고찰

1 자신의 회심에 관한 스토트의 개인적인 설명은 *Why I Am a Christian: This Is My Story* (Downers Grove, IL: InterVarsity Press, 2003), pp. 14, 29-32에서 읽을 수 있다. 『나는 왜 그리스도인이 되었는가?』(IVP). 더 자세한 설명은, Timothy Dudley-Smith, *John Stott: The Making of a Leader* (Downers Grove, IL: InterVarsity Press, 1999), pp. 85-102에서 볼 수 있다. 『존 스토트』(IVP).

2 나는 *The Mission of God: Unlocking the Bible's Grand Narrative* (Downers Grove, IL: InterVarsity Press, 2006), 13장에서 **전도의 궁극성**이라는 단어를 처음 사용했다. HIV/에이즈라는 가공할 천벌에 총체적으로 반응할 필요성을 언급하는 부분에서, "전도의 궁극성과 죽음의 비궁극성"에 대해 이야기했다.

3 Scot McKnight는 복음을 개인의 구원 계획으로만 축소시킬 것이 아니라, 구약 성경에 나오는 그 뿌리, 곧 하나님의 언약과 이스라엘의 이야기와 그들의 소망을 포함하여, 복음의 내러티브적 성격을 되살리는 것이 필요하다고 강력하게 주장한다. McKnight, *The King Jesus Gospel* [Grand Rapids: Zondervan, 2011, 『예수 왕의 복음』(새물결플러스)]과, *Kingdom Conspiracy: Returning to the Radical Mission of the Local Church* [Grand Rapids: Brazos, 2014, 『하나님 나라의 비밀』(새물결플러스)]을 보라. 또한 Tom Wright, *How God Became King: Getting to the Heart of the Gospels* [New York: HarperOne, 2012, 『하나님은 어떻게 왕이 되셨나』(에클레시아북스)]를 보라.

4 구약 정경 전체에서 이러한 전 세계적이고 선교적인 진의를 파악하는 것이 내 책 *The Mission of God: Unlocking the Bible's Grand Narrative*의 논거이며, 부제의 이유를 알려 준다.

5 그리고 실제로 하나님이 하와에게 하신 약속, 즉 그녀의 후손이 뱀의 머리를 상하게 하리라는 약속이(창 3:15) 종종 '원 복음'(*protoevangelium*)으로, '복음의 최초의 선언'으로 언급된다.

6 Ben Witherington III, *Paul's Narrative Thought World: The Tapestry of Tragedy and Triumph* (Louisville, KY: Westminster John Knox, 1994), p. 2.

7 Lesslie Newbigin은, 많은 이슈들에 대해 이야기할 때 그랬던 것처럼, 이미 보편적인 이야기로서의 성경에 대한 그리스도인의 확신을 회복하는 것이 아주 중요함을 분명히 표현했다. 성경은 단지 세상의 수많은 종교 서적 중 하나가 아닌 공적 진리로 들려야 하는 보편적인 이야기라는 것이다. 특히 "The Bible as Universal History", in *The Gospel in a Pluralist Society* (London: SPCK, 1989), pp. 89-102. Newbigin의 영향력은 Michael W. Goheen, *A Light to the Nations: The Missional Church and the Biblical Story* (Grand Rapids: Baker, 2011)에서 강하게 느낄 수 있다.

8 Andrew Walker는 *Telling the Story: Gospel, Mission and Culture* (London: SPCK, 1996)에서, 이야기로서의 복음의 특성과, 서구 문화 내에서 그 이야기의 상실의 심각함을 탐구한다.

9 몇 가지만 언급해 본다. Vaughan Roberts, *God's Big Picture: Tracing the Storyline of the Bible* (Downers Grove, IL: InterVarsity Press, 2002); Philip Greenslade, *A Passion for God's Story: Discovering Your Place in God's Strategic Plan* (Carlisle, UK: Authentic, 2002); Michael W. Goheen and Craig G. Bartholomew, *Living at the Crossroads: An Introduction to Christian Worldview* (Grand Rapids: Baker, 2008), 『세계관은 이야기다』(IVP); Craig G. Bartholomew and Michael W. Goheen, *The Drama of Scripture: Finding Our Place in the Biblical Story* (Grand Rapids: Baker, 2004; 2nd ed., 2014). 『성경은 드라마다』(IVP).

10 로잔 신학 분과의 다른 문서들과 함께 보고서 전체는 홈페이지에서 내려받을 수 있다. www.lausanne.org/content/twg-three-wholes를 보라. 2008년 치앙마이에서 제출된 다른 문서들은, 내가 쓴 "'According to the Scriptures': The Whole Gospel in Biblical Revelation"을 포함하여 *Evangelical Review of Theology* 33, no. 1 (2009)에 게재되어 있으며, 또 www.lausanne.org/wp-content/uploads/2007/06/LOP63-2008ChiangMai-Thailand.pdf에서도 읽을 수 있다.

11 바울 복음의 이러한 내러티브적 특성이 표면화된 구절들로는 다음과 같은 것들이 있다. 로마서 1:1-4; 고린도전서 15:1-8; 갈라디아서 1:11-12; 3:6-8; 데살로니가후서 2:13-15(이 구절은 복음 이야기를 구약 이스라엘의 이야기와 같은 순서―사랑받고, 택함 받

고, 구원받고, 거룩하게 되고, 영광을 얻는—로 제시한다); 디모데후서 1:10; 2:8.

12 치앙마이 보고서에 담긴 복음에 관한 다양한 선언들은, 부분적으로 내가 그 협의회에서 내 보고서를 준비하며 했던 활동에 기초를 둔 것이다. 나는 바울의 서신서 전체를 세심하게 읽고 그가 **복음**이라는 단어를 사용한 곳을 모두 찾았다. 그런 다음 그것들을 그의 용례의 다양한 뉘앙스에 따라 분류했다. 나의 결론 단락은 다음과 같다.

> 우리가 바울에게 로잔의 표어인 '온전한 복음'에 어떤 내용을 줄 수 있는지 질문할 수 있다면,…그는 적어도 온전한 복음은 다음과 같은 것임을 깨달으라고 권했을 것 같다.
> - 들려주어야 할 그리스도 중심의 이야기
> - 선포해야 할 소망 가득한 메시지
> - 변호해야 할 계시된 진리
> - 받아들여야 할 새로운 지위
> - 살아야 할 변화된 삶
> - 축하해야 할 하나님의 능력
>
> 또 내 생각에는, 바울이 이러한 영역들을 깨달으라고 권하면서, 계속 그가 단순히 '성경'이라고 알았던 것, 즉 구약성경으로 돌아가라고 지시했을 것 같다. 예수님이 우리의 구원을 위해 죽으시고 다시 사신 것은 '성경대로' 된 것이기 때문이다. 그렇다면 우리의 온전한 복음은 성경 전체라는 깊은 우물에서 끌어내야 한다.

13 John Stott, *Christ the Controversialist* (London: Tyndale, 1970), p. 127; *Christ in Conflict*, rev. ed. (Downers Grove, IL: InterVarsity Press, 2013), pp. 129-136.

14 Wright, *How God Became King*과 비교해 보라.

15 케이프타운 서약, I.8, 복음의 본질에 관하여.

16 앞의 글.

5장 대화

1 Martyn Lloyd-Jones, *Preaching and Preachers* (London: Hodder & Stoughton, 1971). 『설교와 설교자』(복있는사람).

2 앞의 책, pp. 9, 25.

3 앞의 책, pp. 46, 47.

4 J. G. Davies, *Dialogue with the World* (London: SCM Press, 1967), p. 31.

5 앞의 책, pp. 31, 55.

6 앞의 책, p. 55.

7 National Evangelical Anglican Congress at Keele, 제83항.

8 Gottlob Schrenk, "διαλέγομαι, διαλογίζομαι, διαλογισμός", in Gerhard Kittel and Gerhard Friedrich, eds., Theological Dictionary of the New Testament, trans. Geoffrey W. Bromiley (Grand Rapids: Eerdmans, 1971), 2:93-97.

9 William Arndt, et al., *A Greek-English Lexicon of the New Testament and Other Early Christian Literature; A Translation and Adaptation of Walter Bauer's Griechisch-Deutsches Wörterbuch Zu Den Schriften Des Neuen Testaments Und Der Übringen Urchristlichen Literatur, 4th Rev. and Augm. Ed., 1952* (Chicago: University of Chicago Press, 1957).

10 W. H. Temple Gairdner, *Edinburgh 1910: An Account and Interpretation of the World Missionary Conference*, Kindle ed. (HardPress, 2010), p. 135.

11 Hendrik Kraemer, *The Christian Message in a Non-Christian World* (London: Edinburgh House, 1946).

12 앞의 책, p. 302. 그리스도가 비기독교 종교들의 실현이라는 개념은 R. N. Farquhar, *The Crown of Hinduism* (Oxford: Oxford University Press, 1913)에 의해 대중화 되었다.

13 Carl F. Hallencreutz가 *New Approaches to Men of Other Faiths* (Geneva: WCC, 1969), p. 78에 인용함.

14 Karl Rahner, *Theological Investigations V* (London: Darton, Longman & Todd, 1966), p. 131.

15 Raimundo Pannikar, *The Unknown Christ of Hinduism*, rev. ed. (London: Darton, Longman & Todd, 1981).

16 웁살라에서 열린 세계교회협의회 총회, 보고서 2, 제6항.

17 로잔 언약, 제3항.

18 앞의 글, 제4항.

19 E. Stanley Jones, *The Christ of the Indian Road* (New York: Abingdon, 1925), 『인도의 길을 걷고 있는 예수』(IN크리스토); *Christ at the Round Table* (London: Hodder & Stoughton, 1928), 『원탁의 그리스도』(평단문화사).

20 Jones, *Christ at the Round Table*, pp. 19, 20.

21 앞의 책, p. 52.

22 앞의 책, pp. 8, 9.

23 앞의 책, pp. 22, 23.

24 앞의 책, pp. 48, 15, 11.

25 앞의 책, pp. 50, 56.

26 앞의 책, pp. 55, 56.

27 Kenneth Cragg, *The Call of the Minaret* (Cambridge: Lutterworth, 1956).

28 앞의 책, p. viii.
29 앞의 책, p. 189.
30 앞의 책, p. 34.
31 앞의 책, p. 319.
32 앞의 책, pp. 245, 262.
33 앞의 책, pp. 245-246, 256-257.
34 앞의 책, pp. 334-335.
35 앞의 책, pp. 355, 347.
36 Stephen Neill, *Christian Faith and Other Faiths* (Oxford: Oxford University Press, 1961), pp. 65, 66, 69.
37 David Sheppard, *Built as a City* (London: Hodder & Stoughton, 1974).
38 앞의 책, pp. 11, 36.
39 앞의 책, pp. 16, 245.
40 앞의 책, p. 256.
41 앞의 책, p. 258.
42 앞의 책, p. 259.
43 앞의 책, p. 260.
44 David Edwards, review of *Built as a City*, in *Church Times* (January 25, 1974).

6장 대화에 관한 고찰

1 다원주의라는 단어의 세 번째이자 정치적인 의미도 있다. 이는, 모든 종교가 어떤 의미에서는 똑같이 진리라고(혹은 또 어떤 의미에서는 똑같이 거짓이라고) 주장할 때가 아닌, 민주주의 국가의 보호를 받는 법 아래서 모든 종교의 동등한 자유를 확실히 할 때 사용될 수 있다. 이러한 정치적인 다원주의는, 다양한 종교의 진리 주장에 대한 도덕적·신학적 판단을 하지 않고, 각자 자신의 종교를 추구할 권리와 자유를 보호하려 한다. 예를 들어, 그것은 적어도 이론상으로는 인도 헌법에서 **세속적**이라는 말이 의미하는 바다.
2 Christopher J. H. Wright, "The Christian and Other Religions: The Biblical Evidence", *Themelios* 9, no. 2 (1984): pp. 4-15.
3 Chris Wright, *What's So Unique About Jesus?* (Eastbourne, UK: Monarch, 1990).
4 Chris Wright, *The Uniqueness of Jesus* (London: Monarch, 1997).
5 John Stott, "Our Plural World: Is Christian Witness Influential", in *Issues Facing Christians Today*, 4th ed. (Grand Rapids: Zondervan, 2006), pp. 71-94. 『현대 사회 문제와 그리스도인의 책임』(IVP). 1984년부터, 1990, 1999, 2006년까지 4판이 나온 이 책은, 사회, 정치, 경제, 생태, 의료, 성 등 다양한 이슈에 대한 스토트의 광범위한 연

구와 고찰이 담긴 주목할 만한 개요서다. 이 모든 주제는 그 특유의 세상과 말씀에 대한 '이중적 귀 기울임'의 시각과, 본질적으로 전도와 함께 총체적인 기독교 선교에 대한 그의 확고한 헌신을 기반으로 다루어졌다. 또한 "The Uniqueness of Jesus Christ", in *The Contemporary Christian* (Downers Grove, IL: InterVarsity Press, 1992), pp. 296-320를 보라.

6 Alan Race, *Christians and Religious Pluralism* (Maryknoll, NY: Orbis, 1982). 또한 Ida Glaser, *The Bible and Other Faiths: What Does the Lord Require of Us?* (Downers Grove, IL: InterVarsity Press, 2005), pp. 19-33에서 그 용어들에 대한 유용한 논의와, 그에 뒤이어 우리의 성경 해석학과 관련하여 그 전반적인 이슈를 훨씬 더 유용하게 확대한 것을 보라.

7 Harold A. Netland, *Dissonant Voices: Religious Pluralism and the Question of Truth* (Grand Rapids: Eerdmans, 1991), pp. 9-10. Netlands는 나중에 이 이슈에 대한 훨씬 광범위한 연구 조사서를 내놓았다. 거기서 그는, 배타주의, 포용주의, 다원주의라는 세 가지 범주가 학문 영역의 조사를 구조화하는 데는 학문적으로 유용했지만, 실제로 경험하는 현실은 훨씬 복잡함을 인정한다. *Encountering Religious Pluralism: The Challenge to Christian Faith and Mission* (Downers Grove, IL: InterVarsity Press, 2001)을 보라. 이 책에는 그 주제에 대한 각종 견해들을 접할 수 있는 아주 빈틈없고 유용한 참고 문헌 안내가 담겨 있다.

8 Rahner의 작업은 여러 해 동안 이어져 영어로 *Theological Investigations* (London: Darton, Longman & Todd) 스물세 권이 나왔다. 그러나 그는 John Hick and Brian Hebblethwaite, eds., *Christianity and Other Religions* (Glasgow: Collins Fontana, 1980), pp. 52-79에서 "Christianity and the Non-Christian Religions"로 출간된 강의에서 이 주제에 대한 그의 주요 입장을 요약했다. Rahner의 입장에 대한 유용한 요약과 논의는 Michael Barnes, *Religions in Conversation* (London: SPCK, 1989)에서도 볼 수 있다.

9 Chris Wright, *The Uniqueness of Jesus* (London: Monarch, 2002), pp. 61-62.

10 앞의 책, pp. 136-139.

11 David L. Edwards with John Stott, *Evangelical Essentials: A Liberal-Evangelical Dialogue* (Downers Grove, IL: InterVarsity Press, 1989).『자유주의자와의 대화』(여수룬).

12 그 문서의 자세한 내용과, 서명인들과 수신인들, 그리고 기본 내용은 http://en.wikipedia.org/wiki/A_Common_Word_Between_Us_and_You에서 볼 수 있다. 문서 전문은 www.acommonword.com/the-acw-document/에서 볼 수 있다.

13 세계복음주의 연맹의 응답은 www.worldea.org/images/wimg/files/We_Too_Want_to_Live_in_Love_Peace_Freedom_and_Justice.pdf에서 읽을 수 있다.

14 예일 신학대학원의 답변 전문은 http://faith.yale.edu/common-word/common-word-christian-response에서 읽을 수 있다.
15 마닐라 선언, 제12항.
16 케이프타운 서약, IIC.1.

7장 구원

1 Michael Green, *The Meaning of Salvation* (London: Hodder & Stoughton, 1965), p. 16.
2 예를 들어, Phyllis Garlick, *Man's Search for Health* (London: Highway, 1952); Evelyn Frost, *Christian Healing* (London: Mowbray, 1949)을 보라.
3 Martyn Lloyd-Jones, *Will Hospital Replace the Church?* (London: Christian Medical Fellowship, 1969).
4 Gustavo Gutiérrez, *A Theology of Liberation: History, Politics and Salvation* (Maryknoll, NY: Orbis, 1973).『해방신학』(분도출판사).
5 '해방신학'은 진정 남미의 산물이다. 성경이나 전통보다는 오히려 역사적 실재에서 시작하여 사회과학의 도움에 의지한 해방신학은, 북미와 유럽 신학에 맹렬히 저항한다는 의사를 표명했다. Gustavo Gutiérrez 외에 가장 유명한 주창자들로는 Ruben Alves (*Theology of Human Hope*)와 Hugo Assmann (*Oppression—Liberation: A Challenge to Christians*)이 있다. Orlando Costas는 "Alves가 그 운동의 예언자이고, Assmann이 변증가라면, Gutiérrez는 조직신학자이다"라고 말함으로 그들을 구별한다[*The Church and Its Mission: A Shattering Critique from the Third World* (London: Coverdale, 1974), p. 223에서].
6 Gutiérrez, *Theology of Liberation*, p. 145.
7 앞의 책, pp. 27, 32.
8 앞의 책, 예를 들어, pp. 29, 36, 37.
9 앞의 책, p. 45.
10 앞의 책, p. 71.
11 앞의 책, p. 72.
12 앞의 책, pp. 93, 194, 158.
13 앞의 책, p. 194.
14 앞의 책, p. 151.
15 앞의 책, p. 194-196.
16 앞의 책, p. 146.
17 로잔 언약, 제5항.
18 앞의 글.

19 Werner Foester and Georg Fohrer, "σῴζω, σωτηρία, σωτήρ, σωτήριος", in Gerhard Kittel and Gerhard Friedrich, eds., Theological Dictionary of the New Testament, trans. Geoffrey W. Bromiley (Grand Rapids: Eerdmans, 1971), 7:965-1024.
20 앞의 책, p. 973.
21 Michael Ramsey, *Freedom, Faith and the Future* (London: SPCK, 1970), pp. 15, 12.
22 로잔 언약, 제4항.
23 앞의 글, 제15항.
24 Green, *Meaning of Salvation*, p. 240.
25 John Poulton, *A Today Sort of Evangelism* (Cambridge: Lutterworth, 1972), pp. 60-61.

8장 구원에 관한 고찰

1 이 장의 내용 중 일부는 Christopher J. H. Wright, *Salvation Belongs to Our God: Celebrating the Bible's Central Story* (Downers, Grove, IL: InterVarsity Press, 2008)에서 가져온 것이다.
2 로잔 언약, 제5항.
3 실제로 그는 신약에서만 구원이라는 표현의 더 폭넓은 의미들을 조사한다. 나는 내 책 *Salvation Belongs to Our God*에서, 신구약 전체에서 그 단어를 조사했다. 구약에서 구원(**하나님**이 사람들을 구원하는 행위의 주어인 경우)은, 압제자들에게서 구조하는 것, 전쟁에서의 승리, 원수에게서 구해 내는 것, 법정에서의 변호를 포함할 수 있다. 신약에서 구원이라는 용어는(예수님 혹은 하나님이) 물에 빠진 것을 구해 내는 것, 죽을 병에서 회복되는 것, 질병이나 장애를 고침 받는 것, 죽음이나 위험을 당하는 위험에서 구조 받는 것에 사용된다. 또 신구약 성경 둘 다에서(신약만이 아니라), 구원은 하나님이 **사람들을 죄에서 구하시는** 것을 포함한다. *Salvation Belongs to Our God*, 1장을 보라.
4 John Stott, *The Cross of Christ*, 20th anniversary ed. (Downers Grove, IL: InterVarsity Press, 2006), 『그리스도의 십자가』(IVP); *The Contemporary Christian* (Downers Grove, IL: InterVarsity Press, 1992).
5 성경적인 구원의 소망이 종말론적으로(새로운 창조 세계) 완성되리라는 것과, 구원 받은 사람들이 지금 여기 세상에서 어떻게 살아야 하는지를 다루는 구원의 결과를 강하게 강조하는 최근 책들 중에서, John Colwell, ed., *Called to One Hope: Perspectives on the Life to Come* (Carlisle, UK: Paternoster, 2000); Michael Wittmer, *Heaven Is a Place on Earth: Why Everything You Do Matters to God*

(Grand Rapids: Zondervan, 2004); Darrell Cosden, *The Heavenly Good of Earthly Work* (Peabody, MA: Hendrickson, 2006); Tom Wright, *Surprised by Hope* (New York: HarperOne, 2007), 『마침내 드러난 하나님 나라』(IVP); Stephen Holmes and Russell Rook, eds., *What Are We Waiting For? Christian Hope and Contemporary Culture* (Carlisle, UK: Paternoster, 2008) 등을 보라.

6 Gustavo Gutiérrez, *A Theology of Liberation: History, Politics and Salvation* (Maryknoll, NY: Orbis, 1973).

7 예를 들어, 연구 조사와 비판, 그리고 더 광범위한 참고 문헌을 보려면, J. Andrew Kirk, *Liberation Theology: An Evangelical View from the Third World* (London: Marshall, Morgan & Scott, 1979); Kirk, *Theology Encounters Revolution* (Leicester, UK: Inter-Varsity Press, 1980); David J. Bosch, *Transforming Mission* (Maryknoll, NY: Orbis, 1991), pp. 432-447, 『변화하는 선교』(CLC); Orlando E. Costas, *The Church and Its Mission: A Shattering Critique from the Third World* (London: Coverdale, 1974); José Míguez Bonino, *Doing Theology in a Revolutionary Situation* (Philadelphia: Fortress, 1975); M. Daniel Carroll R., "Liberation Theologies", in A. Scott Moreau, ed., *Evangelical Dictionary of World Missions* (Grand Rapids: Baker, 2000), pp. 574-576; Samuel Escobar, "Latin American Theology", in John Corrie, ed., *Dictionary of Mission Theology* (Downers Grove, IL: InterVarsity Press, 2007), pp. 203-207; John Corrie, "Evangelicals and Liberation Theology", in John Corrie and Cathy Ross, *Mission in Context: Explorations Inspired by J. Andrew Kirk* (Aldershot, UK: Ashgate, 2012), pp. 61-76를 보라.

8 Christopher J. H. Wright, *The Mission of God: Unlocking the Bible's Grand Narrative* (Downers Grove, IL: InterVarsity Press, 2006), chap. 8, "God's Model of Redemption: The Exodus", pp. 265-288.

9 Stott, *Contemporary Christian*, p. 319.

10 복음을 듣지 못한 사람들 중 일부는 그럼에도 불구하고 그리스도의 속죄 사역에 근거하여 하나님이 구원하실 가능성이 있다고 하는(혹은 더 강력하게 구원받는다고 주장하는) 경우는, 분명한 아르미니우스주의의 견해로 Clark Pinnock, *A Wideness in God's Mercy: The Finality of Jesus Christ in a World of Religions* (Grand Rapids: Zondervan, 1992)에 나온다. 이 이슈를 역사적, 신학적, 성경적으로 훨씬 더 철저하게 탐구한 것으로는 John Sanders, *No Other Name: An Investigation into the Destiny of the Unevangelized* (Grand Rapids: Eerdmans, 1992)가 있다. 강경한 개혁주의 시각에서 이 견해를 옹호한 것은 Terrance L. Tiessen, *Who Can Be Saved: Reassessing Salvation in Christ and World Religions* (Downers Grove,

IL: InterVarsity Press, 2004)라는 주요한 작품에 나온다. 다양한 견해를 조사하지만, '전도를 받지 못한 이들의 구원 가능성'에 대한 비판을 아주 분명하게 지지하는 심포지엄이, William V. Crockett and James G. Sigountos, *Through No Fault of Their Own? The Fate of Those Who Have Never Heard* (Grand Rapids: Baker Books, 1991)이다.

9장 회심

1 Lesslie Newbigin, *The Finality of Christ* (London: SCM Press, 1964), p. 88.
2 "Christian Witness, Proselytism and Religious Liberty in the Setting of the WCC", *WCC Central Committee Minutes*, 1960, p. 214, quoted by Philip Potter in his address to the Central Committee in Crete, August 1967.
3 로잔 언약, 제12항.
4 J. C. Hoekendijk, *The Church Inside Out* (London: SCM Press, 1967), p. 21.
5 James Denney, *The Death of Christ* (London: Tyndale, 1951), p. 86.
6 M. M. Thomas, *Salvation and Humanization* (Madras: CLS, 1971).
7 Michael Ramsey, *The Christian Priest Today* (London: SPCK, 1972), p. 37.
8 Mark Gibbs and T. R. Morton, *God's Lively People* (London: Fontana, 1970), p. 206.
9 로잔 언약, 제10항.
10 Kenneth Cragg, *The Call of the Minaret* (Cambridge: Lutterworth, 1956), p. 336.
11 Wolfhart Pannenberg, *Basic Questions in Theology* (London: SCM Press, 1971), 2:34-35.

10장 회심에 관한 고찰

1 물론 이 말은 존 스토트의 묘비에 있는 말이 아니다. 그가 묘비에 새기도록 직접 택한 말은, 스토트의 위대한 영웅인 케임브리지의 찰스 시므온(1759-1836)의 묘비를 본 뜬 것이다. 찰스 시므온의 묘비에는 "그의 소망의 근거로든, 그의 사역의 주제로든, 그는 '예수 그리스도와 그가 십자가에 못 박히신 것 외에는 아무것도 알지 아니하기로 작정'했다"고 새겨져 있다. 혹세스(그가 그의 책 대부분을 집필한 해안가의 작은 집)와 가까운 펨브룩셔, 데일이라는 웨일스 마을에 있는 스토트의 무덤에는 이렇게 새겨져 있다. "John Robert Walmsley Stott, 1921-2011, 여기 잠들다. 런던 랭햄 플레이스 올 소울즈 교회 목사, 1950-1975, 명예 목사 1975-2011. 그는 자신의 구원의 근거이자 사역의 주제로, 예수 그리스도와 그가 십자가에 못 박히신 것 외에는 아무것도 알지 아니하기로 작정하였다. 고린도전서 2:2."

2 이는 그 자체로 스토트의 독서의 폭이 국제적이었음을 보여 준다. M. M. Thomas는 유명하고 깊이 있는 인도 신학자로, 더 토착적인 형태의 인도 기독교를 옹호했고, 사회 개혁에 많은 관심을 가지고 구원을 인간화로 보았으며, 달리트들(인도의 전통 카스트 제도에서 최하 계급에 속하는 사람—역주)의 억압에 반대한 모습에서는 남미의 해방신학이 보였다.

3 그 논란에서 다양한 참가자들이 취한 입장들의 예는 로잔 홈페이지에서 찾아볼 수 있다. 예를 들어, Joseph Cummings, "Muslim Followers of Jesus?", accessed April 25, 2015, www.lausanne.org/content/muslim-followers-of-Jesus. 이 이슈는 *Christianity Today*에서도 다루었는데, *Christianity Today* 지는 2010년 10월 케이프타운에서 제3차 로잔대회가 열릴 때까지 "전 세계적 대화" 시리즈를 실었다. 그 기사와 그에 대한 반응들은 2009년 12월호에서 읽을 수 있으며, www.lausanne.org/global-conversation-articles에 실려 있다. 또한 전체적인 주제의 훌륭한 요약과 참고 문헌 링크는 http://en.wikipedia.org/wiki/Insider_movement에서 볼 수 있다.

4 케이프타운 서약, IIC.4.

5 나중에 *The Message of Ephesians: God' New Society* (Downers Grove, IL: InterVarsity Press, 1979)로 Bible Speaks Today 시리즈에 포함되었다.『에베소서 강해: 하나님의 새로운 사회』(IVP).

6 앞의 책, pp. 126-129.

7 특히 그의 획기적인 작품 *The New Testament and the People of God* (Minneapolis: Fortress, 1992)을 보라.『신약성서와 하나님의 백성』(크리스천다이제스트 역간). 그러나 또 더 최근의 인기 있는 작품에서, "Reshaping the Church for Mission", in *Surprised by Hope* (New York: HarperOne, 2008,『마침내 드러난 하나님 나라』, IVP)와 "The Launching of God's Renewed People", in *How God Became King* (New York: HarperOne, 2012) 같은 장들을 보라.

8 Scot McKnight, *Kingdom Conspiracy: Returning to the Radical Mission of the Local Church* (Grand Rapids: Brazos, 2014).

9 Christopher J. H. Wright, *The Mission of God's People: A Biblical Theology of the Church's Mission* (Grand Rapids: Zondervan, 2010).

10 Lesslie Newbigin, *The Gospel in a Pluralist Society* (Grand Rapids: Eerdmans, 1989), p. 227.

11 로잔 언약, 제6항.

12 케이프타운 서약, I.9a.

13 케이프타운 서약, I.10a.

14 내가 쓴 주석에서는 신명기의 이러한 선교적-문화적 영역을 탐구하였다: Christopher J. H. Wright, *Deuteronomy*, New International Biblical Commentary (Peabody,

MA: Hendrickson, 1996); republished in the Understanding the Bible Commentary (Grand Rapids: Baker, 2012).

15 회심이라는 표현이, 이방 민족들보다 하나님의 백성에게 훨씬 자주 향해 있다는 것은 깜짝 놀랄 만한 사실이다. 이방 민족들 역시 "돌이켜 구원을 받으라"(사 45:22)는 요청을 받긴 하지만 말이다. 이는 우리에게, 비록 처음 회개하고 믿는 것과 연관된 특정한 회심의 순간이 있지만, 회심한다는 것은 마음과 목숨과 뜻과 힘을 다하여 주 우리 하나님을 사랑하는 데로 돌이키고 다시 돌이키는 평생의 계속 깊어지는 과정임을 상기시킨다.

16 Andrew F. Walls, "Converts or Proselytes? The Crisis over Conversion in the Early Church", *International Bulletin of Missionary Research* 28, no. 1(2004): pp. 2-6.

17 Christopher J. H. Wright, "Implications of Conversion in the Old Testament and the New", *International Bulletin of Missionary Research* 28, no. 1(2004): pp. 14-19.

18 이 표현들은 Christopher J. H. Wright, *An Eye for an Eye* (Downers Grove, IL: InterVarsity Press, 1983)의 "문화와 가족"이라는 장의 소제목들이다. 지금은, *Old Testament Ethics for the People of God* (Downers Grove, IL: InterVarsity Press, 2004)으로 개정 증보되었다, pp. 327-362. 『현대를 위한 구약 윤리』(IVP).

19 "The Willowbank Report—Gospel and Culture"는 www.lausanne.org/content/lop/lop-2에서 볼 수 있다. 『복음과 문화』(IVP). 또 John Stott, ed., *Making Christ Known: Historic Mission Documents from the Lausanne Movement, 1974-1989* (Grand Rapids: Eerdmans, 1997)에도 실려 있다.

20 신약성경 이후로 수세기를 지나는 동안 가장 뛰어난 기독교 선교 역사가는 의심할 여지 없이 Andrew F. Walls이며, 이 분야에서 그의 가장 고무적인 몇몇 글은 *The Missionary Movement in Christian History: Studies in the Transmission of Faith* (Maryknoll, NY: Orbis, 1996)에 묶여 있다. 『세계 기독교와 선교 운동』(IVP). 그리고 당연히, Lesslie Newbigin은 그 특유의 날카로운 식견을 가지고 있었다: 예를 들어, "Church Growth, Conversion and Culture," in *The Open Secret: An Introduction to the Theology of Mission* (Grand Rapids: Eerdmans, 1995), pp. 121-159. 다른 관련 작품으로는 다음과 같은 것들이 있다. Vinay Samuel and Albrecht Hauser, *Proclaiming Christ in Christ's Way: Studies in Integral Evangelism* (Oxford: Regnum, 1989); David J. Hesselgrave and Edward Rommen, *Contextualization: Meanings, Methods and Models* (Grand Rapids: Baker, 1989); David Burnett, *Clash of Worlds* (London: Monarch, 1990); David Smith, *Against the Stream: Christianity and Mission in an Age of Globalization* (Leicester, UK: Inter-

Varsity Press, 2003); Dean Flemming, *Contextualization in the New Testament: Patterns for Theology and Mission* (Downers Grove, IL: Inter-Varsity Press, 2005); A. Scott Moreau, *Contextualization in World Missions: Mapping and Assessing Evangelical Models* (Grand Rapids: Kregel, 2012); John Corrie and Cathy Ross, eds., *Mission in Context: Explorations Inspired by J. Andrew Kirk* (Aldershot, UK: Ashgate, 2012).

옮긴이 **김명희**는 연세대학교 영어영문학과를 졸업하고, IVP 편집부에서 일했다. 옮긴 책으로는 『영혼을 세우는 관계의 공동체』『제자도』『너의 죄를 고백하라』『영성에의 길』『리더는 무엇으로 사는가』『이는 내 사랑하는 자요』『아담』『기독교 탐사』(이상 IVP) 등 다수가 있다.

선교란 무엇인가

초판 발행_ 2018년 8월 6일
초판 4쇄_ 2023년 4월 20일

지은이_ 존 스토트·크리스토퍼 라이트
옮긴이_ 김명희
펴낸이_ 정모세

펴낸곳_ 한국기독학생회출판부
등록번호_ 제2001-000198호(1978.6.1)
주소_ 04031 서울시 마포구 동교로 156-10
대표 전화_ (02)337-2257 팩스_ (02)337-2258
영업 전화_ (02)338-2282 팩스_ 080-915-1515
홈페이지_ http://www.ivp.co.kr 이메일_ ivp@ivp.co.kr
ISBN 978-89-328-1643-2

ⓒ 한국기독학생회출판부 2018

책값은 뒤표지에 있습니다.
무단 전재와 복제를 금합니다.